杨 曦 王继威 —— 著

社区工作
关系三阶段模式

专业反思
与方法探索

社会科学文献出版社
SOCIAL SCIENCES ACADEMIC PRESS (CHINA)

序

　　近年来，我国政府大力倡导社会治理创新，社区承载着越来越多社会治理和服务的重任，社区建设成为我国社会主义建设和发展的重要领域。

　　在基层社会治理体系中，社会工作发挥了重要作用。2017年，中共中央、国务院发布的《关于加强和完善城乡社区治理的意见》明确提出"推进社区、社会组织、社会工作'三社联动'……引导专业社会工作团队参与的工作体系"。2020年，在统筹推进新冠肺炎疫情防控和经济社会发展工作部署会议上，习近平总书记指出"要发挥社会工作的专业优势"。社会工作是国家开展基层治理不可或缺的重要力量和专业支撑，社区是社会工作实际上最重要的载体和场域。

　　在20世纪80年代后期至90年代初期，我组织编纂了《中国大百科全书·社会学》，开始接触社会工作的学科知识；90年代，组织编写了首部《中国社会工作百科全书》。这是改革开放以来国内最早、最系统介绍社会工作理论和实务知识的著作。此后，我长期关注中国社会工作的发展，在社会科学文献出版社工作期间，主持出版了大量社会工作及社区社会工作领域的专业著作。2010年，国内高校开始正式招收第一批社会工作专业硕士（MSW），我受聘担任中国社会科学院研究生院MSW指导教师，至今已有13年。在见证了社会工作专业蓬勃发展的同时，我也看到社会工作"嵌入性"模式所带来的种种问题，尤其体现在社区基层治理的过程中。从理论界到实务界，都有研究和调查表明，当前社区社会工作的专业性缺失成为一个现实问题，并对社会工作行业的发展产生了一定的影响。

　　本书的第一作者杨曦是我指导的中国社会科学院研究生院2011级的

学生，他与王继威合作撰写的这本《社区工作关系三阶段模式：专业反思与方法探索》就是站在一线社区社会工作者的角度回应上述问题。这本书以"关系"作为反思社区社会工作专业性的主要视角，进行理论和实务探索，创造性地提出了社区工作关系三阶段的观点，将不同阶段的主要目标和任务做了明确的区分，并提供了具体的实务操作技术。它可以为一线社会工作者提供良好的参考，也为社区社会工作的专业性反思和方法创新做出有益的探索。

据我了解，杨曦曾前往北京、上海、深圳、广州、成都等社会工作发展较快的城市开展了大量的调查，结合其以往开展社区工作服务项目及督导、评估和培训的实务经验，兼与其他学术界同仁探讨合作，完成了这本书的撰写。中国社会工作的发展需要更多"本土化"的理论和方法创新，这也是党和国家"健全共建共治共享的社会治理制度"，"建设人人有责、人人尽责、人人享有的社会治理共同体"的要求。希望关注社区治理和社会工作的学术界和实践领域的同仁们，能以本书为契机互相交流，产生更多有益的学术观点和实务创新。

谢寿光

中国社会学会秘书长、云南大学特聘教授

2022 年 10 月 10 日

前　言

2006 年，在党的十六届六中全会提出"建设一支宏大的社会工作人才队伍"战略部署后至今，我国社会工作蓬勃发展。改革开放以来，党和国家越来越重视社会治理和社区建设，随着城市"单位制"的退出和新农村社区建设的推进，社区成为联系国家和民众最重要的纽带。社会工作则是社区建设中不可或缺的重要力量，近年来，基层政府开始大量购买社会工作的社区驻点服务项目。与此同时，社会的快速发展、民众不断增长的多元化需求也对社会工作专业服务提出了更高的要求。

因此，作为社会工作的从业者和教育者，需要思考和回应的问题是：社会工作在社区建设中应该或能够起到什么样的作用？哪些是社会工作独特的专业优势？

就笔者多年的社会工作教育、实践和调查经验来看，目前的社会工作还很难清楚地回答上述问题，或者仅仅只能从理论层面进行回答。经过长时间的走访和调查，笔者发现社会工作在社区服务中面临着相当大的现实困境。

在这里讲一个真实发生的故事，笔者应中部地区某省会城市的一个街道党工委的邀请，对其辖区内社区项目进行评估，发现年轻社工在做汇报时全是展现活动，或与节日相结合，例如重阳节做老年人义诊、理发，中秋节做场歌舞会等；或以兴趣为小组，例如服务儿童的跆拳道小组、服务中年女性或老年人的丝网花制作小组等。活动确实算是丰富，可笔者总觉得缺了些什么。这些活动并没有让笔者看到社会工作专业在其中所应起到的作用，也就是说，换作其他非社会工作专业人士或者普通志愿者，也可以做这样的活动。

于是笔者就向报告台上的年轻社工提了一个问题："咱们跆拳道小组

的目标是什么呢？"社工立刻答道："让孩子们学习跆拳道呀。"这个回答让笔者一愣，笔者心想或许她有些紧张，于是追问："还有吗？"年轻社工思考片刻，怯生生地回答："让社区的孩子们锻炼身体也算吧？"我继续追问："还有吗？再想想呢？"这位年轻社工低下头，有点不知所措，似乎很难回答上来。

之后笔者又对另一个项目的年轻社工发问，问她丝网花小组的目标是什么，为什么要做这样的小组。她的回答与上一位做跆拳道小组的社工类似，再问其他做兴趣小组活动的社工，他们也多是谈到活动对居民的好处，如愉悦身心、结识朋友、丰富业余生活、获得社会支持等。

在这里，笔者不妨卖个关子，在前言里向各位读者朋友们发问：专业社会工作者在社区中开展跆拳道小组、丝网花小组之类的小组活动的目标到底是什么呢？

故事并未结束，在正式的评估做完之后，笔者与该街道主管社工服务的副主任闲聊，她刚从区委组织部调到街道负责相关工作，是一位工作能力非常强的基层政府官员。她直接向笔者发问："我刚调到咱们街道来工作，很多东西还需要学习，想跟您请教。关于社会工作这块，有些事我不太明白。咱们社工到社区来主要是搞活动吗？实话说，我从组织部过来，咱们社工做的一些活动可能还不如我们（组织部）之前做的，有些活动还比较敷衍，说白了就是通过发奖品'拉人头'，所以我不太明白，这样说可能有些太直接了，政府为社区购买社工服务项目是要达成什么目标？咱们社工的专业优势是什么呢？"

这位街道办副主任的问题，让刚参加完评估的笔者有些惭愧，当前社区社会工作的实务操作中确实存在诸多问题，她作为社会工作项目的购买方代表，很自然地会有这样的疑问。事实上，笔者通过大量的调查也发现这样一个现象，当前的社工在社区中几乎成了"活动专业户"，大多是在闷头搞活动，或以节日为"噱头"，或抓住某几个兴趣点，吸引部分居民参加，发放一些小礼品，稍大一点的活动就请上一两家媒体，做个宣传报道，再到社区做几次兴趣小组活动，找几个个案，完成服务指标，就可以交差了。在这种模式的运作之下，社区服务项目已然成了制造社区活动的"流水线"。

然而这样的"流水线"模式，稍有能力的人和组织机构都能做到，基层政府和居委会、民间慈善公益组织乃至企业等发动组织的活动可能更有水平、效果更好。那么问题来了，既然社区服务项目向社工机构购买，那社工在社区做的事情有哪些独特优势？如果只是在社区做这种简单的活动，那社工的专业性体现在哪里？如何能让基层政府、社区居委会和社区居民认同社会工作所发挥的不可替代的作用？如果不能很好地展现社会工作的专业性和不可替代的价值，那么社会工作这个职业就有被替代的风险；同时专业能力的缺失也导致社工在社区治理中始终没有发言权，始终处于"底层办事员"的角色，丧失独立性和创造性。

要想解答上述问题，首先需要理清楚，社会工作者在社区中面临的情境。近年来，基层政府向社工机构大量购买社区服务项目，派遣社工进驻社区以开展各项民生服务，也由此产生了社区治理的"三社联动"模式。但由于我国居民对社会工作的知晓度较低，进入社区的社会工作者存在"身份认同"的困境，加之我国"人情社会"的特点，社工很难一开始就在社区打开局面。一方面社区具有呈现错综复杂的社会关系的特点，另一方面其又是大量行政事务落地执行的具体场域。基层政府对社区有成效的诉求；社区居委会干部疲于应付各种临时性行政事务，迫切需要帮手；城市社区的物业管理参差不齐；社区居民、各社区组织之间利益矛盾纠葛不清。

年轻的社会工作者在这样的境况下，面对复杂的社区权力关系，很难顺利地开展专业服务，往往疲于处理社区各方关系，不知"身在何方"，苦于社区行政事务的摊派，不知是否该拒绝，却又"半推半就"，忙于应付政府、社区、机构的服务指标和各种要求。在访谈中笔者发现，社区社会工作者们提到最多的一个词是"迷茫"，他们原本怀揣激情和理想，但在现实中却不知道在社区里应该怎么做，做成什么样。当"流水线"式的活动工作很难看到效果时，他们更会对自己到底收获了什么、做的事有什么意义感到迷茫。于是，跳槽成了很多人的选择，社区服务成了"流水线"式活动，社工也成了"流水的兵"。

怎么解决这个问题呢？本书根据我国社会治理和社区建设的发展状况，根据新时期我国社区居民对"美好生活"的需求，以"关系"为基础，发展出一套适合国情的社区社会工作实务模式，明确社区工作的短期、中期、长期目标和任务，探索出清晰可控的实现路径和具体步骤，重新梳理社区社会工作的专业方法和实操技巧，希望能为社区社会工作者提供一些参考。

这本书将以"本土化"的方式，梳理以下问题：社区社会工作的真正目标是什么？影响目标达成的关键因素是什么？如何设立一个进度条，梳理出专业方法和技巧，指导每一步的推进与执行？有哪些专业方法和实操技巧能让社区社会工作更高效地达成社区服务目标，更加具有专业性？如何展示社会工作在社区中不可替代的作用，重塑专业自信心？同时，非社工专业人士也可以通过本书对社区工作的专业方法有一个清晰的了解。

我国社会治理的现代化需要专业的社会工作者贡献力量，中国的社会工作必将在本土实践中走出属于自己的专业化道路。

以此共勉。

目 录
CONTENTS

第一章　社区研究概述

一　社区的基本概念

（一）社区概念的起源与定义

"社区"的概念最早来源于滕尼斯 1887 年的著作《社区与社会》（也译作《共同体与社会》或《礼俗社会与法理社会》），滕尼斯所定义的"社区"（德文"Gemeinschaft"）是指建立在血缘、地缘、情感和自然意志之上的富有人情味和认同感的传统社会生活共同体。[①] 与之相对应的概念是"社会"（德文"Gesellschaf"），主要存在于以"契约"为基础的商业大都市中，是无数个体不断进行选择交换的"原子"集合体。滕尼斯站在社会变迁的视角，提出了"社区"与"社会"两种相对应的理想类型，开启了社区研究的先河，对西方学界产生了深远的影响。但滕尼斯的"社区"更强调人与人之间相互关系的性质，并没有明确空间范围的联系。后来芝加哥学派将生态学纳入社区研究中，认为社区是一定地域范围内各部分相互联系的有机整体，地域维度纳入社区概念之中。

1932 年，燕京大学社会学系邀请美国芝加哥派社会学家帕克等人前来讲学，介绍美国社会学的研究状况。在介绍到 Community 专题时，社会学系的师生遇到一个翻译难题。据费孝通先生回忆："当帕克离华时，我们这些学生建议出论文集以示纪念。帕克原著有一句话'Community is not society'，把译者卡住了。过去 Community、Society 都译成'社会'，

---

① 滕尼斯：《共同体与社会》，林荣远译，商务印书馆，1999。

而用旧词来翻译这句话就不成话了。原来帕克理论中的人际关系可以分出两个层次。基层是共存关系，和其他动植物一样通过适应竞争，在空间获得个人所处的地位，相互间可以互相利用，维护生存，也就是我们所说的利害关系。但人际关系还有一个层次性质不同于前者，就是痛痒相关、荣辱与共的道义关系。前者形成的群体是 Community，后者形成的团体是 Society。他既然作了这些区别，我们翻译时也必须用两个不同的名词。通过我们这辈学生的议论，最后创造了'社区'这个新词。好的Community 必须有地区为基础，如邻里、村寨、乡镇、城郊，甚至大至民族、国家都可以用'社区'来表示，是一个由地域为基础的人群。用'社区研究'这个名字还可以包括我们当时进行的农村和民族调查，所以就这样用起来了。"① 可见"社区"一词是中国社会学者在与国外理论家对话时的独创。

在芝加哥学派将社区研究发扬光大之后，大量学者从不同的视角出发，广泛地使用"社区"这一概念，并对社区做出了不同的界定，造成了概念的泛化，但地域、互动和认同是公认的构成社区的基本要素，并且社区一直承载着一种共同体精神，即人们可以为了共同利益而产生集体行动。② 由此，"地域空间""人口""社会互动"和"共同联系"成为社区研究的核心关键词。"地域空间"说明社区注重共同空间区域，共同的生活空间是社区的主要标准；"人口"是组成社区的必不可少的要素，有人的地方就有情感的汇集，就有互动和联系的形成；"社会互动"则是人与人、人与组织、组织与组织的互动，只有通过交往，人际网络才能得以建立并不断完善，社会各部分之间的联系才会更加的密切；"共同联系"则是"社会互动"的结果，通过互动，个人对社区产生认同感和归属感。社区是一定意义上的社会，也是一定程度上对社会的反映。因此，可以这样描述社区：社区是指处在共同地域，通过某种互动或者劳动形成一定的相互依赖的关系，并对社区有较强的归属感和认同感的人类生活共同体。《中共中央办公厅、国务院办公厅关于转发〈民政部关于在全

---

① 费孝通：《学术自述与反思》，生活·读书·新知三联书店，1996。
② 杨敏：《作为国家治理单元的社区——对城市社区建设运动过程中居民社区参与和社区认知的个案研究》，《社会学研究》，2007 年第 4 期。

国推进城市社区建设的意见〉的通知》（中办发〔2000〕23 号）明确指出官方对社区的定义："社区是指聚居在一定地域范围内的人们所组成的社会生活共同体。目前城市社区的范围，一般是指经过社区体制改革后作了规模调整的居民委员会辖区。"

（二）国内外社区发展概述

第一次工业革命之后，西方主要国家开始了工业化进程，社会结构发生了巨大变化。在经济方面，由于工业化带来产业结构的变动，经济支柱从第一产业变为第二产业，同时产业结构的变动也引起了阶级地位的变化，工人阶级逐渐登上欧洲历史的舞台，一定程度上带动了城市社区的发展。在社会文化方面，多元思想和价值观的并存，社会批判思想涌动，社会对文化的包容性也逐渐扩大。在社会政策、社会福利方面，西方国家开始注重解决社会问题，通过社会福利制度和制定社会政策满足社会弱势群体的需要。例如部分国家颁布了济贫法案，设置了收容院和习艺所，解决了部分人群的生活问题。但也有些西方国家认为穷人的生活陷入困难是其自身原因，并非是社会结构问题所导致的，比如美国。综合来说，第一次工业革命带动了社区的分化以及城市社区的发展。

在第二次工业革命、第三次信息革命之后，国外城市社区的现代化很大程度上已经实现。经济以发展第二、三产业为主，理性化思维占据主导，社会功利性增强，社区关系日益冷漠化。在社会生活中，城市生活节奏较快，社区邻里之间的关系远不如传统社区时期密切，甚至出现同一栋楼邻居相互不认识的情况。针对社区发展出现的种种状况，西方国家政府积极地寻找对策，加大对社区建设的经费和资源投入，通过社会政策、社会福利制度、社会工作等途径，解决社区问题，满足社区弱势群体的需要，增强社区居民对社区的认同感和归属感，增加社区人民的福祉，促进社会公平。社区发展在进入后现代主义时期，在利用社区工作方法解决社区问题时，不仅注重帮助社区居民解决其面临的棘手问题，而且注重挖掘服务对象的资源、提升其自我改变的能力，以及促进社会公众参与、激发社会福利、创新社区服务生态。

西方国家通过加大对社区工作的研究和教育投入，希冀运用科学的工作方法解决社区问题，探讨社区治理的新模式，激发社区民众的广泛参与，增强居民对社区的归属感及认同感。

早在 20 世纪二三十年代，中国就有了社区建设的探索性实践，当时中国处于水深火热的境况之中，外有帝国主义的入侵，内部战乱纷扰，人民生活极度困难。为了民族的崛起和振兴，一批乡村建设者着力于农村的改造，以期改变中国贫穷落后的局面。其中最著名的当属晏阳初、梁漱溟等人实施的乡村建设运动，针对农村中出现的"愚贫病私"问题，他们在教育、经济、卫生、礼仪方面对民众进行指导和改造，将平民教育和乡村建设相结合，通过提高农村居民的素质来带动社区的整体发展。这些尝试在一定程度上开启了中国早期对社区建设的探索。但由于当时的现实环境，这种探索并未持续很长时间，直接影响的范围也有限，但对于我国社会建设和社区发展具有非常重要的启蒙意义。

新中国成立后，单位取代社区，承担了主要的公共服务职能。改革开放以后，随着市场经济的发展，大量农村劳动力进入城市，城市社区规模得到了空前扩张，随之而来产生了大量的社区问题和基层管理的挑战。20 世纪 90 年代，在党和国家的大力推动下，我国开始进入社区建设的实验期，在之后的十几年时间里不断探索和积累社区建设经验。政府开始注重整合社区资源，积极推进三社联动，以社区为平台，以社工为支撑，以社会组织为载体，注重社区参与的主体多元化，积极推动社区建设与社区发展；同时积极动员社区居民参与社区事务的管理，挖掘社区资源、培养社区能人，大大提高社区居民参与社区事务的积极性和自主性。

随着我国市场经济的繁荣，城市化水平快速提高，社会流动越加频繁，社区的基本状况和环境也发生了非常大的变化。主要体现在以下四个方面：第一，社会流动性加剧导致社区成员的在地感和归属感不强。现代社会生活节奏加快，跨地区性流动加速，自然形成的传统社会共同体不复存在，社区居民缺乏依靠长期的共同生活所建立起来的认同感和归属感，因而对社区生活参与的积极性明显下降。第二，人们的居住方式和居住观念发生显著变化。城市商品楼房的居住格局，使得人们的社区生活分散化、差异化，人们发生交往、交流的机会大为减少。大多数城市单元式商品房的完整生活功能提供、个人家庭生活的私密化、集中的居民公共生活场所的稀缺，再加上居民家庭和个人分散生活能力的提高，都使得居民不需要、不愿意参加社区集体生活。于是"熟人社会"的传统社会共同体已经变成了作为"陌生人世界"的社区。第三，市场力量完善了个人和家庭的自足性。传统社会的共同体规模较小，社区成员的几乎所有生产、生活、信息传播、社会交往活动都在共同体内部发生。但是在信息化、网络化、符号化的现代社会中，网络、电信、电视等远距离交流、交往、娱乐工具的普及，尤其是电脑、手机等社交功能的强化，使社会成员不依赖居住空间的共同体也能获得充足的社会交往、信息资源、娱乐活动，居民对社区的依赖感非常弱。尤其是在职群体的主要社会活动不依赖社区参与来实现，社区中的积极分子以离退休人员和无就业群体为主，导致城市社区各项工作和活动基本上不考虑在职群体，这就削弱了社区的参与功能，使大量社区成员游离于社区建设之外。当城市社区建设成为"边缘人"的"边缘活动"，城市社区建设的边缘化问题也就不可避免。[①] 第四，个人主义思潮使现代社会的公共参与意识普遍下降。个人主义是现代化进程中的显著特点，世界各国都经历着"个体化""去政治化""去公共生活化"的过程，人们不再关心和关注所在社区、所在城市的公共事务，转而更为关注自己的利益和个体自由。

　　社区最本质的含义应该是"共同性"，自滕尼斯以来，西方社区研究的一个核心主题是：在个人至上的工业化和现代化社会，一群陌生人如何超越个体私利形成具有集体责任感和归属感的社区。[②] 当前，我国城市社区建设面临着同样的课题。

（三）城市社区及其功能

　　滕尼斯的"社区"和"社会"是最早的社区类型划分，发展到今天，社区的划分方式更加多元。按照地域划分，社区可分为农村社区、城市社区、集镇社区。农村社区是指在一定地域内从事农业劳动生产的人类

---

　　①　刘少杰：《新形势下中国城市社区建设的边缘化问题》，《甘肃社会科学》2009 年第 1 期。

　　②　杨敏：《作为国家治理单元的社区——对城市社区建设运动过程中居民社区参与和社区认知的个案研究》，《社会学研究》2007 年第 4 期。

生活共同体。它具有以下特征：农村社区以从事农业生产为主，受自然环境的影响较大；农村人口的相对密度较小，人口结构也相对简单，人口素质较城市来讲偏低；经济结构单一；农村社区人口分布相对密闭，人员的流动性也较小。城市社区是指一定地域内从事非农业劳动的人类的生活共同体。其主要特征为：人口以从事非农业劳动为主，集聚于第二、三产业；人口流动性大，人口密度也较大；经济活动频繁多样，经济结构复杂；城市社区中的人们业余生活丰富，社区的经济、文化功能较强。集镇社区则是农村社区和城市社区的集合体，既包含城市社区的特点，也包含了农村社区的特点，属于中间或过渡地带。按照发展水平划分，社区可分为传统社区、发展中社区和现代社区。传统社区经济发展水平较低，以第一产业为主，社区之间较少流动，居民受传统文化习俗影响较大，居民的生活方式也比较单一。发展中社区是指传统社区受到一定社会变迁、经济发展的影响，经济结构向多元化结构发展，总体来说发展水平较低，但发展速度较快。发展中社区容易出现二元制结构，同一社区不同范围内发展参差不齐。现代社区经济发展水平较高，以发展第二、三产业为主，经济活动比较频繁，经济结构也比较复杂。外来文化多集聚于此，现代社区对外来文化的包容性较强，受到外来文化影响产生的波动也较小。按照社区的形成方式可划分为自然型社区和法定型社区。自然型社区是自然就形成的，是人们约定俗成形成的；法定型社区是按照行政区域进行划分，有固定的区域，与自然形成的社区大不相同也各有特点。

本书所讨论的社区工作的专业反思与实务方法，主要围绕城市社区展开。城市社区是由从事各种非农业生产劳动的密集人口所组成的相对完整的地域生活共同体，是人类居住的基本形式之一。当今的城市社区大多已经从传统社区演变成现代社区，其划分更多是以行政区划的方式实现。随着社会生产力的发展、交通的便利和贸易规模的扩大，城市化成为人类社会现代化的重要趋势和特征之一。城市社区是现代城市生活的基础性场域，在现代社会日益显现越来越重要的作用。

20世纪90年代中后期以来，我国城市普遍开展了社区建设。社区建设是指在党和政府的领导下，发动社区力量，挖掘社区资源，解决社会问题，强化社区功能，促进社区政治、经济、文化和环境协调和健康发展，不断提高社区成员生活水平和生活质量的过程，最终增加社会福祉、实现社会公平。这种改革把居民服务和社区管理下放到了社区，社区成为城市居民安居乐业的重要场所和实现社会整合的重要支撑，现代城市社区在单位制崩解后，已经成为国家联系个人的主要空间纽带。

城市社区的功能主要体现在以下四个方面：第一，促进基层治理的功能。随着社会经济的发展，城市规模迅速扩张，各级政府管理社会的难度逐渐增大，发挥城市社区的管理功能尤为必要。国有企业改革弱化了单位的复合功能，单位的政治、福利、服务、保障功能被转移到社区。社区成为个人与社会联系的通道，可以随时了解居民的意见和需求，及时化解冲突和矛盾，社区在一定程度上起到社会"安全阀"的作用。社区作为基层群众性自治组织有助于实现基层自治和管理，城市社区居民通过参与社区事务自治实现"自己的事情自己管""大家的事情大家办"，凝聚多方力量共同创造美好生活。第二，社区参与功能。社区参与是社区居民共同的参与，它意味着社区居民分担社区责任和共享社区发展成果以及参与各种决策的落实。社区参与的根本原因是社区居民与社区的利益息息相关。有效的社区参与，取决于信息的公开，居民的知识与技能、其付出精力和时间的意愿，以及政府对促进社区自治的态度。充分动员社区力量，促进城市社区成员行动起来广泛参与社区事务，有利于社区凝聚力的增强。第三，社会支持功能。社区中居民的相互支持可以满足其在情感和物质上的需要，由此可能强化社区居民的社会支持感。社会支持感更强的居民会对社区建设表现出极大的热情和责任心，并力所能及地回报社区。第四，社区服务功能。社区工作者通过调动各方资源共同为社区居民提供公益性的无偿服务，社区服务的覆盖面很广，如就业服务、养老服务、托幼服务、生育保障服务等。

二 社区研究的理论脉络

（一）滕尼斯的"社区"与"社会"

如前文所讲，在滕尼斯看来，"社区"意味着"一切亲密的、秘密的、单纯的共同生活，被理解为在共同体里的生活"，共同体是一种"原始的或者天然的状态"，社区的个体以天然的方式结合在一起，最强有力的结合就是血缘关系，从血缘到地缘，形成亲属和邻里，发展出精神共同体。社区的"经济共同体"是其得以形成的物质基础，全体社区成员共同占有和分配社区利益，"共同体的生活是相互占有和享受共同的财产"。信仰是社区的重要纽带，是将社区团结起来的特殊保障，道德和习俗渗透整个社区，成为人们日常生活的行为准则。社区成员之间的关系非常亲密，具有守望相助的义务，滕尼斯认为这种自然的团结状态是"一种生机勃勃的有机体"。按滕尼斯的描述："邻里是在村庄里共同生活的普遍的特征。在那里，居所相近，村庄里有共同的田野或者仅仅有农田划分你我之边界，引起人们无数的接触，大家相互习惯，互相十分熟悉；这也使得人们必须有共同的劳动、秩序和行政管理；土地和水的各种民间神和圣灵带来福祉，消灾驱邪，祈求恩惠。基本上受到居住在一起所制约，这种方式的共同体即使人不在，也可能仍然保持着，尽管比第一种方式要困难得多，因此更加需要在聚会的某些特定的习惯和一些拜神弄鬼的习俗上寻求支撑"。[①]

而"社会"则体现现代工商业社会的特征，遵循契约原则，社会联结的状态从本质上来看是分离的，而非结合的。社会成员的个体意志成为主导，社会关系基于个体的理性判断和选择，因此个人利益超越社区利益成为主导的"支配原则"，对私利的追逐取代了共同体的利益，维系社会秩序的不再是传统的道德习俗和自然法，而是现代社会的契约和法律，以维护个体的社会经济利益，采取契约交换的方式，每一次交换都涉及利益的放弃与获得，而情感关系则逐渐被边缘化，对传统的敬畏逐渐消失，追求时尚成为主要的潮流。正如滕尼斯所说，"在城市的生活中，对传统事物的依恋松弛了，对创造的乐趣占了优势"。

滕尼斯认为，社会联结的方式是进化的，由传统的"社区"向现代的"社会"演变，"社区"强调情感、道德、习俗、亲密、合群等更具人性化的一面，而"社会"则强调契约、利益、理智、独立、法律等现代理性的一面。[②] 随着工业化和城市化的发展，"社区"不可避免地向"社

---

① 滕尼斯：《共同体与社会》，林荣远译，商务印书馆，1999。
② 蔡禾：《社区概论》，高等教育出版社，2005。

会"的形态转变，"社会应该被理解为一种机械的聚合和人工制品，社会的基础是个人、个人的思想和意志。在人类的发展史上，社会的类型晚于共同体的类型。"同时，滕尼斯将农村和城市按照"社区"和"社会"进行了结构意义上的理论分离，①"社区"对应农村的结构特征，"社会"则作为城市的典型特征，此处的理论分野影响了后来的社区研究路径。

尽管从"社区"到"社会"的转变是大势所趋，背后根本原因是生产力的提升和经济基础的变革。但从滕尼斯个人情感的角度来看，相较人际关系淡漠、过于理性的现代"社会"，他更喜欢"社区"的人际联系状态，这与他过往的经历密切相关。滕尼斯出生在毫巴尔格，这是一个充满了"社区"气息的小城市，他的"童年和青年——生活在共同体里"。因此，滕尼斯对传统的"社区"抱有一种怀恋的温情。但他同时也是社会剧烈变迁的亲历者，从大学时代开始，走出家门的滕尼斯在欧洲城市亲身体验着现代"社会"的迅速发展。他一方面承认，从"社区"到"社会"的进化，是工业化和城市化的必然结果，但他也对"社区"式微后的人际关系状况抱有一定程度的担忧，"在村庄里，家庭是强大的；在城市里，它作为市民的家庭仍然保留着，但是在大城市里，它变得索然无味、狭窄和毫无价值，而且降低为纯粹的住所概念，住所不管住多长时间，处处都为了钱，它无异于在世界上、在旅途中的一座简陋的旅舍"。所以，滕尼斯对"社区"到"社会"的演进过程持有一种审慎的态度，《社区与社会》一书，也经常被看作是在工业化社会、高流动社会到来之时，感叹传统逝去的一首对共同体生活的挽歌，是对传统"社区"的悼念，可以说是滕尼斯停放和寄托乡愁的港湾，充满了温情脉脉的怀念之情。②

（二）社区与城市：芝加哥学派与人文区位学

芝加哥学派在 20 世纪前中期的社会学研究中占据非常重要的地位，开创了城市社会学的研究先河。芝加哥学派的兴起与美国经济社会的发

---

① 张鸿雁：《侵入与接替：城市社会结构变迁新论》，东南大学出版社，2000。
② 张林江：《走向"社区+"时代：当代中国社区治理转型》，社会科学文献出版社，2015。

展密不可分。19世纪末20世纪初，美国的工业资本主义经济迅猛发展，制造业的崛起加快了城市化的进程，大量人口从农村聚集到城市，社会流动频繁，贫富差距拉大，不同社会阶层之间关系日渐紧张，骤然集聚的工业化城市出现了大量新的社会问题，如贫民窟现象、犯罪率飙升、黑社会现象等。在剧烈社会变迁和一系列城市问题的背景下，芝加哥学派展开了大量的实证研究，社区是城市的基础构成单元，社区研究成为芝加哥学派的重点研究领域。

罗伯特·帕克（Robert E. Park）是美国芝加哥学派的领军人物，是20世纪上半叶最著名的社会学家之一，他对美国的城市问题开展了大量的调查和研究。费孝通认为，帕克在社会学上最大的贡献之一，就是要求社会学研究者能把社会看成是一个活的有机体。① 在帕克看来，城市不是与人无关的外在物，不仅仅是住宅房屋的组合，而是一个有机体。

帕克的研究明确了社区的三个核心要素：一定数量的人口、特定的地域空间、人群间的互动和交流，这成为后来社会学研究社区的核心要素。更重要的是，帕克将社区的概念引入现代城市，对滕尼斯将社区与农村联结的传统进路做出修正。滕尼斯观点中的社区只能与农村相呼应，而社会的概念则是一种更加宏观的描述，将城市看作一种机械化的松散组合，实际上忽视了城市中也存在社区的可能，尽管城市社区和农村社区存在一定差异。在滕尼斯那里，城市化的发展意味着"社区"的消失，而帕克则纠正了这个观点，即城市化的过程并非是摧毁"社区"的过程，城市中仍然存在社区，并呈现有机体的特征。实际上，后来进行社区建设与社区营造的研究者和实践者，很大程度上希望将滕尼斯所描述的"邻里""亲密""温情""守望相助"等特征重新纳入城市社区之中。

伯吉斯（Ernest W. Burgess）在帕克人文区位理论的基础上发展出了"同心圆理论"，描述了基于生态学的城市发展历程。伯吉斯认为，在理想的状态下，城市总是以中心为圆点，向四外呈辐射状发展，总体上呈现"同心圆"的结构。具体来说，一个城市的中心是商业地带，环绕市中心的则是一个过渡地带，这个区域有很多商业和轻工业制造业。再外

---

① 费孝通：《费孝通全集第一卷（1924–1936）》，内蒙古人民出版社，2009。

面一圈则是产业工人圈，他们被从内圈排挤出来但是又不想离工作地点太远。再往外一圈，则是一个居住区域，由高级的公寓或是独户所构成。最外面已经超出了城市的范围，属于通勤者的居住区。由此，伯吉斯建立了城市发展的空间模式理论，对后来的城市研究产生了深远影响。

沃斯（Louis Wirth）亦是芝加哥学派的重要代表人物，他尝试以人口密集程度和人口异质性为基础建立城市社区的系统化理论。他认为"在社会学的意义上，城市可以被定义为一个规模较大、人口密集的异质个体的永久定居场所。基于这一最简明的定义所隐含的假设，或许能根据既有的有关社会群体的知识提出一种都市生活的理论"。① 沃斯的理论认为，人口规模扩大带来社会关系的改变，人口数量增加使得人与人之间的异质性增强，邻里等传统的情感联系方式逐渐失效，竞争和各种控制机制成为社会的纽带。人口密度和人口异质性的增加使社会结构变得更加复杂，强化了城市居住者之间的竞争，个体在参与城市社会生活过程中，不得不牺牲自己的个性。因此，都市的居民普遍缺乏群体感，缺乏归属感，流动性强，经常处于不稳定的状态之中。沃斯探讨了城市社会结构、人口结构、社会组织制度与个体之间的关系，其观点是当今"陌生人社会"的渊源之一，即城市人口的聚集将逐渐侵蚀原有的社区基础，逐渐走向一种孤立冷漠的"城市性"的生活方式。

（三）人类学式的社区深度研究

1928 年，美国社会学家林德夫妇出版了名为《中镇研究》（又名《米德尔敦：当代美国文化研究》）的经典社区研究著作。该书"旨在研究美国一个小城市纵横交织的复杂生活趋向"②，通过较长时期、连续性的观察和访谈，全面完整地对一个约有 3.5 万人口的典型美国社区——中镇（米德尔敦）进行描述和解释，全景式地展现了 20 世纪初期美国工业城市社区经历的社会转型。林德夫妇采用类似于人类学的方法，充分展现了当地社区居民的日常细节，例如不同群体的人们分别于几点起床，

---

① 孙逊、杨剑龙：《阅读城市：作为一种生活方式的都市生活》，上海三联书店，2007。
② R. S. 林德、H. M. 林德：《米德尔敦：当代美国文化研究》，盛学文等译，商务印书馆，1999。

人们会买什么面包，能够用得起汽车的是什么人，哪些人去电影院看电影，学校里怎么上课，教会的参加者和活动，人们的结婚与离婚，人们如何教育子女等。该书对社区居民生活、社会分层等方面进行细致的观察和描述，"实地调查或研究报告的主旨并非证明什么理论，其目的是记录所观察到的现象，提出一些问题，为研究部门提供某些新的研究点"。① 通过手术刀式的分析和解剖，作者将当地居民的主要行为概括为六个大方面：谋生手段，建立家庭、教育子女、娱乐休闲、宗教活动、参加社区活动，此外还认真严谨地对米德尔敦的社区构成、居民日常生活、公共空间、公共活动等进行了研究。

林德夫妇对米德尔敦的研究，带动了社会人类学式的社区研究风潮。后续类似的典型研究当属《扬基城》。这部研究同样以类似人类学的方法探讨了小镇居民的日常生活、社会身份、工作及收入、社会声望等内容，重点呈现并解释了小镇的社会分层和社会流动问题。同样的，《扬基城》也把当地居民分为六个社会阶层，前两个阶层为上层；第三层和第四层类似于今天所说"中产阶层"；第五层人数最多，主要是从事体力劳动的半技术工人或无技术工人，收入勉强维持生活所需；第六层是底层人群，大多没有固定收入，生活困难。

芝加哥学派的社会学家威廉·怀特在 1936～1940 年，对波士顿北部的意大利贫民区（即书中所称的"科纳维尔"）开展了长达三年半的观察和研究，完成了著名的社区研究著作《街角社会：一个意大利人贫民区的社会结构》。《街角社会》一定程度上也采用了社会人类学的研究方法，以实地研究、参与观察、亲身体验等方式，通过对游荡在街头巷尾的意大利青年的详尽调查，描绘出街角青年的生活状况、群体构成、组织内部结构、活动方式、与其他非法团伙和政治组织的互动，真实地再现社会表象下埋藏的社会结构和社会秩序。

《街角社会》的行文既有学术研究的笔法，也兼有小说似的描述风格，开创了社会学独特的学术表达方式，该书独树一帜，成为社会学社区研究最具独特性的代表著作之一。

---

① R. S. 林德、H. M. 林德：《米德尔敦：当代美国文化研究》，盛学文等译，商务印书馆，1999。

（四）　社会体系论的社区研究

社会体系论主要以结构功能主义作为理论基础，将社区看成一个有机的社会系统来进行研究，研究者需要考察社区有机体各部分之间的关系，以及社区与其他系统之间的关系。

美国学者桑德斯是社会体系论的代表人物，他于1958年出版了《社区——一种社会体系的介绍》，后来该书在1975年出版第三版时以《社区论》作为书名。在书中他提出了研究社区的三种范式：社会体系论、社会冲突论和社会场域论。

社会体系论是桑德斯研究社区最主要的视角和方法，社区被看作一个系统的整体，其中主要体系包括家庭、政治、经济、教育、宗教、社会、卫生、福利、娱乐及公共信息等，主要体系之下包含若干个次体系，例如经济体系包括运输、银行、工业、商业、农业，政治体系中有政党、官吏、警察等。每个次体系之下还能进行多级划分，不同的体系和次体系之间存在一定的互动关系和相互作用的网络，这就构成了社区的体系。[①] 桑德斯的社会体系有3个主要特点：（1）社区是一个由各种体系组成的体系。每一个社区都包含有许多不同的制度、组织以及在其中发展起来的正规或非正规的次群体，这些组织和群体本身都是一些社会体系，它们又是社区这个社会体系的各个组成部分，各体系之间既相互依赖又相互作用；（2）社区同样是一个互动体系，体系要维持生存与发展必须具备一些功能性必要条件，体系为维持生存与发展所必需的种种活动被称为"运作"，社区成员的各种需要、利益、目标和活动，都通过不同的体系与群体活动的运作来实现和满足，社区体系通过新居民的增加、沟通、职业分化与地位分配、物品与服务的分配、社会化、社会控制与权力分配、声望的分配、社会流动、整合等系列运作过程得以形成；（3）社区的明确性不如正规组织，无论是社区的整体或是它的各种要素，诸如社区成员的目标、规定达到目标的手段，以及价值观等，都是如此。但社区作为体系拥有与社会组织同样的调适功能或适应变迁的能力。

沃伦（R. Warren）是除桑德斯之外社会体系论的代表人物之一，他

---

① 桑德斯：《社区论》，徐震译，（台北）黎明文化事业股份有限公司，1982。

提出了社区纵向格局和社区横向格局的概念。纵向格局讨论的是社区体系与社区之外各种体系组织之间的功能关系。交通和传媒都打破了社区的封闭性，让社区内各单位与外面的体系和组织发生联系，甚至重要的决策和事件过程都可能发生在社区之外，即社区受到体系外的宏观社会的影响。横向格局则讨论的是社区内部各个部分之间的相互关系和结构功能，沃伦认为，横向格局的重要特点在于社区以地缘为纽带，内部各单位和组织相互联系，互相依存于同一个体系之内。[①]

桑德斯等人的社会体系分析方法显然是帕森斯结构功能主义理论在社区研究中的实际应用。社会体系的分析模式借助结构功能主义在社会学中的显赫地位曾一度成为社区研究中的主要研究视角，然而随着结构功能学派在社会学界一统天下的局面被打破以及多元理论的出现，社会体系的分析模式也越来越遭到社区研究者的冷遇，代之而起的是其他新的研究视角。[②]

冲突论是挑战帕森斯结构功能主义的重要理论方向，社区冲突论则是社会冲突理论在社区研究中的应用。社区冲突论认为在任何一种社区中都存在着三个冲突的要素，即敌对的关系、不同的权力分配以及社区居民所承认的某种尖锐对立的情绪。因而，对社区进行研究，实际上研究的是不同阶层或者不同的群体之间的敌对关系。这种研究会牵涉对社区环境的讨论、对社区中权力和不平等的考量、对社区中的利益进行详尽的分析、对社区中规范和各种资源的考查。[③] 同时，社会冲突是社会变迁的重要推动因素，社区的变迁也取决于社区内的冲突种类、原因以及过程。桑德斯后来的社区研究中，也将社区内部冲突纳入考虑的范围，他在后来1975年再版的《社区论》中把社区变迁与社区冲突联系起来，认为社区冲突能够促进社区的变迁，研究社区变迁不能忽视社区冲突的存在和作用。[④]

社区场域论是桑德斯在1975年第三版《社区论》中新提出的内容。在社区场域论中，社区被看作是社会成员互动的场域，亦是一个社区发

---

① 于显洋：《社区概论》，中国人民大学出版社，2006。
② 李玉华：《西方社区发展进程、理论模式及其启示》，《天中学刊》2009年第3期。
③ 李学斌：《现代社区建设专题研究》，中国社会出版社，2016。
④ 桑德斯：《社区论》，徐震译，（台北）黎明文化事业股份有限公司，1982。

生行动的舞台，场域是社区所有系统内各部分互动的结果。后来的研究者虽然都支持将社区看作场域，但在社会场域的运行机制和单位之间的关系方面存在不同看法。"有人认为社会场域不过是一张个人网；有人认为社会行动是组成场域的单位；还有人认为，组成场域的单位是各种组织协会及机构等。主张社会行动是组成社会场域的单位的研究，注重对社区社会行动本质的探讨。此类学者将行动解释为各种计划方案、活动等。另有一些社区社会学家认为，社区的大部分活动都是在组织之间的场域中进行的，因此，他们选择一些组织或者是正式团体作为分析的单位。"①

桑德斯等学者以系统论的视角研究社区，极大地拓展了社区研究视野，以系统的高度和深度来观察社区，强调社区系统的内部互动，对研究社区变迁和内部关系，带来了积极的启发意义。系统和互动的思想进入社区领域，扩展了社区研究的内容，创新了社区研究的方法。②

（五）社区的衰落与复兴

从 20 世纪 60 年代开始，美国社会逐渐爆发了一场城市危机。随着二战后工业化和城市化的迅速发展，资本主义经济繁荣的同时，也带来了经济、政治、文化、社会结构等方面的一系列问题，表现在社区生活领域的现象是：人们不再喜欢结社、不再参加公共生活、不再参与公益活动、不再参与投票，而且不再愿意与邻居喝咖啡聊天、不再愿意与朋友一起到俱乐部从事集体行动，反而愿意"Bowling Alone"（独自打保龄球）或独自在家看电视。美国的著名政治学家帕特南敏锐地发现人们社区生活衰落的事实，撰写了《独自打保龄：美国社会的衰落与复兴》这部经典著作，"独自打保龄"就是对公共精神衰落的形象比喻。

帕特南在书中系统地分析了人们"独自打保龄"这一现象的主要表现和趋势，并指出这些现象背后的原因：第一，社会不同阶层贫富差距拉大。第二，家庭结构和家庭关系发生了变化，夫妻双职工家庭大量增加，人们的时间和经济压力加大。第三，过度城市化带来的"城市病"，

---

① 范会芳：《社区理论研究：桑德斯的三种模式》，《社会》2001 年 10 期。
② 张林江：《走向"社区＋"时代：当代中国社区治理转型》，社会科学文献出版社，2015。

例如城市空心化、交通拥堵、贫民窟等。第四，亚文化群体和各类小团体的出现，黑人民权运动、和平运动、妇女运动等大规模的社会运动挤走了青年群体对主流社会参与的兴趣，而且进一步加剧了城市危机。第五，电视的普及，带来"几乎每一种形式的公共与社会参与的减少"。帕特南还从代际更替的角度进行了解释，认为那些有公共生活和社区参与习惯的人正逐渐老去，而正在成长为消费主体的"X一代"，对社区、公共生活和公民精神的价值观与前几代人完全不同。帕特南认为，尽管公共精神正面临衰落，但基于社区生活的社会资本仍然非常重要，希望美国人能够"重新联系起来"，可以再次"一起打保龄"。

20世纪90年代开始，西方兴起了社区主义（Communitarianism）思潮，倡导社区责任和公共利益，批评过度的自由主义，强调社区对于个体的重要意义。1990年，50位社区研究学者共同签发了社区主义的纲领性宣言《负责的社区主义纲领：权利与责任》。社区主义试图降低自由主义给社会带来的负面影响，强调公众的利益和责任，认同个人利益的实现不能离开个人所在的社区。"美国人——男人、女人和孩子——都是很多社区的成员——家庭、邻里以及无数的社会、宗教、种族、职业团体的成员，美国政治体本身也是社区。人类存在和个人自由离开了我们所在的相互依赖和交叠的社区都将不能持久。除非社区成员为了共同的目标奉献其关注、精力和资源，否则社区都不会持久。排他性地追求私利侵蚀我们所依赖的社会环境网络，也损害我们在民主自治中的共同实验。因此，我们认为，缺乏社区主义视角，个体权利就得不到长期的保护。社区主义视角同时认可人类的个体尊严和人类存在的社会性。"[1]

社区主义者们力图将社区主义视角引入时代的重大道德、法律和社会问题的应对之中，推动了社区复兴运动。从社会学的角度来看，社区主义主要有以下理论观点[2]：（1）社区主义希望建立一个"好社会"，认为一个良好的社会应该做到个体自由和社会秩序、个人选择与社会责任、社区与社群之间的平衡，公共利益的实现是个人利益得到保障的基础。

---

① Etzioni, A. et al., *The Essential Communitarianism Reader*, Rowman and Littlefield Publish, 1998.

② 夏建中：《美国社区的理论与实践研究》，中国社会出版社，2009。

（2）建立一个好社会最重要的是道德，而不是法律，社区需要有共享的规范、道德、价值和认同，这些构成了社区的文化，一个关系良好的社区需要通过社会习俗和文化来维系。（3）社区中的个体应当建立深厚的感情，依托情感关系网络为基础的社区才是舒适而稳定的。（4）真正的社区是以负责为重要特征的，需要对社区中所有的成员需求都作出回应，回应能力的提高将直接带来社区矛盾的减少，社区应该以自己独特的方式尽可能满足社区成员的不同需要，社区主义非常强调责任。（5）志愿者组织对社区来说非常重要，同时也是国家和社会连接的纽带，将个人的信息传递给国家，成为为个人提供保障的中介机构，志愿者组织能够加强社会的联系，有助于维系社区的道德和价值观。（6）社区主义在强调社区责任的同时，也宣扬家庭主义，强调家庭的基本责任。总而言之，社区主义以从下到上的方式推动社区复兴的价值理念和实践运动，一定程度上促进了美国等西方国家社区的复兴，推动了社区治理，改善了社区关系和生活环境。社区复兴的理念与滕尼斯的"社区"概念一脉相承，至今仍然发挥着广泛的影响力。

（六）国内早期的社区研究

吴文藻是中国社会学、人类学和民族学本土化、中国化的最早提倡者和积极实践者，也是中国社区社会学建立与发展的关键人物。1933 年，吴文藻担任燕京大学社会学系主任，力主推行社会学的中国化。吴文藻认为社会学要中国化，最主要的是要研究中国国情，即通过调查中国各地区的村社和城市的状况，提出改进中国社会结构的参考意见。吴文藻提出的"社区研究"是社会学中国化的关键一步。"社区研究"就是对中国的国情"用同一区位或文化的观点和方法，来分头进行各种地域不同的社区研究"。

吴文藻的"社区研究"以功能主义文化人类学作为理论基础，将功能主义纳入社区研究，认为"功能派所谓之功能观点，与社会学上所谓之社区观点，二者在精神上完全是一致的。功能观点本来就是一种实地研究的方法论，自然最有助于现代社区的实地踏查"。开展社区研究，就是"先认清社区是一个整体，就在这个整体的立足点上来考察它的全部社会生活，并且认清这社会生活的各方面是密切相关的，是一个统一体系的各部分，要想在社会生活的任何一方面，求得正确的了解，必须就从这一方面与其他一切方面的关系上来探索穷究"。[1]

在研究方法上，吴文藻强调实地研究和比较研究。他认为研究中国社区必须开展充分的田野调查，在实证调查的过程中发现新知识；同时他也强调，社会调查不仅要重视事实的积累和社会状况的记录，更要在事实和记录的基础上对事实内涵的意义进行说明，对事实发生的原因进行探究，[2] 事实的解释更加重要。比较研究也是吴文藻非常推崇的研究方法，认为"社会学便是社区的比较研究"。在他看来，应该选取不同类型、不同地域、不同文化特征的典型社区，进行深入的实地研究，再进行解释和比较，才能真正把握社会学的要义，"民族学家考察边疆的部落或社区，或殖民社区；农村社会学家则考察内地的农村社区，或移民社区；都市社会学家则考察沿海或沿江的都市社区。或专作模型调查，即静态的社区研究，以了解社会结构；或专作变异调查，即动态的社区研究，以了解社会历程；甚或对于静态与动态两种情况同时并进，以了解社会组织与变迁的整体"。[3]

吴文藻培养了一大批中国社区研究的社会学者，包括费孝通、林耀华、李安宅、瞿同祖等，引入了西方最新的社会学理论，搭建中外学术交流平台，邀请国外知名社会学家来华授课，极大地推动了西方社会学理论与中国社会实践的结合。吴文藻倡导的"社区研究"取得了非常丰硕的成果，形成了社会学著名的"燕京学派"，涌现一批知名的学者和代表著作，例如林耀华的《金翼》、费孝通的《江村经济》、张子毅的《易村手工业》、蒋旨昂的《战时的乡村社会政治》、田汝康的《内地女工》、许烺光的《滇西的巫术与科学》、胡庆钧的《呈贡基层权力结构》等。[4]

费孝通秉承了吴文藻的理论进路和研究方法，将"社区研究"作为理解中国社会的一种有效方式，期待从社区研究中开拓中国社会学的发展之路。费孝通围绕社区研究开展了大量工作，发表了《江村经济》（英文名为《中国农民的生活》），几乎完美地实现了吴文藻的构想，且获得

---

[1] 吴文藻：《吴文藻人类学社会学研究文集》，民族出版社，1990。
[2] 吴文藻：《吴文藻人类学社会学研究文集》，民族出版社，1990。
[3] 吴文藻：《吴文藻自传》，《晋阳学刊》1982 年第 6 期。
[4] 阎明：《中国社会学史：一门学科与一个时代》，清华大学出版社，2010。

了西方学术界的高度肯定。后来又发表了《江村经济》的姊妹篇《禄村农田》，为了避免同类型的对象导致研究的片面化，还开展了"云南三村"的研究，并在社区研究的基础上进一步撰写了《乡土中国》《生育制度》等非常有影响力的社会学著作，深入分析了中国社会的生活规则、人际关系以及社会结构，成为中国社会学研究学习者的必读书目。值得一提的是，费孝通对"江村"社区的调查延续了60多年，先后开展田野调查20多次，并发表了大量补充性的研究成果。改革开放之后，中国社会学恢复与重建，费孝通又以"燕京学派"社区研究的方法主导了非常著名的"小城镇"研究，陆续发表了《小城镇大问题》《小城镇再探索》《小城镇的发展在中国的社会意义》《小城镇研究的新发展》《小城镇新开拓》《小城镇研究十年反思》等一系列成果，① 总结出具有重要影响的"苏南模式""温州模式"等农村工业化、城市化、农业现代化的发展道路，其影响力远远超出了社会学的学科范畴，为国家和社会的发展提供了重要的参考借鉴。

三　我国基层社会管理体制的演变

（一）封建社会的基层管理制度

自秦朝统一六国以来，我国广大乡村长期实行"乡里制度"与"亭制度"并行的社会基层管理体系。"乡里"是基层行政控制系统，"亭"是县府派驻到基层社会主管治安的机构。据《汉书·百官志》记载："大率十里一亭，亭有长；十亭一乡，乡有三老、有秩、啬夫、游徼。三老掌教化；啬夫职听讼，收赋税；游徼掌循禁贼盗。县大率方百里，其民稠则减，稀则旷，乡、亭亦如之。皆秦制也。"关于基层治安的管理模式，《汉书·百官志》记载道："亭有亭长，以禁盗贼，里有里魁，民有什伍，善恶以告。本注曰：里魁掌一里百家。什主十家，伍主五家，以相检察。"据《管子》记载，在战国时期，各国就已经开始施行类似的"什伍"制度，各国依据一定的数量标准把人口按"里"编制管理，不同

---

① 费孝通：《费孝通论小城镇建设》，群言出版社，2000。

国家每里的户数各有不同，因时因地而异，文献记载中有一里百家、一里五十家，都是当时现行制度的记录，或者是较成熟的规划，都是把"里"作为基层户口的编制单位和居民的居住单位，而不是一个地域单位，①换言之，"里"主要是一个政治管理概念，以人数和户数为标准。这种严格的控制个人身份的户籍管理制度，彻底打破了先秦时期社会中长期存在的乡村中血缘共同体自治的社会生活方式，将过去血缘关系的氏族组织，改造成为从"户"开始经"什伍"到"乡里"再到"县"的严密的地域关系组织。②

从两汉至晋代，县级以下都承袭了乡里制度，乡一级的官员在三国时期级别有所提高，如曹魏"诸乡有秩三老，第八品，诸乡有秩，第九品"。乡里制度得到统治者更多的关注。南北朝时期，在南朝"村"普遍成为乡以下的基层行政单位，而"亭"制度逐渐被取消。"村"起源于"屯"，与曹魏时期的屯田制有关联，逐渐演化为基层行政单位，收拢了治安权。③北朝主要实行邻、里、党三级乡里制，《魏书·食货志》记载，"三长，谓五家立一邻长，五邻立一里长，五里立一党长"。

到了宋朝时期，基层社会管理体制发生了显著变化，乡官体制被废除，推行保甲制度。保甲制度的核心是乡役制，即基层乡村管理人员的职役化，一般情况下主要由乡绅和富户人家担任乡村基层保甲组织的负责人，这些基层的管理者从身份属性上来说不具有"官"的身份，属于一种带有强制性和义务性的差役工作。保甲制从宋朝开始，元、明、清历代沿袭，这就形成了费孝通所说的"乡绅政治"和皇权不下乡的"双轨制度"。北宋时期，基层管理制度经历了一个渐进的演变过程，早期是乡里制和保甲制并行，从王安石变法开始，保甲制被大力推行，成为主要的基层政治制度。《宋史》记载："王安石变募兵而行保甲，帝从其议。三年（宋神宗熙宁三年，1070年），始联比其民以相保任。及诏畿内之民十家为一保，选主户有干力者一人为保长。五十家为一大保，选一人为大保长。十大保为一都保，选为众所服者为都保正，又以一人为之副。

---

① 臧知非：《秦汉里制与基层社会结构》，《东岳论丛》2005年第6期。
② 吴群刚、孙志祥：《中国式社区治理：基层社会服务管理创新的探索与实践》，中国社会出版社，2011。
③ （清）杨晨：《三国会要》卷二五《职官四》。

应主客户两丁以上，选一人为保丁、附保。两丁以上有余丁而壮勇者亦附之。内家赀最厚、材勇过人者亦充保丁，兵器非禁者听习。"①

南京国民政府时期，最初模仿西方和日本实行"区—乡镇—闾—邻"的政权体制。但由于国民政府对基层的控制力较弱，这套制度并没有得到很好的执行，很长一段时间里地方处于各自为政的"模糊治理"阶段。南京国民政府对共产党领导的红军施行多次"围剿"遭遇失败，国民党"剿匪总司令部"将失败归结于民众的不支持，认为应该加强对基层的控制，于是重新强制执行保甲制度。1932 年"剿匪总司令部"颁布《豫、鄂、皖三省剿匪总司令部施行保甲训令》及《剿匪区各县编查保甲户口条例》，在红军较活跃的地区率先施行严格的保甲制。1934 年，国民党中央政治会议决定由行政院通令各省、市推行保甲制，1937 年 2 月，国民党行政院公布修正《保甲条例》，保甲制度大规模向全国推行。南京国民政府推行的保甲制，使城乡居民以户为基本单位，户有户长；十户为甲，甲设甲长；十甲为保，保设保长。保甲按居住的状况挨家挨户编组，如果编至最后剩余户数不足一甲，超过五户则按一甲算，不足五户则编入最接近的甲中，保也按照上述方式编排。保的上级行政机关则是乡、区和县，与保甲以前的地方区划接轨。②

（二）新中国成立后"街居制"的形成与发展

新中国成立以后，如何管理好社会事务、维护社会秩序、促进民生发展，成为党和政府面临的最紧迫任务。为实现这个目标，人民政府宣布废除保甲制度，同时各地纷纷成立了防盗队、防护队、居民小组、中心小组、居民委员会等不同类型的居民组织，最终在实践探索的基础上，逐步确立了以居民委员会为基石的居民自治制度。杭州市上羊市街居委会是新中国成立以来第一个居民委员会，于 1949 年 10 月 23 日正式成立。上羊市街居委会由杭州十八、十九两个保合并而成，共有居民 2000 多户，居民们投票选出居民委员会委员 9 人，作为兼职工作者，其中正副主任各 1 人，负责日常工作，另外 7 位委员分别负责公安、生产、民政、卫

---

① 《宋史·兵制六》。
② 张鸿雁：《侵入与接替——城市社会结构变迁新论》，南京大学出版社，2000。

生、文教等。① 1950 年 3 月，天津市根据居民居住状况也建立了居民委员会，此后不久，上海、武汉等城市部分街道也纷纷成立了居民委员会和居民小组。

在 1952 年的国庆典礼上，毛泽东同志看到整齐有序的市民队伍，对彭真同志感慨道："还是把市民组织起来好！"随后，彭真于 1953 年向中央提交了《关于城市街道办事处、居民委员会组织和经费问题的报告》，该报告建议："街道的居民委员会必须建立，它是群众自治组织，不是政权组织，也不是政权组织在下面的腿；城市街道不属于一级政权，但为了把很多不属于工厂、企业、机关、学校的无组织的街道居民组织起来，为了减轻区政府和公安派出所的负担还需要设立市或区政府的派出机关——街道办事处。"报告明确提出居民委员会的主要任务，"是把工厂、商店、机关、学校以外的街道居民组织起来，办理有关居民的公共福利事项，宣传政府的政策法令，发动居民响应政府的号召以及向政府反映居民的意见和要求"。②

1954 年 12 月第一届全国人民代表大会常务委员会第四次会议制定并通过了《城市街道办事处组织条例》和《城市居民委员会组织条例》。统一将城市基层居民组织的名称规定为居民委员会，将其性质规定为城市基层居民群众自治组织，以法律形式规定了居民委员会的性质、任务、组织结构、与有关部门和单位的关系以及工作方法、经费来源等，从而大大推动了居民委员会建设工作的全面展开。至此，街道办事处、居民委员会开始普遍建立，标志着我国以市、市辖区、街道办事处、居民委员会为主体的国家行政力量与居民自治力量相结合的城市管理体制架构已初步形成。③ 按照规定，街道办事处的任务是：办理市、市辖区人民委员会有关居民工作的交办事项，指导居民委员会的工作，反映居民的意见和要求。居民委员会的任务是：办理有关居民的公共福利事项，反映居民的意见和要求，动员居民响应政府号召并遵守法律，领导群众性的

---

① 孙连兴等：《民政部宣布中国首个居委会为杭州上羊市街》，《钱江晚报》2008 年 7 月 1 日。
② 《中国城市微型社区组织：居民委员会建设研究报告》，http://www.humanrights.en/china/rqzt/zt2002002322165705.htm，最后访问日期：2022 年 9 月 12 日。
③ 张敏杰：《单位社区的嬗变与公民社会发育》，《河北学刊》2009 年第 1 期。

治安保卫工作、调节居民间的纠纷等等。1954 年 12 月，全国人大常委会通过了《城市街道办事处组织条例》，对街道办事处的性质、机构设置、人员配备、职责内容、管辖范围和管辖人口等进行了统一规定，街道办事处的建设也开始走向制度化、稳定化的发展轨道。

街居制基本适应新中国成立后城市社区管理的需要，协助政府加强了对城市居民的组织、教育和管理，组织了扫盲小组、读报小组、储蓄小组等居民小组，建立卫生值日制度，调解邻里纠纷，做好团结工作，在恢复和发展生产，收容和改造游民、散兵、娼妓，维护社会治安，优抚救助，开展卫生运动，改善环境，扫盲，移风易俗和群众生活服务等方面作出了出色的贡献，组织和调动了城市居民的各种活动和积极参与的热情。以北京市为例介绍街居制的具体情况：1954 年，北京市开始在各区建立街道办事处和居民委员会。城郊 13 个区共成立街道办事处 142 个。街道办事处以原公安派出所管辖区域为基础，户数一般在 2000 ~ 5000 户，人口 10000 ~ 20000 人，管理 7 个至 12 个居民委员会，街道办事处设主任 1 人，干事 4 ~ 6 人，必要时可设 1 个副主任。街道办事处主任、副主任、干事由区人民委员会委派。1955 年 1 月，北京全市各区共建立 660 个居民委员会。新建立的居委会一般有居民 300 ~ 400 户，人口 1000 ~ 1700 人。居委会下分若干居民小组，每组 20 ~ 30 户，6 ~ 10 个门牌。居委会内设治安保卫、调解、卫生和社会福利委员会，委员 11 ~ 17 人。一般委员兼任居民小组组长，各小组再选出 1 名副组长。一些较大的工厂、院校、机关因职工家属较多，则单独建立家属委员会（简称家委会）。家委会由工厂、院校或机关负责建立，负责干部和骨干的配备及其办公与活动经费。家委会的工作，接受本单位和本区域街道办事处的双重领导和管理。[1]

街居制的建立是我国基层社会的一次深刻变革，也是我国公民参与国家事务的一种新途径和新形式。居委会委员受当时社会思想意识形态的影响较大，以全身心为居民服务为荣，工作的自觉性很高，强烈的服务意识使得居委会在社区服务活动中获得了良好的声誉和居民支持度。

① 吴群刚、孙志祥：《中国式社区治理：基层社会服务管理创新的探索与实践》，中国社会出版社，2011。

从新中国成立后到 1958 年，居民委员会是比较典型的自我教育、自我管理、自我服务的自治性群众组织，起到了安定社会、扶助贫弱、移风易俗、宣传教育的目的。①

（三）单位制的建立与发展

单位制是我国计划经济时期非常重要的经济社会组织制度，在相当长的一段时间内，是中国政治、经济和社会体制的基础。一般来说，随着市场经济的发展，社会的分工越来越细，在各个经济生产分工链条上都会形成独立的、具有专业化的工作场所，即"单位"，同时"科层制"的发展，也会带来大量分工明确的管理机构，前者主要是生产性单位，后者是非生产性单位。新中国成立后的单位有特殊的历史背景和发展过程，对于当时的政治、经济和文化都有特殊意义。

1956 年社会主义改造完成，计划经济体制建立，并从经济领域扩展至社会生活的各个领域。国家通过政权力量将城市社会中的各种经济、政治、社会和文化组织改造成为"单位"。从单位的类型来讲，可分为党政机关或国家行政机构、事业单位、企业组织；从单位所有制来说，单位可分为全民所有制、集体所有制及私营和个体所有制；从单位的级别来说，单位组织按照科层制原则都被纳入了统一的国家行政序列之中，并被赋予不同的行政级别，从而在行政权力、资源分配、利益和机会的获得上均表现出明显的级差。② 于是，单位成为把专业化工作场所、居民家庭和社会生活以及政治管理统合在一起的社会组织和空间组织，单位成为城市基本的组织单元，单位之外的社会空间变得非常狭小。单位成为国家进行社会资源分配、实现社会控制的主要工具，构成了我们国家政治、经济和社会体制的组织基础。单位内部形成了一种特殊的社会公共物品供给制度，发挥着社会公共服务的功能，也即"单位办社会"，用单位的多元化功能取代社区的服务功能。单位不仅控制着经济资源，还掌握着政治资源和社会资源，单位内部要负责本单位职工的职

---

① 刘伟红：《社区治理——基层组织运行机制研究》，上海大学出版社，2010。
② 李汉林、李路路：《资源与交换——中国单位组织中的依赖性结构》，《社会学研究》1999 年第 4 期。

工住房、各种生活福利、养老保险、公共卫生、托幼服务、子弟上学、班车服务、计划生育、环境维护、思想教育、就业安置、犯罪控制等各项内容，单位成员工作上的提拔、入党、参加培训、出国进修等发展机会都是由单位全权掌握。单位界定了个人的社会地位和身份的合法性，没有单位出具的证明，就不能登记结婚或申请离婚，不能外出旅行、住宾馆。于是单位就是社区，社区就是单位，单位代表国家掌握家属区的所有资源。

在1958年之前，城市当中基本上处于单位社区与街道办、居民委员会并存、各自发展的状态，两个不同的社会管理系统，都代表政府实行基层管理和服务的职能。"单位"系统负责管理在职职工和离退休干部，"街居"系统的工作对象则是无业者和退休工人。随着计划经济体制的建立，国家实行高稳定的就业政策，实现了劳动力的统一安排部署，几乎所有的适龄人群都被动员加入相应的单位中。其中影响较大的是"家属革命化"进程，来自农村的妻子首先被纳入企业所属的集体所有制单位中工作，开始进入单位系列。在相当长的一段时间里，国有企业的就业安排采取了"老厂办新厂，单位包家属"的办法。单位制逐渐吸纳了所有适龄的劳动力群体，单位形成了具有独特意义的"社会空间"。[1] 于是街居系统管辖的范围越来越窄，只能负责无工作能力（如老年人、残疾人等）或不能进入工作单位的边缘群体（如一时无法安排工作的社会青年、无业人员等），街居制逐渐开始呈现边缘化的趋势。

我国实现社会基层管理的最主要途径——单位作为兼具社区功能的"完全性"组织，成为实质上的社会基本调控单位和资源分配单位，发挥着超越社区的政治动员、经济发展和社会控制等"政治、经济与社会三位一体"的诸多功能。单位依赖国家的分配计划获得各种资源，同样，单位中的个人依赖所在的单位获得各种生存的资源，在实际上就形成了"国家—单位—个人"这种依附链条。单位制通过资源垄断和空间封闭，实现了单位成员对单位的高度依附。在单位体制下，单位和职工之间是一种"单位既全面控制，又全面照料其职工，职工既全面服务，又全面

---

[1] 田毅鹏：《"典型单位制"的起源和形成》，《吉林大学社会科学学报》2007年第4期。

依赖其单位的复杂的政治、经济和社会关系"。① 社会成员总是隶属于一定的"单位"——在学校属于学校单位，参加工作属于工作单位，退休以后不仅仍属于原工作单位，同时也属于街道单位。当人们的生活需求基本依靠单位来满足，完全习惯于"有问题，找单位"时，居民之间缺少相互沟通的渠道，居民很少关心和参与家庭所在社区的公共活动和公共事务，更不习惯主动地参与社区建设，解决社区问题。同时，城市居民在社区生活中的突出表现就是形成了"条块分割"的局面，每个单位都隶属上级单位，与所在社区并无隶属关系。于是，从 1958 年到改革开放之前，随着单位制的兴起，街居制则逐渐式微，处于全面萎缩的状态。

（四） 单位制逐渐解体、街居制逐步恢复

1978 年 12 月，中国共产党召开第十一届三中全会，开启了改革开放和社会主义现代化的伟大征程。由此开始了计划经济体制向市场经济体制的大转轨，带来了中国社会的转型和剧烈变迁。在这个过程中，单位制逐渐解体，街居制逐渐从边缘状态恢复原有职能。

改革开放引发了一场经济和社会结构的变革，加上人口老龄化，家庭小型化等原因，社区管理与服务的负担越来越重。伴随着城市化进程加快，城市规模急剧增大，城市功能迅速扩展，这就不可避免地产生了大量的城市问题，诸如外来民工、流动人口的管理问题，伴随着企业改制而出现的大量下岗、失业问题，大量旧区改造、新区建设和城市文明观念传播过程中的社会动员问题，各类社会弱势群体问题，养老和社会保障问题等。这些问题的解决直接关系到国家稳定与社会和谐。面对这些问题，需要街居制重新发挥作用，街道办事处、居委会也成为进行基层社会管理、维护社会基本稳定的重要抓手。因此，以城市街道办事处和居委会为组织依托，动员社会力量，兴办社会福利设施，为居民群众特别是有困难的居民和家庭提供服务，成为重要的趋势。随着经济体制改革和社会结构转型，街道工作的对象扩展到了辖区内所有的居民和所

---

① 朱光磊、郭道久：《城市化进程对我国城市阶层分化和阶层关系的影响》，收录于《中国城市化进程与统一战线工作研讨会论文集》，2002。

有的单位，且工作任务大大拓展，很多街道办事处的任务已经拓展到了100 多项，机构设置和人员编制也大大扩充，许多街道办事处的人数达到 10 人乃至超过了 100 人，组织机构已经"科室化"。

街居制的具体恢复过程，以北京市为例。1979 年，北京市将街道党委、街道办事处和街道生产服务联社分开。1980 年，中共北京市委、市政府下达文件，进一步明确街道办事处仍是区政府的派出机关。1982 年，第五届全国人大第五次会议通过新宪法的同时，重新公布了 1954 年《城市街道办事处组织条例》，使城市街道办事处的性质和地位再次在法律上被确定下来，北京市随之开展了街道办事处的放权试点工作。1985 年 5月，北京市政府召开城近郊区街道办事处工作会议，推广西城区向福绥境街道办事处放权的试点经验，赋予街道办事处行政管理权、人事管理权、财务管理权和必要的执法权。1985 年第三次市长办公会议决定，为加强街道办事处的工作，将增加其干部编制 1400 名。1987 年 6 月，北京市人民政府办公厅印发《关于向街道办事处放权工作座谈会纪要的通知》，要求"根据中央关于经济、政治体制改革的指示精神和市委、市政府的决定"及"按照责、权、利一致的原则"理顺街道办事处与设在街道的工商、市容、环卫、房管、粮管、税务、公安派出所等部门的关系，扩大街道办事处行政管理权，并决定建立街道财政。经过一系列的改革，街道办事处的积极性进一步调动起来、工作更加活跃。1992 年，北京市委、市政府明确了街道工作以经济建设为中心，街道经济得到迅猛发展。北京市委、市政府于 1994 年、1996 年召开了两次街道工作会议，于 1998年、1999 年、2001 年召开了三次城市管理工作会议，对街道管理体制进行了一系列的改革，其主要内容可高度概括为"一个确立，两个赋予，三个分开"。"一个确立"，即确立街道办事处对辖区管理负总责地位，实质就是"以块为主，融条于块"的制度变革。"两个赋予"，即赋予街道办事处对职能部门派出机构的领导权或统筹协调权，对辖区内管理机构工作的监督权；赋予街道办事处综合执法权。"三个分开"，即实行政企分开、政事分开、政社分开。保障了街道财力，进一步强化了街道城市管理和社区建设的职能，逐步建立起了"职责明确政企分开、条专块统、责权一致、依法行政、民主参与"的街道管理新体制，在完善和推进

"两级政府，三级管理"城市管理体制方面迈出了重要步伐。①

（五）社区制和社区建设的兴起

1986 年，民政部首次把"社区"一词引入实际工作当中，在全国范围内倡导开展城市社区服务，"社区"开始从学术领域进入公共政策话语和社会大众视野中。1987 年 9 月，民政部在武汉召开了"全国社区服务工作座谈会"，标志着社区服务政策和理念正式启动。② 1989 年社区服务的概念被第一次引入法律条文，这一年 12 月 26 日全国人民代表大会通过的《中华人民共和国城市居民委员会组织法》明确规定："居民委员会应当开展便民利民的社区服务活动。"1993 年 8 月，民政部、国家计委、国家体改委等 14 个部委联合下发了《关于加快发展社区服务业的意见》（民福发〔1993〕11 号），把社区服务提上重要的议事日程，并随后评比产生了一系列社区服务示范城区，推动了全国社区服务的不断发展。民政部门倡导"社区服务"的最初目的是通过我国基层街道和居委会等区域性组织力量的动员，来服务民政对象，如残疾人、优抚对象、老年人等，这一举措带动了政府与社会关系的变化，启动了政府的职能转变过程，使街道办和居委会从服务政治逐步走向服务经济和服务居民，所开展的社区工作也逐步从"以安抚弱势群体为主"，逐步扩展到社区经济、文化、卫生、治安等各个方面，服务项目也越来越多样化，越来越广泛，并由此推动了社区意识的产生，社区概念开始深入人心。

20 世纪 80 年代后期至 90 年代初，"社区服务"逐步延伸扩展为"社区建设"。1991 年 5 月 31 日，时任民政部部长崔乃夫在听取基层政权建设司汇报工作时指出，"基层组织建设应着重抓好社区建设"。1992 年 10 月，中国基层政权建设研究会在杭州市下城区召开了"全国城市社区建设理论研讨会"。自此以后，"社区服务"的提法进一步延伸扩展为"社区建设"，社区建设与西方国家所流行的社区发展概念基本相当。从社区服务向社区建设的转变，主要有以下几个方面的原因：社区服务已经不能容纳社区出现的新情况、新问题，需要在此基础上提升出一个

---

① 北京市地方志编纂委员会：《北京志·政务卷·民政志》，北京出版社，2003。
② 陈漭、许彬、王时浩等：《社区经营与社区服务》，中国社会出版社，2005。

包容量更大、更全面的概念来促进社区服务和整个社区全方位的发展；社区的事情不能只靠政府，还要充分发挥社区居民的力量，两条腿走路；社区建设是健全、完善和发挥城市基层政权组织职能的具体举措；在企业转换经营机制和政府转变职能的前提下建立"小政府、大社会"的国家模式是我国政治体制改革的方向，社区建设就是建立这一模式的基础工程。①

1996 年 3 月，江泽民同志在参加第八届全国人大四次会议上海团的讨论时指出，"要大力加强城市社区建设，充分发挥街道办事处和居委会的作用"。江泽民同志的发言肯定了社区建设的重要作用，也对社区建设提出了更高的要求。1999 年，民政部制定了《全国社区建设试验区工作实施方案》，提出要改革城市基层管理体制，培育和建立与社会主义市场经济体制相适应的社区建设管理体制和运行机制。民政部在全国选择了北京市西城区、杭州市下城区等 26 个"城市社区建设实验区"，进一步推进社区建设的政策实践。2000 年 11 月，中共中央办公厅、国务院办公厅联合下发了《中共中央办公厅、国务院办公厅关于转发〈民政部关于在全国推进社区建设的意见〉的通知》，该通知明确指出：大力推进社区建设，是新形势下坚持党的群众路线、做好群众工作和加强基层政权建设的重要内容，是面向新世纪我国城市现代化建设的重要途径。这一文件具有划时代的重大意义，标志着此前多年的社区建设试验探索阶段宣告结束，即将在全国进行正式和全面地推广。此时社区建设的核心已经不是社区服务，而是管理体制的创新，社区建设要达到的目标，无论是从深度还是广度上都要远远超过单纯的社区服务。除了社区服务以外，社区建设的主要目标还包括："构建新的社区组织体系"，"建立与社会主义市场经济体制相适应的社区管理体制"和"建设管理有序、服务完善、环境优美、治安良好、生活便利、人际关系和谐的新型现代化社区"。这其中，构建新的社区组织体系、改革城市基层管理体制并建立新的社区管理体制，可能是社区建设当前最重要的核心目标。

2000 年以后，全国兴起了"社区建设热潮"，城市社区建设以空前的

---

① 夏建中：《从街居制到社区制：我国城市社区 30 年的变迁》，《黑龙江社会科学》2008 年第 5 期。

速度在全国大部分地区推广开来，陆续涌现出一批各具特色的社区治理模式，如沈阳模式、深圳盐田模式、上海卢湾模式、江汉模式、青岛模式、鲁谷模式等。2001 年 3 月，社区建设列入国家"十五"计划发展纲要。2002 年 11 月，社区建设被列入党的十六大议事日程，江泽民同志在党的十六大报告中明确提出："完善城市居民自治，建设管理有序、文明祥和的新型社区"。在 2004 年 9 月召开的党的十六届四中全会上，新一届党中央明确提出了"构建和谐社会"的思想。2005 年 2 月 19 日，胡锦涛同志在中央举办的省部级主要领导干部"提高构建社会主义和谐社会能力专题研讨班"上指出，"我们所要建设的社会主义和谐社会，应该是民主法治、公平正义、诚信友爱、充满活力、安定有序、人与自然和谐相处的社会"。自此，建设和谐社会成为新的热潮，而社区和谐是社会和谐的基础。时任民政部部长李学举号召要在全国大力推进和谐社区的建设："我们所要建设的和谐社区，应当是居民自治、管理有序、服务完善、治安良好、环境优美、文明祥和的社区。"和谐社区的概念有了明确的界定，自此以后，和谐社区建设成为社区建设的主线。2007 年，胡锦涛同志在党的十七大报告中再次提出，"把城乡社区建设成为管理有序、服务完善、文明祥和的社会生活共同体"。由此，国家从宏观政策层面明确了城市社区建设的目标任务和要求。

随着市场经济的发展，单位制逐渐解体，社区在协调利益、化解矛盾应对突发事件，强化人口管理、维护社会稳定等方面的服务任务的逐步加大，以往的行政主导型的"街居制"逐步陷入不堪重负、管理效率低的困境。迫切需要探索一种适应我国社区发展需求的新的治理模式。社区制的兴起，是对单位制和街居制的一种超越和重整。[①] 比较街居制和社区制可以发现：从管理理念上来说，街居制长期受计划经济体制的影响，习惯于"总体性国家"的管理模式，对居民的控制甚至监督多于对居民的服务；而社区强调面向全体居民，以居民为主，以人为本，变管理为服务，努力解决社区问题，为社区居民营造一个环境优美、治安良好、生活便利、人际关系和睦的人文居住环境。从管理形式上来说，街

---

① 吴群刚、孙志祥：《中国式社区治理：基层社会服务管理创新的探索与实践》，中国社会出版社，2011。

居制的行政功能突出，命令式的上下级科层色彩浓厚，开展工作主要按照行政命令模式运行，实际工作中更多的是配合国家各职能单位设在街道的工商、市容、环卫、房管、粮管、税务、公安派出所等部门的工作；而社区制则强调居民参与，要求社区发展的各项规划、社区建设的实施以及社区事务的处理等都必须体现社区居民的广泛参与，与居民的要求相适应。从管理目标来说，在以单位制和街居制为主的基层社会的管理中，管理主体单一化，政府包办一切，管理的主要目标是稳定；而社区制的兴起与市场经济的繁荣密不可分，如果要遵循市场和管理的规律，就要承认政府的能力是有限的，需要构建一个"小政府、大社会"的模式，实行共同治理，把政府"管不了、也管不好"的社区事务交由社区自己管理，让社区居民自我服务、自我管理、自我教育，在政府与社区之间形成积极而有成效的合作关系。[①]

　　街居制和单位制的管理体制是一种国家对整个社会包括社区进行统管的模式。对所有社会事务和社会活动全面插手。非政府的组织、志愿者组织和居民社会组织缺少建立发展的土壤。在社区制的模式下，除了党组织和政府派出机构外，出现了越来越多的居民自治组织、志愿者组织、社团组织和企业。这些组织之间已经开始初步形成了一种社区合作共治的机制。在社区层面上，政府部门、社区组织、各种社会组织、驻区单位、物业服务企业等主体要在社区党组织的领导下，建立起相互依存、分工合作的伙伴关系，确定共同的目标，实施对社区公共事务的共同治理。其中，社区居委会发挥主导作用，利用社区协商议事会议等形式，组织发动各方力量，搞好社区共治，并积极反映各方利益诉求，广聚民智民力。[②] 完善的社区建设和丰富的社区生活是一个国家社会生活的基本内容，也是这个国家的社会走向成熟的标志。社区建设经过多年的发展使得社区从一个学术概念变成政府的政策实践，进而变成人们社会生活中的重要理念，到现在已经开始逐步成为人们社会生活的方式，成为城市基层社会的基本组织形式，这也从一个侧面反映出，改革开放40

---

①　何海兵：《我国城市基层社会管理体制的变迁：从单位制、街居制到社区制》，《管理世界》2003 年第 6 期。

②　夏建中：《从街居制到社区制：我国城市社区 30 年的变迁》，《黑龙江社会科学》2008 年第 5 期。

多年来中国社会建设取得了巨大的进步。

（六）从社区管理到社区治理

20世纪80年代末90年代初以来，国际上开始流行使用"治理"一词来形容公共政治和社会事务的管理。治理理念的提出，是现代公共管理具有突破性意义的一次创新。1989年，世界银行发表的一篇题为《撒哈拉以南非洲：从危机到可持续增长》的报告首先使用了"治理危机"一词。此后，"治理"概念便被广泛地用于政治发展和公共事务的研究中。① 很多国际性组织纷纷以"治理"为核心议题，发表了一系列研究报告，如世界银行1992年的年度报告以"治理与发展"作为主题，经济合作与发展组织（OECD）在1996年发布一份名为《促进参与式发展和善治》的项目评估报告，联合国开发署（UNDP）在1996年的年度报告题目是《人类可持续发展的治理、管理的发展和治理的分工》。同时一大批学者从不同角度对"治理"理论进行阐释，从统治、管理的局限性出发，论述了创立治理理念和方法的必要性。1992年，在28位国际名人士倡导下，联合国有关机构成立了"全球治理委员会"，并出版了一份名为《全球治理》的杂志。

关于治理的概念，俞可平在《治理与善治》做了详细的梳理，以下内容引自此书：②

　　20世纪90年代以来，西方学者关于"治理"的概念，主要定义有以下几种。治理理论的主要创始人之一罗西瑙，将治理定义为一系列活动领域里的管理机制，它们虽未得到正式授权，却能有效发挥作用。他特别指出了治理与统治的不同，治理指的是一种由共同的目标支持的活动，这些管理活动的主体未必是政府，也无须依靠国家的强制力量来实现。他的定义主要强调治理主体的非政府性、非强制性。

　　罗茨则详细列举了六种关于治理的不同定义：（1）作为最小国

---

① 史柏年：《治理：社区建设的新视野》，《社会工作》2006年第7期。
② 俞可平：《治理与善治》，社会科学文献出版社，2000。

家的管理活动的治理，它指的是国家削减公共开支，以最小的成本取得最大的效益。（2）作为公司管理的治理，它指的是指导、控制和监督企业运行的组织体制。（3）作为新公共管理的治理，它指的是将市场的激励机制和私人部门的管理手段引入政府的公共服务。（4）作为善治的治理，它指的是强调效率、法治、责任的公共服务体系。（5）作为社会控制体系的治理，它指的是政府与民间、公共部门与私人部门之间的合作与互动。（6）作为自组织网络的治理，它指的是建立在信任与互利基础上的社会协调网络。罗茨的详细列举使人们认识到治理这一概念可以运用在多个不同的领域和部门，从国家治理、公司治理到新公共管理的治理、善治、自组织网络等，治理定义的多样性说明了治理理论应用的广泛性、内涵的丰富性，使得我们在应用该理论时必须清晰地阐明自己所确定的治理的定义是什么，是在什么意义上使用这一理论。

1995 年全球治理委员会在《我们的全球伙伴关系》中对"治理"给出了如下界定：治理是各种公共的或私人的个人和机构管理其共同事务的诸多方式的总和。这个概念界定把集体和个人行为的层面、政治决策的纵横模式都包罗在内。该委员会列举了许多治理的实例，如邻居之间设立或维护供水系统的合作；管理废品回收系统的地方委员会；开发城市间运输系统的用户集团；在政府监督下按照自身规律工作的股票交易所；由区域性政府组织、工业集团和居民联合以控制森林采伐等。在世界范围内，一些非政府组织、群众运动、跨国公司和统一的资本市场的种种活动都属于治理的范畴。由此可见，治理是指由许多不具备明确的等级关系的个人和组织进行合作以解决冲突的工作方式，灵活地反映出非常多样化的规章制度甚至个人态度。它有四个规定性特征：治理不是一整套规则条例，也不是一种活动，而是一个过程；治理过程的基础不是控制和支配，而是协调；治理既涉及公共部门，也包括私人部门；治理不意味着一种正式的制度，而是持续的互动。

治理理论是实现社会公共管理的新理念、新方式和新方法，尽管不同的学者观点各异，但核心的内容是一致的，从本质上来说，"治理"是要寻求政府、社会与市场三者之间的合作和互动，一方面改变政府是管理社会经济与公共事务唯一权威中心的传统观念，以及自上而下行政调节的强制性管理手段，另一方面也要避免"唯市场论"，政府、市场和公民需要通过沟通、协商等非强制性的合理方式共同承担管理社会经济和公共事务的责任，从而达到"善治"的目的。

治理不提倡政府对权力的一元化或垄断，以及社会管理自上而下的单向性，而是强调社会管理的权力中心的多元性，各种公私团体、组织和个人均参与管理过程。治理理念不否认政府权力的命令与强制，同时也强调权力与组织间的协商与合作，它承认政府管理的必要性和必然性，但同时更强调自主和自治。① 在政府视角下，治理是指在一个既定的范围内运用权威维持秩序，满足公众的需要。治理的目的是在各种不同的制度关系中运用权力去引导、控制和规范公民的各种活动，以最大限度地增进公共利益。②

"治理"的概念引入社区建设和社区研究，是我国经济社会发展的必然结果。进入新时期，党和国家的历次重大会议和文件能够反映社会治理和社区治理内涵不断丰富、重要程度不断提升的过程。

2013 年 11 月，党的第十八届三中全会通过的《中共中央关于全面深化改革若干重大问题的决定》明确提出"创新社会治理体制"。这是中国共产党成立以来在党的正式文件中第一次提出"社会治理"概念。从"社会管理"到"社会治理"的转变，标志着中国共产党执政理念的新变化。

2014 年习近平总书记明确指出，"社会治理的核心是人，重心在基层，关键是体制机制。"

2017 年 6 月，中共中央、国务院印发《关于加强和完善城乡社区治理的意见》，这是新中国历史上第一个以党中央、国务院名义出台的关于城乡社区治理的纲领性文件。

2017 年党的十九大报告中明确提出，"加强社区治理体系建设，推动社会治理重心向基层下移，发挥社会组织作用，实现政府治理和社会调

---

① 项继权：《参与式治理：臣民政治的终结——〈参与式治理：中国社区建设的实践研究〉诞生背景》，《社区》2007 年第 9 期。

② 俞可平：《治理与善治》，社会科学文献出版社，2000。

节、居民自治良性互动"。并且，还要"打造共建共治共享的社会治理格局，使人民获得感、幸福感、安全感更加充实、更有保障、更可持续"。

党的十九届四中全会进一步强调，"推动社会治理和服务重心向基层下移，把更多资源下沉到基层，更多地提供精准化、精细化服务"，并且要"坚持和完善共建共治共享的社会治理制度"。

党的十九届五中全会提出，"推动社会治理重心向基层下移，向基层放权赋能，加强城乡社区治理和服务体系建设。"

党的十九届六中全会进一步指出，要"完善社会治理体系，健全党组织领导的自治、法治、德治相结合的城乡基层治理体系，推动社会治理重心向基层下移，建设共建共治共享的社会治理制度，建设人人有责、人人尽责、人人享有的社会治理共同体"。

从管理到治理，表明我国基层治理体制不断完善，社区工作的重要性愈加凸显，中国特色社会主义社会建设正趋于"善治"的治理目标。在治理理论中，"善治"是一个重要的概念，其含义是在最大限度地增进公共利益的目标下，建立政府与民间社会之间的合作关系，它的本质是政府与公民社会对公共事务的合作管理，是政治国家与公民社会的一种新型关系，是两者的最佳状态。所以，善治的思想超越了以往的政府行政管理的理念，强调公民自治和对政治的有序参与。[①] 因此，社区治理就是社会组织和公众个人的参与社会和社区的管理过程，发展政府、企业、社会组织及公民各主体间的多元参与、合作、协商和伙伴关系，建立政府主导，社会、企业、公众多元主体参与的现代城市基层管理体制。社区治理是社会治理的基础，只有不断进行社区治理的改革创新，始终坚持"共建、共治、共享"的发展理念，才能实现建设社会治理共同体的宏伟目标。

---

① 吴群刚、孙志祥：《中国式社区治理：基层社会服务管理创新的探索与实践》，中国社会出版社，2011。

第二章　社区工作与社区营造

一　社区工作概述

随着我国基层社会治理的不断深入，社区发挥的作用越来越显著。社区是居民日常生活互动的在地场域，是连接个人与国家、个体与社会的纽带。社区治理是实现人民幸福美好生活、推进国家治理体系和治理能力现代化的基石。要打造"共建、共治、共享"的社区治理格局则需要专业人员开展具体的社区工作，可以说，社区是我国社会治理创新的重要领域，社区工作则是社区治理的主要实现路径。中国社会面临的一个重要问题是城市社区发展不足，社区发展水平与居民美好幸福生活的期望存在较大落差，边缘化群体难以融入社区，社区居民之间的矛盾纠纷、居民与物业管理之间的矛盾冲突等，影响了我国经济社会的稳定发展，阻碍了国家治理体系和治理能力的现代化建设。因此，开展高水平、专业性的社区工作是国家和政府进行社会治理、维护社会稳定和谐的重要举措。民政部、财政部在关于购买社会工作和社区社会工作的相关文件中指出，专业社会工作担负着关注民生发展、促进社会保障、实现社会公平正义的社会职责。社区社会工作者凭借专业性的知识和方法，能够带动居民与社区事务的互动，增进人与人之间的感情，培养居民对社区的归属感，营造良好的社区氛围，同时对缓解社会冲突，将矛盾化解于基层，促进社会和谐发挥着重要作用。

要认识社区工作，首先要对其进行明确的概念界定。1968 年出版的《社区工作与社会变通》一书最早对社区工作做出定义，认为社区工作能够与不同群体建立关系，根据实际需要，为市民提供服务，同时鼓励市民参与社区事务，参与决策制定，努力提升社区居民的认同感和归属感。① G. W. Goetschius 认为社区工作是在社区工作者的协助下实现社区居民自治的目标，作为社会工作的一种方法，它对小组及社区发展做出贡献。② 社区工作与社会工作的理念和方法密切相关，社区工作本质上是一个有意识的社会互动过程，注重发现和挖掘服务对象自身资源、促进其自我改变。

我国学者对社区工作的理解和定义更强调将社区工作与社会治理相结合，强调对社会和谐的促进功能。由于我国独特的历史文化背景和实际国情，社会工作可以分为行政性社会工作和专业性社会工作，其中行政性社会工作是在政府部门和群众团体中，专门从事职工福利、社会救助、思想工作等类型的助人活动。在社区领域，也可以依此划分为两类，即行政性社区工作和专业性社区工作。大多数学者认为社区工作有广义和狭义之分，广义的社区工作是指在社区内开展的以提高社区福利、促进社区和社会协调发展的社会服务或社会管理。狭义的社区工作则是社区社会工作的简称，特指专业社会工作机构及社会工作者关于社区工作的理论、方法、技能及其应用过程。③ 本研究中的社区工作主要指涉狭义界定下的社区社会工作。张和清将社区社会工作称为社区为本的整合社会工作实践。④ 社区社会工作的历史使命是扎根城乡社区基层，利用其专业优势，发掘社区居民的社会性需求，并对社区居民赋权增能，以此推进社会协同，公众参与，实现社区多元善治，促进社区居民安居乐业，推动社区的和谐发展。王思斌认为社区工作是社会工作的一种介入手法，通过组织社区成员参与集体行动，建立起对社区的归属感。充分发挥成员的潜力，培养其参与社区活动及参与决策制定的能力。他强调集体行动的重要性，居民在专业社区工作的协助下，共同解决社区问题，减少冲突，实现社会和谐的目标。⑤ 因此，社区工作是社会工作参与社会治理

---

① 徐永祥：《社区工作》，高等教育出版社，2004。
② G. W. Goetschius, *Working with Community Work*. London：Routledge and Kegan Paul，1974。
③ 徐永祥：《社区工作》，高等教育出版社，2004。
④ 张和清：《中国社区社会工作的核心议题与实务模式探索——社区为本的整合社会工作实践》，《东南学术》2016 年第 6 期。
⑤ 王思斌：《社区治理体制改革的基本问题与实践》，《中国机构改革与管理》2015 年第 6 期。

的有效途径，通过充分依靠社区的力量，以专业化的方式发动社区资源，强化完善社区的功能，实现促进社区的发展和进步、妥善解决社区问题、不断提高社区居民幸福感的目标，推动建立共建共治共享的社会治理共同体。

同时，社区工作也是专业性社会工作开展社区服务的方法和过程，对社区乃至整个社会的良性运转都起到非常关键的作用。社区社会工作者作为连接政府和居民的中间人，可以为居民争取福利，改善居民生活条件；并将社会上的弱势群体团结在一起，推动社会的变革，通过共同的努力消除社会上存在的结构性障碍。同时，社区社会工作者也能够带动居民与社区事务的互动，增进人与人之间的感情，促进邻里互助与社区和谐。在外来文化、外来经济力量的冲击下，中国的传统社区结构面临解体的困境，社区也朝着更加理性化的方向发展，随之而来的就是现代社区中人与人之间的疏离和冷漠。"社区感"的缺乏，人与人间的隔阂，需要在社区社会工作者的组织动员下，消除彼此间的陌生感，加强人与人之间的互动，共同参与社区建设，从而培养居民对社区归属感，营造良好的社区氛围。党的十九大报告中指出，要将社会治理的重心向基层下移，社区成为基层治理的基本单位。社区工作在社区治理中有着重要地位，社区社会工作者在推进落实社区治理的工作中发挥重要作用，他们活跃在基层一线，深入群众，了解群众，切实解决"最后一公里"问题。总而言之，社区工作作为我国社会治理创新的一种制度安排，对缓解社会冲突，将矛盾化解于基层，促进社会和谐有着重要作用。

具体来看，社区工作的目标可以概括为以下几点：首先，社区工作要培养居民自身发现问题，解决问题的意识，发挥社区居民的潜能，并提高居民的主人翁意识。社区工作通过提升社区居民的权利意识，改善社区内的权利分配。鼓励居民反映和表达自己的意见，使社区居民意识到表达意见和建议也是自己的权利。在这一过程中，社区工作者和居民都获得了成长。其次，社区工作要培养社区居民的集体意识，使社区居民了解到自己所面对的是与整个大的社会环境、经济结构以及文化有关的问题。社区工作要营造良好社区环境，发挥互助友爱的传统美德，促使社区居民之间建立良好的邻里关系，增强社区居民对社区的归属感。最后，社区工作要充分发现挖掘并利用社区内的资源，满足社区的需要。

社区工作者要充分发挥自己资源链接者的角色，利用好社区内外的现有的和潜在的资源，使社区资源能够最大程度地满足社区的需要，从而改善社区内的资源分配方式。

进入新时期，我国社区工作获得了突飞猛进的发展，但仍然存在较多的问题。

首先，社区工作的专业性较弱，社区服务水平较低，社区服务实际成效不够显著。随着我国经济社会的发展，社区居民的需要日益广泛、服务需求种类更多，且不同群体往往有着相异的服务需求。例如：青少年往往需要自信心提升、法制宣传、行为矫正等服务；成年人关注如何营造良好的家庭关系，如何缓解生活压力；老年人则对医疗保健、社交娱乐感兴趣；失业人群需要技能培训，就业信息宣传；困难家庭需要链接资源、提供救助等。社区居民所需要的服务多种多样，这就要求社区工作者要及时回应。然而由于专业发展不够成熟、资金受限、专业影响力有限等，社区工作者提供的社区服务活动无法满足居民的多样化需求，只能选择容易开展的活动，很大一部分居民的需要遭到忽视，而且开展的服务也多是满足表面上的需求，服务的实际效果得不到保障，且缺少连续性。

其次，社区工作缺乏自主性，行政事务挤压专业服务空间。当前，社区社会工作发展不充分，对基层政府的依赖性较强，不仅需要政府提供资金、政策支持，而且开展哪些服务项目也要由政府决定，基层政府出于行政考虑确定的服务活动，与社区社会工作出于专业角度计划的服务项目存在着一定程度的差异。在嵌入式发展的过程中，专业性的社区社会工作与基层政府并没有形成协同合作、平等独立的关系，专业社会工作依附于基层政府而存在，导致社区社会工作出现行政化的现象，影响专业服务的开展，使社区社会工作发展模式受限、服务的专业性不足。由于经费来源于政府部门，社工一般要接受机构和政府的双重领导，政府容易将社工视为下属的工作人员而非专业服务人员，社工卷入社区日常行政事务之中，出现行政事务挤压专业服务空间的现象，如社工被抽调到社区工作站从事暂住证办理、老年卡申领等行政性工作，或社区要求社工优先完成街道下达的工作任务。社工的角色定位模糊，出现伦理难题，影响社工的工作积极性，行政工作和专业服务的冲突也给工作者带来较重的工作负担和精神压力，容易引起职业倦怠现象。

再次，社区工作者队伍建设滞后，专业素养亟待提升，人才流失率较高。社会工作岗位收入低，社会认知度和职业声望也相对较低，导致大多数社会工作专业毕业生不愿意从事相关工作，在社区社会工作岗位中，非相关专业毕业的工作人员占很大一部分比例，他们没有接受过系统的专业教育，没有掌握社区建设的专业知识，使服务质量得不到保障。社区社会工作者的职业培训体系尚不健全，尤其是社会工作的继续教育存在很大缺陷，政府部门、社工机构对职业培训的重视度较低，培训投入受到限制，缺乏整体的培训方案设计，相当大比例的培训流于形式，缺乏深度、连贯性和实际应用意义。

最后，社区服务存在明显的形式主义问题。第一，社工机构与政府签订合同时，因需要明确工作的内容与时限，政府部门就会要求社工在规定的时间内完成一定数额的活动，这会导致社工重点关注开展服务的数量，选择性地开展较为简单、要求较低的活动，忽视服务的实际效果。第二，服务效果评估机制不合理，社区社会工作的服务效果具有一定的抽象性，居民的进步、社区的改变是一个缓慢的、不显著的过程，然而为了完成任务，获得资金，需要把服务效果量化为活动指标，如：组织大型活动的次数、举办讲座的次数、社工引领义工服务时长等。这种评估机制会导致社工产生"指标至上"的工作观念，如：在服务中留痕为先，留足服务证据；夸大服务效果；为完成服务指标，服务档案资料弄虚作假，违背专业伦理。服务活动本是达成目标的手段，提高服务效果与关注质量才应当是社工努力的方向但如果为了获得更多的支持与认可，出现本末倒置的做法，重形式却忽略效果，将会阻碍社区工作在社会进程中的良性发展。

二　国外社区工作的发展

（一）德国的汉堡制和爱尔伯福制

从 18 世纪中后期开始，德国先后实行了汉堡福利制度（以下简称"汉堡制"）和爱尔伯福福利制度（以下简称"爱尔伯福制"），鼓励社成员参加本社区的社会福利工作，试图以此倡导社区内部成员自我服务，并积极参加志愿服务。

1788 年，"汉堡制"正式实行，成为德国社区发展起源的标志。"汉堡制"以社区为单位开展扶贫救济的工作，因为成立于德国汉堡市，所以这项制度便被称为"汉堡制"。主要内容包括：将全市划分为 60 个区，每区设 1 名监督员，负责对该区贫民进行调查和救济。市政府设立一个中央办事机构，联络各社会救济机构协同工作，总理全市的济贫业务。具体内容有：为失业者介绍工作，使他们重新回到岗位上；给贫困者提供救济，帮助他们渡过难关；将贫苦儿童送往工艺学校，支持其学习就业技能；把患病却无钱诊治的居民送往医院，帮助他们恢复健康；规定市民不准随意施舍沿街乞讨的人，以避免其养成不劳而获的坏习惯，成为好逸恶劳的懒汉，同时也有助于城市的市容管理。"汉堡制"的实施取得了良好的效果，客观上促进了德国经济社会的全面发展。

德国爱尔伯福市效仿汉堡市在 1852 年也推行了一种社区救助制度。虽然该项制度效仿"汉堡制"，但在"汉堡制"的基础上做出很大改进。"爱尔伯福制"采用三级工作组织制度，提高了信息传递的效率。以人口数量为标准，将全市平均分为 564 段，平均每段约有 300 人，每 14 段为一个赈济区，并设立赈济委员会，每一个赈济区设一名监察员。段中的贫民不能超过 4 人，每段设一名赈济员，多由政府推荐或委派，或是由热心市民中的自荐者、志愿者担任。赈济员日常工作的职责是对该段中的贫困家庭进行调查、救济以及后期追踪调查。在对贫困家庭进行调查后，他们根据调查的内容来认定该家庭是否符合贫困的标准，再对其进行救济，同时要对贫困者进行两周一次的追踪调查。监察员负责领导赈济委员会，指导各段赈济工作，并定期召开会议。赈济委员会作为中层组织，在这之上还有负责区域济贫工作的最高管理机构——中央委员会，由其管理全市的济贫所和其他扶贫救济组织或机构，定期召开会议，了解并指导全市济贫工作。

随着德国资本主义经济和工业化的发展，城市人口的不断增加，之前的济贫制度不再适用。为了更好地适应当时德国的基本国情，"新汉堡制"应运而生。这项福利政策始于 1892 年，与"汉堡制"不同，它废除了分段制度，改由政府主导推行福利措施，并发挥民间的福利组织的作用来统一救助贫民。

二战结束之后，得到马歇尔计划的支持，德国经济进入快速发展阶段，人民的生活水平也得到了改善。在此环境下，德国开始推行"邻里之家"。在全国设有"德国社会福利、文化工作协会联合会"，从属于"德国独立福利协会联合会"，联合会是"邻里之家"全国性的最高机构。不同于以往的"汉堡制"和"爱尔伯福制"主要关注济贫，"邻里之家"更多地关注当地居民的需要，其服务对象包括儿童、青少年和老年人，经费来源主要包括经营所得、政府补贴或者是社会团体、个人的捐赠。服务内容大致分为两类，第一类是日常生活类。例如针对老弱病残等弱势群体的日常采买和陪护、对社区居民的日常陪伴。第二类是文化娱乐类。例如舞蹈、声乐、知识讲座、相关法律及医疗服务咨询以及其他知识交流会等。

（二）英国兴起的睦邻运动

睦邻运动是一个立足于社区改良的社会运动，最早起源于 19 世纪末期的英国，到 20 世纪初期逐渐发展壮大，获得了广泛的影响力，被称为"社区睦邻运动"或"社会公社运动"。睦邻运动最初的宗旨是"减轻社会弊病"，倡导在邻里间建构"社会和解、自助、互助、共享"的社区关系。

19 世纪 60 年代末的英国，民间成立了许多旨在救济贫民的慈善机构，但彼此缺乏交流，通常各自为战，导致大量资源的浪费，部分慈善组织之间还存在矛盾和冲突。为了协调各类慈善机构之间的活动，慈善组织协会应运而生。英国第一个慈善组织协会是 1868 年在伦敦成立的"组织慈善救济与抑制乞丐会社"，后改名为"慈善组织协会"，慈善组织协会结合英国具体的社会环境并吸取了德国爱尔伯福制的管理办法。其主要目的是协调政府与各类慈善机构的活动。具体措施如下：将伦敦市分为若干个区，每个区成立一个分支机构即志愿委员会，由其来负责救济的分配工作。同时在志愿委员会中还特别设置咨询部，一方面对申请贫困救济的人进行筛选和甄别，另一方面也方便相关的慈善救济组织或者个人了解相关的申请救济的人员的资料，从而尽量保证现有资源能够真正地送达有需要的人。但慈善组织主要通过自上而下的方式开展救济活动，效率并不高。

19 世纪 80 年代，英国兴起了在社区工作的发展中起着重要作用的社区睦邻运动，该运动组织和发起社区居民自助互助，共同参与，扶贫济弱，应对挑战，改善社区生存环境。睦邻运动的发起人是东伦敦教区的牧师巴涅特。他是一位具有理想主义色彩和济世情怀的传教士，他所任职的东伦敦教区是当时伦敦最贫困的教区之一，由于受到工业化的影响，居民们失业严重，生活困苦，不少人贫病交加，社区又脏又乱，犯罪率较高。巴涅特认为最终解决社区问题需要让享有特权的人们，例如贵族、政治精英、舆论家了解社区的真实情况，通过他们的努力来改善贫困人群的生活。他以宗教活动为名邀请了一批就读于牛津大学、剑桥大学、贝列尔大学的贵族子弟，前往教区为贫民服务，让他们在社区与贫民"同吃同住同劳动"，一起解决社区居民面临的贫穷问题。牛津大学经济学讲师汤因比就是这些年轻贵族子弟学生中的一员，他与巴涅特志趣相投，引为知己，一起投身于睦邻运动，提出著名口号"社区中的所有事物都应该要分享"。汤因比在 30 岁时因肺病英年早逝。1884 年，巴涅特夫妇在教区建立了一个大学社区睦邻服务中心，为了纪念汤因比，他们将其命名为"汤因比馆"，从此开启了睦邻运动的伟大事业。

汤因比馆设在城市的贫民区，是贫困者和工人共同生活的公共空间。汤因比馆的日常运行以居民需求为导向，以满足居民生产生活发展为目标。除了大学师生外，他们还大量动员当地人才，培育社区居民间的互助合作精神，号召大家认同社区，服务社区，并希望通过这样的努力，不断推动社会结构性的改善。"授人以鱼不如授人以渔"，巴涅特夫妇不仅仅希望富人们为穷人捐款做慈善，而是希望改善穷人的社会处境和生活环境。巴涅特曾经提出一个理念，"穷人需要的不是桌子上掉下来的面包屑，而是餐桌上的一个位子"。学者们总结了睦邻运动的"3R"原则，认为解决贫困问题的模式应该遵循：以研究（Research）支持行动；进驻（Reside）社区，和穷人住在一起，体验其生活，了解真正问题之所在；最后通过改革（Reform），提高社区居民的自觉性，广泛团结力量，改善现有的社会环境。睦邻运动的倡导者们根据当地居民的生活需要，提倡居民的自主自觉和互助合作的精神，强调对生存环境的改良，以有效合理地调配社会资源来帮助城市贫民为目标，自上而下有计划、有组织地帮助需要援助的穷人。

"睦邻运动使人们能够和他们的邻居分享他们自己、互助友爱。睦邻社团聚会的地点在工业区之中，入会的条件是展现出一定的公民道德责任，而睦邻中心的居民们都能够和穷人们成为朋友。"[1] 睦邻运动的核心目标是解决工业化产生的社会问题，特别是贫穷问题。而其对于贫困问题的思考超越了传统上"旧济贫法"那种将贫穷归因于贫穷者本人的片面思路，而认为这是一个需要全社会共同面对、共同为之努力才能解决的社会问题。让受过高等教育的知识分子与贫困者互相交流帮助的做法舒缓了阶级矛盾，促进了社会文化资源的传播和分享。

汤因比馆的出现，完全切合了英国乃至整个资本主义世界社会变革的潮流。它以社会自组织的方式，在一定程度上缓解了早期市场经济诱发的贫富不均、阶层分化、社会矛盾凸显的社会转型问题，又在一定程度上弥补了政府干预不足、社会公正秩序建立缓慢的政府失灵问题。[2] 因此，睦邻运动很快就成为一场广泛传播的社会改良运动，不仅在英国遍地开花，而且引发了世界上许多其他国家和地区的社区改造运动。

西方大部分国家也陆续开展了社区睦邻运动。在德国，睦邻运动催生了另一种形态的社区服务中心——"邻里之家"。它分布于德国各大城市，最高管理机构是德国社会福利、文化工作协会联合会。"邻里之家"是自我经营，自我管理，自负盈亏的独立机构，其活动得到政府的一定资助，也接受政府的监督。"邻里之家"的核心工作，是改善社区居民生活条件，提高他们的生存能力，特别是帮助他们通过自身努力争取权益。社区成员，无论任何国籍、种族、信仰、党派政治倾向都能在"邻里之家"参加服务和得到服务。其主要服务对象是儿童、青少年和老年人，服务的种类包括日常生活类和文化娱乐类。由于经常征求社区居民的服务需求和反馈意见，再加之适应社区的针对化服务，"邻里之家"受到德国社区居民的普遍欢迎。

社区睦邻运动极大地影响了近代社会福利和社会工作的发展。通过

---

① 林胜义：《社会工作概论》，五南图书出版股份有限公司，2013。
② 张林江：《走向"社区+"时代：当代中国社区治理转型》，社会科学文献出版社，2015。

社区睦邻运动，精英阶层对于贫困问题有了更多的了解和认识，有助于相关福利政策的制定和推行，成为后来推动社会改革的主要力量。其中最典型的例子是贝弗里奇，他曾经于 1903 年在汤因比馆服务过一段时间，并终生与之保持联系，后来他领衔完成了著名的《贝弗里奇报告》，该报告成为西方福利国家制度的框架雏形，影响深远。

在社区睦邻运动的影响下，二战后英国开始倡导社区照顾的社会工作服务模式，不同于以往的社区工作方法，社区照顾关注社区内不同人群及资源，倡导社区参与，充分调动社区的资源去帮助有需要的居民。社区照顾的主要服务对象有三类：一是老年人，社区照顾主要面向生活困难、无所依靠的老年群体，在了解老年人需要的基础上，提供不同的服务，主要包括资金照顾、院舍服务、日常照顾三类服务。资金照顾主要是提供给生活无法自理的老年人，由政府拨款将其安置在机构中进行统一的照料；院舍服务主要是针对生活能够自理但缺乏日常社交的老年人，由政府在社区内建立服务中心，为其提供相关的文娱活动；日常照顾主要是帮助行动困难生活无法自理的老年人，照顾其生活起居。二是儿童，该服务主要是为身体残疾、受到虐待和有不良行为的社区儿童提供服务，争取让这些困境儿童获得一个健康完整的童年。三是残疾人士和精神障碍者。主要是针对社区内的残疾群体、智障人员和精神病患者等人群提供的服务，帮助其进行肢体训练、生活技能训练，提高其认知和技能水平，尽可能为服务对象找到稳定的生活来源。

（三）美国社区工作的发展

美国的社区工作起始于 1877 年，美国一位名叫哥尔亭的牧师，在对英国伦敦的慈善组织协会进行考察和学习后，于 1877 年在美国的布法罗建立了美国的第一个慈善组织协会。之后慈善组织协会取得了良好的效果并在美国迅速发展起来，截止到 1892 年，美国先后成立了 12 个慈善组织协会。

美国的慈善组织协会，在借鉴英国的慈善组织协会经验的基础之上，提出了适合美国自身国情的做法。具体的措施有：首先，并不是无差别地对贫民进行救济，而是对贫民进行分类，分为"值得救济的贫民"和"不值得救济的贫民"，然后有针对性地对待并提供帮助。对于"值得救济的贫民"，为其提供其所需要的相关资源；对于"不值得救济的贫民"，促使他们自食其力，采取的方法是强迫这些贫民在救济院或者其他院舍改变生活方式，学习各种职业技能。其次，美国的慈善组织协会更注重对于申请救济的贫民进行调查和甄别，以便发现真正需要救济的贫民，排除浑水摸鱼的人员或家庭，以保证有限的资源能够帮助到真正需要救济的居民。美国的慈善组织协会对于救济贫民的区别分类，体现了社会工作"个别化"的方法理念，直接促使个案工作方法的产生，为社会工作的发展作出了很大的贡献。

在美国的慈善组织协会快速发展之时，英国的社区睦邻运动也在热情高涨地推进，美国受到这一运动的影响，在1886年，建立了美国历史上第一个社区睦邻中心，随后社区睦邻中心雨后春笋般迅速在美国蔓延开来，其中较为著名的是"赫尔馆"。"赫尔馆"是美国历史上最著名的社区睦邻中心，它是由亚当斯（Jane Addams）和斯塔尔（Ellen Gates Starr）在1889年成立的。"赫尔馆"最成功的一点在于它不仅仅关注单个的个体或单个的项目，还更加全面地提升社区居民的生活质量。它不仅为有困难的、需要帮助的社区居民提供帮助，而且更关注于社区居民的整体参与，例如各类文娱活动，以及组织各方面有特长的志愿者为社区居民提供更有针对性的服务。不仅如此，"赫尔馆"还聘用个案社会工作者、心理学家、精神病医生等为有特殊需要的社区居民及其家庭提供个别化的帮助和服务。

进入20世纪，美国又兴起了"社区发展合作组织"（简称为CDC）。1964年，美国曾推行以消除贫穷为目标的"创造经济机会行动"，但是取得的效果并不明显。1966年，罗伯特·肯尼迪和纽约参议院雅各布·贾维茨发起成立"社区发展合作组织"。"社区发展合作组织"的任务是将社会发展和经济发展计划结合起来，开办企业，创造就业机会，增加穷人收入。"社区发展合作组织"有三个基本特征，分别是社区居民自治、发展社区经济、确定工作目标。"社区发展合作组织"将居民的需求放在首位，鼓励居民参与社区活动，有效地调动社区各类资源，扩大社区建设资本，提供公共物品和服务，弥补市场失灵和政府失灵。后来在"社区发展合作组织"的基础上成立的"社区发展公司"，为社会企业的建立和发展奠定了基础。

（四）　联合国的社区发展运动

二战后，发展成为主旋律。摆脱殖民地、半殖民地处境实现独立的民族国家，面临大量的社会发展问题，例如贫穷、疾病、饥荒、失业等，这些问题单纯依靠政府很难解决。联合国希望通过国际协作、居民自助和政府政策相结合，促进社区公共服务和居民福利的增长，实现地区发展。在联合国看来，经济发展要与社会发展协同进行、互相匹配，其中社区是非常重要的基础单元和动力来源。

1951 年，联合国经济社会理事会发出"社区发展运动"的国际倡议并正式通过相应议案。这一倡议的主要设想，是在各基层地方建立社区福利中心，以此来促进和推动当地的经济和社会发展。其核心的思想是希望通过社区的自助、互助和外部资源输入，帮助落后地区摆脱贫困。因此，主要援助对象限定在发展中国家。后来，"社区发展运动"进一步变为"社区发展计划"，不再仅仅是一个倡议，而是包括了具体的操作方法和执行流程，提出以乡村社区为基本单位和实施平台，动员政府力量与社区内的民间团体、合作组织、互助组织协作，推动全体社区居民自发地投身于社区建设。1952 年，联合国成立"社区组织与社区发展小组"，1954 年又改为"联合国社会局社会发展组"，这一组织具体负责在亚洲、非洲、南美洲、中东地区推广社区发展计划，具体做法是为贫困地区的发展项目提供经济、技术援助，改进和改造当地的公用基础设施条件，建设和修复对当地居民生产生活具有关键性作用的水利工程，制定并实施针对当地居民的教育培育计划等，并取得了较为显著的成效。

1957 年，联合国将"社区发展计划"向发达国家推广，尝试用社区发展来解决后工业化、城市化带来的大量社会问题，如社区环境脏乱、治安问题突出、贫富差距拉大、社会冲突增多等，并在英国、美国等国家实施。1959 年，联合国在英国召开"欧洲社区发展与都市社会福利研讨会"，"社区发展计划"正式向发达国家扩展，社区发展成为世界性的潮流。时为美国参议员的肯尼迪倡议建立了"社区发展合作组织"，积极帮助社区居民解决实际困难，增加穷人收入和福利。1960 年美国政府制定"反贫困计划"，其中一个重要的内容，就是与社区发展基本原则和方法相适应的"社区行动方案"，这成为首个发达国家实行社区发展战略的案例。英国推行了社区照顾，并通过政府的积极作用，动员社区资源为社区老年人、儿童和残疾人提供社会服务。在发达国家，"社区发展计划"的重点不是扶贫，而是推动社区经济社会的发展、社区环境的改善、居民生活质量的提高以及社会公平正义的实现等，是通过动员社区居民参与解决社会问题和社会矛盾，实现社会改良的活动。

联合国还多次召开与社区发展相关的研讨会，发布了《社区发展与有关业务》《社区发展与国家发展》《都市地区中的社区发展与社会福利》等报告。其中以 1955 年联合国社会局出版的《通过社区发展促进社会进步》最为著名，该报告提出，"社区发展可以说是一种经由社区人民积极参与和充分发挥其创造力，以促进社区的经济、社会进步情况的过程"。报告中提出的社区发展十条基本原则更是影响广泛，其包括：①社区发展的各项活动必须符合社区的基本需要，并根据人民的愿望，制定初始的工作方案；②虽然社区局部的改进可以由某一部门着手进行，但全面的社区发展，则必须建立多目标的计划，并组织各方面、各部门联合行动；③在推行社区发展的初期，改变居民的态度和物质建设同样重要；④社区发展的目的在于促进人民热心参与社区工作，从而改进地方行政机构的功能；⑤选拔、鼓励和训练地方领导人才是社区发展计划中的主要工作；⑥社区发展工作应特别重视妇女和青年的参与，以扩大参与的公众基础并获取社区的长期发展；⑦社区自助计划的有效实现，有赖于政府积极而广泛的协助；⑧制定全国性的社区发展计划必须有完整的政策，行政机构的建立、工作人员的选拔与训练，地方与国家资源的运用与研究，社区发展的实验与考核机构的设立都应逐步配套进行；⑨在社区发展中应充分利用地方的、全国的与国际的民间组织资源；⑩地方性的社会、经济进步要与全国的发展计划互相结合、协调实行。

三　社区营造的兴起

社区营造（Community Revitalization 或 Community Building）源于联合国的社区发展运动，维基百科对其的定义是："居住在同一地域内的居民，通过集体行动的方式来共同处理其面对的社区生活，且这种行动是持续性的，在解决问题的同时也是为创造共同的生活福祉而努力，在这一过程中，居民之间以及居民与社区环境之间建立起密切的社会联系。"在美国经济发展委员会的定义中，"社区营造是为严格社区规范、增强社区支持，提升社区问题解决能力而做出的全面的、持续性的努力，通过对社区硬件设施和人文环境的营造，实现社区的高质量发展"。社区营造传入亚洲国家和地区以后，根据当地的文化和社会资源，走出了与欧美国家不同的发展路径，比较典型的案例是日本和我国台湾地区社区营造，它们更重视激发居民的主动性，促使居民组织起来共同参与社区环境改造，同时非常注重当地本土文化的保存与发扬，以文化为纽带，将社区居民紧密地连接在一起，形成共同的价值观和认同感，整合多方社会力量，最终实现居住环境的改善和社区的全方位发展。

（一）日本的社区营造发展：造町运动

二战后，在冷战的大背景和美国的支持下，从 20 世纪 50 年代开始，日本的城市化水平迅速提升，吸引了大量农村人口向城市集中，到 70 年代初期，农村人口下降了接近一半。日本的农村社会日益衰败，呈现空心化的现象，乡村人口老龄化问题凸显。由于青壮年劳动力大量流失，农业发展受到很大制约，农民收入增长乏力，农村的公共基础设施落后破败，公共生活弱化，乡村文化逐渐衰落。

日本的农村发展和环境问题受到当时日本政府和热心人士的关注。于是从 20 世纪 60 年代开始，日本开展了一系列社区营造的造町（街）运动，成为社区改造与再发展的典范，并发展为促进社会改良的一项社会运动。在这个过程中，日本政府通过制度建设和政策支持，调动社区当地企业提供资源，专家学者则以专业知识帮助社区开展规划和建设，各类社会组织以组织化力量进行动员筹措资源，当地居民主动参与、自发奉献，从而形成了"多方参与、共同营造"的社会氛围，"救活"、改造、改进、改善了一大批社区。这些举措在时代变迁的大背景中保留传统社区的特色，同时促进了城乡协调，极大地焕发和鼓舞了原住地居民的社区荣誉感，推动农村社区摆脱衰败实现再发展，而且成为大众美好的记忆与休闲娱乐的目的地。有学者将日本的造町运动按照时间序列及主要特点分为三种："诉求与对抗型""市民参与型""市民主体型"。①

第一个阶段"诉求与对抗型"社区营造，主要是在20世纪60年代至70年代。这一时期，日本众多城市繁荣发展，在城市化的进程中拆毁了大量的历史建筑和传统城街，出现不少为了市场利益而大规模盲目开发的乱象。基于此，日本各地民间组织掀起了"历史街区保护运动"。长野县的妻笼社区是该运动中出现的最著名的范例社区，它以保护历史建筑、地方特色和实现社区再发展为目标，走出了一条主要依靠地方社区自身力量促进社区保护和社区在新时期"再出发"的道路。妻笼社区在历史上曾经是一个著名的大型驿站，有众多各具文化特色的旅馆，被称为"妻笼宿"。当这些历史文化建筑要被政府拆除时，当地居民强烈反对。一些知识分子和有识之士与当地居民联合起来，先后成立了"妻笼宿场资料保存会""热爱妻笼会"等组织，以组织化力量推动社区的保护、更新和维护。1970年，经过两年多的整体翻修后，妻笼各种富有特色的建筑被开发用于旅游观光，经过日本广播协会的宣传后，"妻笼宿"迅速闻名全日本。当地居民制定了"妻笼宿居民宪章"，规定了当地传统房屋"不得出卖、不得出租、不得拆毁"的三原则。据不完全统计，仅1972年当地旅游人数就达到50万人次。此后，政府也顺势出台了《妻笼宿保护条例》，指定"妻笼宿"为"传统建筑群保存地区"。这一时期，社区保持和发展的主要力量，是各种以保护历史文化遗存为宗旨的民间组织和市民团体。日本居民的社区保护与反抗运动，并不是我们想象中的那样充满对抗情绪和暴力活动，相比许多国家的社会运动，日本的社区运动更加克制而有效，日本政府主要通过与当地居民民间组织沟通和协商的方式解决问题，而不是依靠行政化的强制力量，这是值得思考和借鉴的。

"市民参与型"社区营造集中在20世纪80年代至90年代中期。主要有三个特征：一是在保护环境和地域的同时更加关注社区的发展，尤其是经济发展水平。这一时期的日本社区特别是乡村地区大力发展地区性的特色旅游，举办地方文化庆典活动，保护与发展并举。1979年，日本提倡发展"一村一品"，使得农村社区获得了经济上的显著发展，缓解

———————————

① 胡澎：《日本"社区营造"论——从市民参与到市民主体》，《日本学刊》2013年第3期。

了农村走向凋敝的趋势。政府也出台了农业补贴等优惠政策，逐步改善了农业、农民的收入状况。二是开始有更多的日本市民在更大的范围内讨论社区发展问题。对这个议题的关注，不仅保护了更多具有"历史、文化、自然"特色的社区，而且推动市民关注和参与身边的社区改造，考虑社区与自身生活方式相适应的问题。三是政府在社区立法过程中更多地吸纳和参考广大市民、社会团体的意见。比如，《福冈城市景观条例》出台前，就先以草案征询市民的意见和建议，广大市民和各类组织也积极参与了讨论。由以对抗、抵制为特征的冲突型问题解决方式，到以协商、参与为特征的理性合作，日本的社区营造运动进入常态化、机制性的建设阶段，既是政府治理的进步，也是居民社会意识的觉醒。

"市民主体型"社区营造，开始于20世纪90年代中期之后。在这一时期，日本的社区出现了大量现代社会、后现代社会的共性问题，例如社区老龄化及养老、残疾人等困难群体的照料抚养、社区居民交往普遍减少、部分社区经济来源难以为继等问题。因此，这一时期的社区营造，开始从保护历史文物和自然环境，扩展到社区居民的日常生活服务。这些生活服务包括：以非营利的方式开展托老养老服务，提供免费的儿童照料服务，组织亲子活动，为困难家庭提供送餐、家政服务，为残障人士提供照顾服务及各种设备等。1995年日本发生阪神大地震，市民团体、志愿者、企业组织积极参与救灾，激发了强烈的公益精神，全社会的公益观念得到提升，推动了包括社区营造在内的各项公益事业的大发展。1998年，日本出台《特定非营利活动促进法》，取得法人资格的非营利组织数量大增，社区营造的大环境更为优化。而同时期《河川法》《城市计划法》《维护及改善地区历史风貌的相关法律》（俗称"历史社区营造法"）纷纷获得通过，非营利组织介入社区发展进入法治化阶段，日本的社区营造进入新的历史时期。与此同时，日本发展出社区营造一整套科学细致的程序性规定和标准，使得社区的发展更加精细化、更加可持续化。日本的社区营造从"市民参与"发展到"市民主体"，普通市民和社会组织越来越成为社区营造的主体力量。

（二）我国台湾地区社区营造的发展

我国台湾地区的社区营造运动曾引起国际社会的广泛关注，这场深刻的社区变革又被称为"社区总体营造运动""社区重生运动"以及"社区活化运动"。台湾地区的社区营造受到日本社区再造运动的影响，但又有所不同，在台湾，社区营造运动很大程度上是在台湾当局的积极引导和推动之下开展的。20 世纪 90 年代初期，一批具有强烈公共意识和人文情怀的高校学者和知识分子掀起了一股"南下""返乡""重回部落"的运动。"南下"运动以高雄等工业城市为实践基地，工作主要以工人社区的教育、维权和鼓励学生参与工运为重点。"返乡"和"重回部落"运动，主要以组织、动员、宣传为重点，意图改变农村衰败的局面，并创造出了北埔经验、美浓经验和三地门经验等，还曾经组织起大规模的反美浓水库运动。这些地方知识分子如教师、学者、作家、医生等，积极参与到农村地区的变革，通过生态保护、社区重建、古迹保护等方式，推动城乡社区的进步。民间力量和草根社会的努力，吸引了政治力量的关注和回应。[①]

　　台湾地区的社区营造运动大致可以分成三个阶段。第一阶段，在 20 世纪 90 年代初期，李登辉上台后，台湾当局开始在社区建设中倡导"生命共同体"观念，随后"行政院文化建设委员会"推动出台了社区总体营造政策，指出"社区居民应该自己组成一个具有约束力的共同体社会，自主地经营自己的社区生活，解决社区问题"。1995 年，《社区总体营造计划》出台，社区营造运动正式启动，在借鉴日本社区营造经验的基础上，提出了"造人""造景"以及"造产"的目标。"文建会"在当时制定了"社区总体营造"的四大核心计划：一是实施"充实乡镇展演设施计划"，为社区提供文艺活动场所；二是实施"辅导美化地方传统文化建筑空间计划"，保护了一批社区特色建筑；三是实施"辅导县市主题展示馆之设立及文物馆藏充实计划"，设立了一批地方文化、当地文史和地文产业的展示馆；四是实施"社区文化活动发展计划"，培育社区文化工作者和民间社团。

　　为了大规模推行社区营造，"行政院社区总体营造协调及推动委员会"成立，总体统筹社区运营工作，并被划拨了相当充足的社区项目经费，其中 1995～2000 年相关文化建设经费达到 126.24 亿新台币。其他各部门也纷纷响应，如"内政部"提出"全方位推展社区发展工作实施方

---

① 张林江：《走向"社区＋"时代：当代中国社区治理转型》，社会科学文献出版社，
2015。

案"和"社区福利化","环保署"提出"生活环境总体改造计划","卫生署"推出"社区健康营造计划","经建会"推出"创造城乡新风貌行动方案"。① 这一阶段的社区营造主要是"以点带面",重点在于打造社区营造的典型示范,总结积累经验,为全面推进社区营造打下基础。在行政力量之外,一大批非营利组织也深度介入了社区营造运动。如著名的台大城乡规划基金会、淡水工作室、花莲新象社区交流协会、慈济功德会等,这些非营利组织为社区筹集资源、规划建设、咨询指导,发挥了非常重要的作用。这一时期,台湾的社区营造以乡村为主,重点是通过"一地一特色""民众参与""发掘地方文化",推动社区环境改造、产业发展和文化建设,尤其是鼓励社区居民参与社区营造的全过程,持续增强居民的认同感和社区的凝聚力。

第二阶段,从 2000 年开始,新上台的民进党并未停止台湾的社区营造计划,反而倡导以"社区主义"为核心价值,大力推进和支持社区营造运动。首先在"行政院"成立了多部门联合的"社区总体营造委员会",共有 12 个"部会"的正副职领导参加,工作重点为"人才培养""社区环境再造""地方文化产业振兴""生活文化"四个方面,社区营造持续快速发展。2002 年,"行政院"出台了至 2008 年重点推进的 10 项发展计划,"新故乡社区营造计划"就是其中之一,这标志着社区营造计划进入社会改革工程阶段。为实施这一计划,"行政院"整合了各部门的社区营造业务,明确了 9 个主办部门的各自职责,出台了 28 项子计划,并制定了明确的政策工具和实施计划,由"行政院"划拨补助经费赋权基层政府,县市政府、乡镇公所、社区可以分别申请经费,一方面采取平均式补助,保证各地方基本的运营预算,另一方面采取竞争性提案的方式,调动地方的积极性。政府部门与社会力量分工合作,积极将社区营造项目外包出去,借助高等院校、社会组织和公益慈善机构负责项目的执行与监督。另外,委托项目管理中心负责执行绩效考评,对社区干部、行政人员、专业人员进行培训。②

---

① 王茹:《台湾的社区总体营造政策及评析》,《台湾研究集刊》2004 年第 2 期。
② 林万亿:《台湾的社会福利——历史经验与制度分析》,五南图书出版股份有限公司,2006。

第三个阶段，从 2005 年开始，在欧美国家"社区主义"思潮的影响下，借鉴日本"人、文、地、景、产"的经验，台湾地区推出"台湾健康社区六星计划"。其核心价值包含三个要素：一是将社区作为最基础的施政单位，强调社区的主体性及自主性；二是培养"社区自我诠释之意识及解决问题的能力"；三是培育营造人才，强调"培力"或"充权"的重要性。"台湾健康社区六星计划"有三大目标：一是推动全面性的社区改造运动，包括产业发展、社区医疗、社区治安、人文教育、环保生态、环境景观六大领域的全面提升，打造一个安居乐业的健康社区；二是建立自主运作且永续经营的社区营造模式，强调贴近社区居民生活、提供在地服务、创造在地就业机会、促进地方经济发展；三是强化民众主动参与公共事务的意识，建立由下而上的提案机制，培育居民的互信基础，扩大民众参与机会，营造一个永续成长、成果共享、责任分担的社会环境，让社区健康发展。[①]"文建会"在 2008 年出台"磐石行动：新故乡社区营造第二期计划"，该计划致力于打造"地方文化生活圈"，培育新的理念，通过整合现有资源，跨领域合作等方式，促进社区生活与文化融合，激发当地居民的认同感和归属感，这一时期的社区营造开始突破"点"的界限，转向"线"的串联和"面"的搭建。

总体来看，台湾的社区营造在环境治理、产业发展、人文教育、文化认同、社区治安、环保生态、环境景观等方面取得了明显的成果。在产业发展方面注重对社区文化、古迹、民俗的挖掘和开发；在文化认同方面注重满足居民的多样化需求，形成社区共同体意识；在社区治安方面实行"守望相助"，充分利用社会组织，发扬志愿精神；在人文教育方面以"人"为核心，重视社区居民的学习成长；在环境景观方面注重挖掘社区景观特色，发动居民积极参与到社区景观的改造之中；在环境治理和环保生态方面，居民社区生态环保的意识显著增强。最终形成集人、文、地、产、景等五位一体的社区营造模式。更为重要的是，社区居民参与的主动性和积极性被调动起来。"所谓总体营造思想或模式，最核心的部分在于有关社区的各种公共事务，都应该由社区居民来共同参与和

---

① 詹火生、黄源协、彭华民：《台湾社区工作：从"福利社区化"迈向"永续社区"》，《南开学报》2009 年第 2 期。

关心。如果一切事情都由政府部门主导，而居民只是被动地接受援助和建设，那就不叫社区总体营造。不论是垃圾问题、孩子上学的安全问题、活动中心的软件经营管理，或是社区形象的营造，以及震灾之后的重建，都需要社区居民一起讨论协商，提出看法，贡献智慧与服务，协助解决问题，学习产生共识的方法，最后才能使地方建设与发展成为居民自身的认同和骄傲，并且自发地永续经营。"① 因此，台湾地区的社区营造培植了社区居民的社区营造理念和社区意识，在改造基础设施的同时提升社区居民的公共环境观念，有效改善了社区的整体环境，组建了数量庞大且多样的社区自组织，增加了社区公共服务产品的供给，组织开展了一系列社区活动，通过一定步骤使居民变成社区活动的积极分子，变被动为主动，培养了一大批社区骨干，大大提升了社区的人力资本，累积了社区内在的社会资本。② 同时，社区营造不仅仅局限于社区内部，社会关系网络也进行了重新建构，促进了基层社会的转型与发展。

（三）社区营造的启示与借鉴

梳理日本和我国台湾地区的社区营造发展脉络，可以发现，社区营造针对不同社区的历史传统、区位环境、发展阶段和现实特征，引导居民关注社区公共性议题，发起持续性的集体行动，以居民的积极参与和群体性互动，促使社区内社会资本的提升，建立居民彼此之间以及居民与社区环境之间的协调互动关系，以最终实现社区自决和自治的目的。③ 日本千叶大学宫崎清教授将社区营造概括为"人、文、地、景、产"五个维度，其中"人"指的是居民社区意识的提高；"文"指的是社区文化的继承与弘扬；"地"指的是社区建筑的保护和完善；"景"指的是社区环境的美化；"产"指的是社区产业的发展。与传统意义上的社区建设或社区治理不同，社区营造更注重社区建设的美学化、生活化及主体性，在保持该地区多样性和独特性的同时，注重引导居民自下而上地参与到

---

① 《社区总体营造的轨迹》，http://www.elpueblo.ance.org.tw，最后访问日期：2022 年 9 月 12 日。

② 谈志林、张黎黎：《我国台湾地区社造运动与大陆社区再造的制度分析》，《浙江大学学报》（人文社会科学版）2007 年第 2 期。

③ 谢登旺：《社区总体性营造在原住民地区的实践》，《社会文化学报》2002 年第 15 期。

社区公共事务中来，并在参与过程中注重凝聚居民共识，培养社区居民的认同感和归属感，以期在解决社区公共问题的同时，促进人与人之间以及人与环境之间建立紧密的社会联结。

社区营造的核心内容是社区的关系建构和能力培植，即台湾学者夏铸九所说的社区培力，通过一系列社区规范和政策的建立，在引入多元社区参与主体的基础上，形成社区关系网络，建构社区发展联盟，以提升社区社会资本，培植社区建设和永续发展的能力。① 社区营造方法关键在于多元社区治理主体的参与和社区居民的积极互动与合作。罗家德提出社区自组织过程的理论，② 通过政府诱导、民间自发、社会组织帮扶的多主体社区治理参与，激发社区民众社区治理和建设的热情，促使其在社区的参与、学习和合作中，实现社区的自组织、自治理和自发展。社区营造源于各国城市化进程中城乡社区发展困局，兴于各地实践当中的经验总结，散布于学者的推广和典型示范，指向社区社会资本的培育和社区能力的提升，最终落脚于地方基层社区的自决与自治。③

党的十八大以来，我国社区治理发展进入新阶段。党的十九大以来，社区越来越受到重视，社区治理是"社会治理共同体"得以形成的重要基础。随着社会转型、市场经济的发展和商品房小区的兴起，社区的管理方式也产生了巨大变化，传统的行政性社区管理模式发挥作用的空间越来越有限，急需适应时代变化和社会变迁的新的社区治理方法。社区营造就可以作为一个非常好的参考和借鉴，其理念与政府提出的社区"共建共治共享"非常契合，其实践方法体系完全可以应用到社区建设和社区工作中。

事实上，除了我国台湾地区以外，大陆已经有部分地区开始探索社区营造的发展模式，目前主要有五种类型。第一种是"政府推动型"，政府作为主体推动社区营造，政府提供大量政策资源，自上而下地有序推进社区营造，如上海嘉定。第二种是"学者推动型"，在高校教师的推动

---

① 夏铸九：《作为社会动力的社区与城市：全球化下对社区营造的一点理论上的思考》，《台湾社会研究季刊》2007 年第 65 期。

② 罗家德等：《自组织运作过程中的能人现象》，《中国社会科学》2013 年第 10 期。

③ 尹广文：《社区营造：一个新的社区建设的理论与实践》，《福建论坛》（人文社会科学版）2017 年第 4 期。

下开展社区营造，优势在于专业性较强，有利于发挥高校教师的人才优势。如罗家德教授于 2011 年成立清华大学信义社区营造研究中心，在北京前门大栅栏街道开展社区营造的研究与实践。第三种是"社会组织推动型"，主要由社会组织推动，能够为当地社区链接更多的社会资源，如北京地球村环境文化中心所开展的乡村文化与环境改造。第四种是"企业推动型"，优势在于市场化平台运作带来更高效率。如腾讯发起的"为村"乡村建设模式。第五种是"社区内生型"，由社区居委会推动或居民自发参与社区事务。

　　总体来看，随着我国社会治理的不断深入，社区营造呈现蓬勃发展的态势。社区工作者、社会工作者、社区社会组织、基层政府官员、居民委员会、业主委员会等主体都可以借鉴社区营造的理念和方法，而社区营造也需要有本土化的发展与探索的过程。

第三章　社区工作的专业反思与重构

党的十九大报告明确指出，"中国特色社会主义进入新时代，我国社会主要矛盾已经转化为人民日益增长的美好生活需要和不平衡不充分的发展之间的矛盾"。为此，在基层治理方面，需要"加强社区治理体系建设，推动社会治理重心向基层下移，发挥社会组织作用，实现政府治理和社会调节、居民自治良性互动"。并且还要"打造共建共治共享的社会治理格局"。十九届四中全会进一步提出"国家治理体系与治理能力的现代化"，其中非常重要的一环就是"推动社会治理和服务重心向基层下移，把更多资源下沉到基层，更多地提供精准化、精细化服务"，"坚持和完善共建共治共享的社会治理制度"。由此，社区治理和社区工作越来越受到国家和社会的重视。然而目前我国的社区工作仍有很多问题亟待解决，如：行政化色彩浓厚，缺乏独立性和自主性，日常行政事务挤压专业服务空间，居民对社区的认同感不高、缺乏信任，社会服务专业化水平较低，社区工作者人才队伍建设滞后等。从西方引入的专业性社会工作进入社区面临水土不服的问题，不能很好地满足民众和政府的需求，导致其专业性受到质疑，影响社会工作赖以生存的"合法性基础"。[①]

一　社区工作的专业性危机

探讨社区社会工作专业性缺失的问题，需要回到一线社区工作的实践中来，着眼于现实情境，发现社区社会工作专业性发展所面临的困境。

---

① 刘振、徐永祥：《专业性与社会性的互构：里士满社会工作的历史命题及其当代意义》，《学海》2019 年第 4 期。

　　前言中提到的真实案例，在社区实践中并不是少数现象。笔者亲身经历的另一个案例是在一场社会工作项目中期评估会议上，笔者发现一个社区老年人的服务项目最主要的活动形式是做"小组"，人数少的时候六七人，多的时候十几人，前几次活动就是教老人学习如何使用手机，开展一个小时的"手机课"，接着再组织老人做个游戏，或者简单做丝网花、折纸、剪纸等手工活动，所有环节拍好照片之后就差不多结束了，最后每个老人在离开的时候可以拿一些做好的手工小礼品。笔者访问其中一位老人，老人一直以为这是社区居委会办的活动，组织者社工 A 可能是社区居委会的工作人员，社工 B 做的是一般负责辅助性的工作，老人竟以为她是"电视上说的那种志愿者"。

　　在三个月后笔者又对另一个项目做评估。这个项目是做社区党群服务的，主要工作包括运营党群服务中心站点，项目名称叫作"四邻里"。第一眼看过去活动非常丰富，计划书上的目标是：有效提升社区居民"自我管理、自我服务"的水平，打造睦邻友好、和谐文明社区。项目设计活动如表 3 – 1 所示。

表 3 – 1　"四邻里"项目设计活动内容

"邻里亲"	低保户探访慰问服务；失独留守老人的个案服务；为增进居民交流开展交友会、趣味运动会、手工坊等
"邻里乐"	手工丝网花小组、插画小组活动，成立老年模特队、舞蹈队，同时结合传统节日开展相应的文化宣传活动，如喜迎新春、冬至包饺子、端午一家亲、中秋庆团圆、七夕歌咏会、重阳敬老活动等
"邻里安"	开展青少年自护教育、法律知识讲座、环保科普讲座、养生知识讲座、社区消防安全演习、社区义诊及青少年文明创建活动等
"邻里行"	组织党建知识竞赛、党员七一参访活动等，发掘党员志愿先锋作用，建立党员服务队，开展送温暖、义务维修等便民服务

　　项目提供的活动和服务是不是看上去十分丰富多彩？而且分了四大类，这就有一点"体系感"了。但这个项目实际上只有一个专职社工和一个兼职社工进行实施。社工基本上在各类活动中连轴转，非常辛苦。看得出这位年轻社工做工作很努力，但实际上每次参加活动人数看起来并不多，活动虽然很丰富，但影响力很有限。当其被问及是否实现了社会工作的专业目标，社工自己也不清楚，觉得自己努力做了这么多事，

评估的指标应该基本上达成了。可是这些活动能实现社区居民"自我管理、自我服务"的目标吗？

另一个社区项目是做社区儿童服务的，名字叫"益智益趣少年行"。项目主要包含什么活动呢？竟然几乎全是补习班和兴趣、学习小组，例如：暑期学习补习班（没错，就是补习班，语数外全包，据说是居民要求开的）、"我是小画家"兴趣小组、"我是未来科学家"兴趣小组、"我是小歌手"兴趣小组（全是特长班）、各类手工兴趣小组（例如折纸，捏橡皮泥，用雪糕棒、废旧纸盒、吸管、鹅卵石做手工等）、暑期参访活动（带队去科技馆、党建相关的文化纪念馆等）。经过这个项目后，社工快修炼成儿童特长老师了，不仅音体美样样都会，而且还把语数外通通复习了一遍。当被问到怎么体现社会工作的专业性时，社工们有点迷茫，但在他们看来，他们的项目确实满足了居民关于儿童青少年方面的需求。

笔者见到的类似社工项目举不胜举，每次评估都是社工会摆出一大摞各式各样的活动材料，附上大量照片，一个项目评估材料几百页，甚至有多达上千页的。电子版的评估材料文件有几个 G 的大小。这里面活动的比例（包括各兴趣小组）要占到 90% 以上，其他部分以个案为主，专业的小组工作非常少，而个案基本上做四五次就解决问题了，很少有超过十次的。真实的情况哪有那么美好？有些个案可能去十次连关系都不一定能建立起来。所以评估的时候笔者也不便重视个案，符合指标要求，材料做得还不错，基本就可以了。这样的社工项目在社区似乎已经成为主流，尤其是在社会工作发展刚起步的二三线城市。北上广深四个一线城市的情况可能要稍微好一些，因对社工专业性强调的更多，但也存在着大量类似的"流水线活动"。

面对这样的现状，笔者不禁要问：社区社会工作的专业性去哪里了？这是专业社会工作该呈现的样子吗？社区项目充斥着大量看似丰富却杂乱无序的社区活动，完全体现不出社会工作所标榜的"专业性"。事实上这些活动又大多数是社区节日性活动和兴趣爱好小组，与社区居民自主性、能动性的提升，社区感和社区凝聚力的提升，社区文化的塑造及社区运营的公共性关联度不大。零散的个案和兴趣小组，大多是为了达成评价指标而开展的，形成一种为了"个案"而做"个案"、为了"小组"而做"小组"的怪现象。这使得社区社会工作没有做出应有的专业服务成效，也使基层政府和社区居委会对专业社会工作产生了某种程度的质疑。这种质疑短期内或许只是针对个别机构及社区社会工作者的专业水平，但长此以往，将演变成对整个社会工作行业及其整体专业性的质疑。

而社会工作机构购买项目则成为一种"谋生存、争利益"的手段工具，服务方案被主观地"策划并包装"出来，服务对象被各种"礼品""引诱"过来，服务过程演变为"搞活动"和"作秀"，服务结果成为"照片"和"数字"，服务效果被事后"编写"和"杜撰"出来。① 社会工作者被动成为"流水线生产活动"和"包装项目"的"工具"，亦成为基层行政工作的"劳力作坊"。于是社会工作甚至被诟病为"一门获得政府购买的生意"，② 专业的"人本主义"价值也逐渐被"管理主义"和"工具主义"逻辑取代。

为什么会产生现如今这样状况？到底是哪里出现了问题？在社区中辛苦奔忙的年轻社工们，他们也很无奈，他们也不知所措，很多人就是在这样日复一日生产活动、应付事务的茫然中，在忙乱而没有价值感的状态中，渐渐消磨了当初做社工的热情，再加上相对的低薪，最后只能离开社工这个行业。笔者在与多名选择跳槽的前社工交流时发现，真正因为薪水低而跳槽的社工并没有那么多，或者说薪酬问题只是次要的原因，毕竟如果是比较看重薪酬，当时就不会选择社工而直接去薪水更高的行业了。关键原因就像一位前社工所说的"看不到希望"——在社区中迫于形势做着没有专业性的"杂事"，自然就没有价值感，也缺少尊严感和获得感，社工自身面对这样的状况又无能为力，找不到破局的办法，也很难得到来自机构的实质性支持，事实上大多数机构负责人对"盈利"的追求胜过专业性，很多时候机构强调专业性不过是出于竞争项目的"包装性"需要。

社区社会工作从实践服务层面来讲有三大模式，即地区发展模式、社会策划模式和社区照顾模式，很多教材中对三大模式做了详细的论述。但在实际的社区工作中，存在一个有意思的现象，即三大模式很少被提

---

① 张威：《"反思性专业性"：社会工作作为"反思性职业和职业化反思科学"的灵魂》，《中国社会工作》2018 年第 1 期。

② 朱健刚、陈安娜：《嵌入中的专业社会工作与街区权力关系——对一个政府购买服务项目的个案分析》，《社会学研究》2013 年第 1 期。

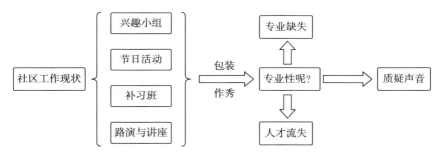

图 3 - 1　社区工作现状与专业性缺失

及。笔者翻阅过上百份社区社会工作的计划书，其中几乎很少有计划书讲到采用哪种模式来开展社区服务。

我国的社区治理模式和社区文化环境与西方国家存在很大差异，传统的行政性社会工作盘根错节，专业社会工作在社区中的认知度较低。西方社区社会工作的三大模式在我国的社区治理实践中略显生硬，很难落地。当前的社区社会工作项目以党群服务为主，兼顾各类人群，既有自上而下的基层政府服务任务，也需要自下而上地发动社区居民、孵化自组织，同时也需要为社区老人、儿童和困难群体提供照顾服务，因此也很难用这三大模式中的某一种来概括，社区工作更多地被当成服务的领域而不是系统性的专业方法。

笔者在调查中发现一个有趣的现象，在对基层政府官员、社区居委会主任做访谈时，问到他们怎么理解社会工作的专业性，他们的回答中提到最多的词是"个案"和"小组"，似乎在他们看来，社会工作的专业性就体现在个案和小组的工作方法和形式上，在制订社区服务计划时，一定需要有小组和个案的指标数量，这样才会显得专业。实际上很多社会工作者和社工机构负责人也是这么认为。现在的确有这样一个误解，社会工作的专业性主要体现为"做个案""开小组"，社区社会工作的专业性就成了在社区中做个案，以社区某些居民为对象做小组活动。而实际上社区工作与个案工作和小组工作并称，亦是社会工作三大专业方法之一，区别在于社区工作是更宏观更系统的方法，是在社区的独特场域中开展服务的体系性方法和路径。

造成这种误解的主要原因，是当前社会工作的专业性和能力建构过分依从西方社会工作专业发展的路径，缺乏本土化理论与实践的探索。

个案和小组是社会工作独有的方法，服务人数较少，操作方法比较精微，更加有特色，容易传播；而社区工作则与我国原本就有的行政性社会工作存在大量重叠，自计划经济时代发展而来的行政社会工作也有相当成熟的社区工作方法。西方的三大社区模式不太能适应中国的现实环境，较难落地，不能融入本土实践的过程中。

目前高校的社会工作教育也一定程度使社会工作的学生只是掌握了如何做个案、小组和社区工作的专业知识，但却对社区的文化习俗、人际关系以及权力结构一头雾水，很难深入社区民众中与他们沟通、互动并建立良好的信任关系，所谓的"专业手法"在某种程度上就成了"屠龙术"。真正的实务与书本上学习的理论相距甚远，社工开展专业服务常常力不从心，曾经烂熟于心的理论技巧似乎很难派上用场，现实的专业服务受限于具体的工作情境。

我国社会工作"教育先行、专业滞后"的发展特点，以及高等教育"重理论，轻应用""重学术，轻实务"的导向，使得学生的实际能力与培养目标有一定差距。① 走出校园的社会工作毕业生带着从课堂上学到的知识和技巧并不能满足社区实际工作的需要。这就造成一个问题，社区工作专业学习缺乏关于如何做出专业性、系统性和实操性的指导，对社区社会工作专业性的理解是一线社工们在实践中通过个体经验总结出来的。

笔者曾经访谈过近百位一线社区社会工作者，其中有一部分经验丰富的社工对专业性有自己的看法和反思，清楚地意识到社会工作与非社工专业相比具有哪些不可替代的优势。他们的观点能带来很多启发，这将为我们思考社区社会工作专业性提供实践层面的参考。

实用参考 》》 **资深社工们如何看待自身专业性**

访谈对象 1：小 G，上海市某社区服务站主任、一线社工

问：社工与基层政府、社区居委会或其他社区相关人士相比，在哪

---

① 史柏年：《中国文化与制度背景下社会工作本质的建构》，《江苏社会科学》2011 年第 1 期。

些方面更能体现服务的专业性呢？

　　小 G：社区居委会是传统的社会工作者，我们是被称为专业社工的，实际上购买方（基层政府）是有些不理解的，可能同样做一件事情，对于一个新进的社工来说，可能还没居委会工作人员那么快速地解决这个问题。但实际上我们更多的是通过这个问题、这种现象，协助服务对象并鼓励他自己去解决，可能没那么快的。社区里发生矛盾了，居委会可能经过一个调解直接针对问题就解决了。如果是社工可能会想得比较多，先要了解他们之前有什么问题，他们面对这个问题的态度，当前的情绪是不是需要处理，怎么能让他们更好地思考这个问题背后的东西，获得成长，其实我们社工做更走心的事。

　　这个我觉得可能用一些案例体现会比较好一点，比如说如果是有关邻里调解，当两家产生了纠纷，"居委会大妈"就会过去讲，你们不要吵了，有什么问题我们赶紧解决，然后他们可能很快速就解决了一个问题。但这种解决问题的方式是比较简单粗暴的。如果是社工的话，可能开始会在中间进行一些协调，到后面会发现这个背后到底是有什么情况，究竟是什么原因，可能会把根都挖出来了，从根上去解决这个问题。通过解决两家的纠纷，可能还会去关注他们的家庭情况，发现他们家庭的需要，再进行家庭方面的一些服务。社工能通过一件事去联系好多事，不是孤立地看问题的。

访谈对象 2：小 Z，北京市某社工机构社区项目社工

　　问：社工与基层政府、社区居委会或其他社区工作相关的人相比，在哪些方面更能体现专业性呢？

　　小 Z：社工做的事情可能会更多一些，比如说简单的一项老年人探访，居委会和工作站基本上就是过年过节发礼品，带油盐这些东西上门慰问一下，也就这样了。社工可能会去组织志愿者，然后定期地上门，定期做探访慰问，包括打扫卫生。虽然说做的事跟"居委会大妈"做的也差不多，但其实我们社工在这个过程中，可以设计比较丰富一点的形式，比如说志愿者方面可以吸引儿童青少年，我之前就做过一个"朝夕相助"的项目，招募一些高中生和初中生去老人家里去做探访服务，还有呢就是通过回顾老年人的一些人生历程，让青少年志愿者给老人做口述史的记录，这样对这些孩子们也有一些启发。我们社工不应该搞那些形式化的东西，比如给人送桶油、简单聊两句就走了。

访谈对象3：小L，上海市某社区项目一线社工

问：社工在社区中开展服务，在哪些方面能体现服务的专业性呢？哪些方面是与众不同的？

小L：比如说像家暴这样的事，一些社区里面其实存在好多这样的现象。居委会和工作站可能不会发现家暴这个问题，但是社工可能就会发现。社工不会觉得家暴是家庭内部的事，会去主动协调他们的家庭关系，去分析家暴的原因，包括可能不仅是针对夫妻之间的，还可能是亲子之间的。社工意识到敏感问题的时候可能会多一点。发现问题之后会鼓励她们站出来讲述这种遭遇，也可以在社区成立反家暴中心，对受家暴女性有很大的支持。

访谈对象4：Y姐，深圳市某社工机构大区负责人，资深一线社工

问：在社区活动这个层次上，你觉得社工做社区活动与政府或者社区居委会做活动有哪些差别？怎么可以体现出专业性？

Y姐：政府和社区居委会组织的活动，可能首先形式上就没有那么新颖，或者可以说缺少吸引力。大家参加可能都只是冲着礼品去做的。如果是社工，可能每一个环节的细节设计，背后都有一些服务的理念在，可能是一些包括类似政策的宣传，或者一些怎么样缓解家庭关系、促进亲子关系的小妙招和理念，也包括怎么拓展团队凝聚力这样的一些东西夹杂在活动里面，这样其实跟原来工作站那种只搞形式的活动完全不一样。社工自己的策划是要经过督导或机构审的，深圳这边基本上他们的计划书我有时间都会看。我没时间看，现在也都是有督导和中心主任他们去看。你这么设计这个环节符合科学的规律吗？你不能说这会儿就想搞这个游戏，那会儿就想搞那个东西。你这两个中间有没有什么关联吗？你每个环节要达成一个什么样的目标，能不能达到？你选取的这些服务方式能不能达到？这个都还要再看。

社工的活动是前后有关联的，别人看我似乎也是天天组织这些简单的活动，但他们不知道我每一个行动背后都是有目的的，我是在给后面做铺垫的，这个活动要达成什么效果，那个活动达成什么目标，我都是很清楚的。如果只看表面的话，他们就会说你不是也天天做这些活动吗？但其实是不一样的。

访谈对象 5：小 W，深圳市某社区服务站一线社工

问：社工在社区中开展服务，在哪些方面能体现服务的专业性呢？哪些方面是与众不同的？

小 W：我觉得，就可能政府比较关注从上到下的东西，政策下来的时候要关注一些必做的项目，比如说对孤寡老人，需要做一些探访慰问，但他们基本上还是走形式的，关注的是那些政策要求必做的选项。但社工可能要关注的会更多，比如说老年人，我们不只是关注他们的生活困难，可能会去看衣食住行都怎么样，有哪些问题，但还会考虑他们心灵方面的需求。如果是孩子的话，我们可能不仅关注他的学业，还有家庭关系，发展性和成长性的一些东西，或者其他的一些兴趣爱好之类的。

访谈对象 6：小 C，广州市某街区服务站主任

问：现在社区里都在搞很多活动，你觉得社工做社区活动与政府或者社区居委会做活动有哪些差别？怎么可以体现出专业性？

小 C：我们社会工作者组织的活动跟其他人组织的活动是不一样的，我们一直说做方案时要体现专业性，但哪些是体现专业性呢？很明显，在你的活动目标里，活动流程和活动内容都是切合其中的。我举个例子，拿社区市集来说，居委会他们可能觉得做一次市集服务到居民就可以了，有人去玩得开心就行了。我们更关注人和细节，比如说人与人之间聊得起来、陌生人熟悉起来；搭建起园区进入社区服务居民的平台，提供服务项目，这些不是说市集结束就结束了，我们还希望有后续的一些东西在。上一次的市集，我们通过后期的一个评估，发现需要增加一些置换的摊位，居民反映了，你们下一次做市集能不能给我们留地方专门做义卖，因为我们家的东西实在是太多了，小朋友的书和玩具都是很新的太多了，也不用了，扔也不舍得，放那儿占地方。我们就专门在线下做了一场二手置换的市集，通过线下把这批人聚集起来，又在线上建立一个群，大家可把想置换的物品拍照片发到群上，越来越多的人过来，后来就成了一个自组织了。所以我觉得社工做得专业的地方就是活动目标不一样，关注人与人的关系，关注服务支持后续项目，关注在活动中发现资源，会注重其中的领头者，积极的行动者这样的人群，并且在活动执行过程中会紧紧围绕着这个目标。

通过上述访谈可以发现，目前社会工作教育体系中缺乏与本土实践相匹配、系统性和实操性的社区工作专业方法，关于如何体现社区工作专业性的理解主要是一线社工们在实践中通过个体经验总结出来的，社会工作的理念起到了很大的作用，但在方法上是不系统的，对社工个人能力的要求比较高。上述专业性的经验中，有充满着人本主义的关怀之心，有基于心理学理论的微观技巧，有基于社会学视角的问题意识，有能引起居民兴趣的活动设计，也有宏观层面关于社区活动目标关联性设计的深入思考。这些经验在社会工作本土实践中具有相当大的价值，也确实有一些综合能力非常强的社工在实践方面表现优秀，获得了基层政府、社区居委会及社区居民的高度认可。

但总体而言，这些社会工作者基于个人经历而总结出的专业性见解是零散的，很难成体系的，也就意味着是难以推广的。社会工作的基础教育存在"重理论、轻实务"的特点，课堂上学到的知识和技巧难以用到实际的社区工作中，缺少一套系统、有效、本土化的技术方法和工作流程。这种情况导致绝大多数社区社会工作者在遭遇复杂的社区客观环境和多方权力关系时，不知所措，只能零散做一些体现专业性的努力，而很难有一个系统性的方法和思路。这种零散的经验在社区实际工作中能够发挥出多大的效果呢？很难说。很多专业性的东西在表面上是看不出来的，即使讲出来，由于知识体系、文化理念等方面的差异，基层政府官员和行政性社会工作人员也很难理解，专业效果很难呈现。

那么社区社会工作还有没有"希望"？或者说未来可能的出路在哪里？要想回答这个问题，必须深入探究当前社区工作中"专业性缺失"的现状到底是怎么产生的，有哪些深刻、复杂的原因？

二　社区工作发展的"互构谐变"

当前我国的社会工作可以划分为专业性社会工作和行政性社会工作两类。专业性社会工作是指高校社会工作专业重建以来形成的以高校教师及学生为主体，遵循国际社会工作理念、知识体系和服务方法的教育及实践体系。行政性社会工作是指以民政系统为主的制度与服务输送系统，由政府主导，遵循自上而下的工作机制，适应中国本土政治土壤和文化环境，主要目标是维护社会的和谐稳定。显而易见，专业性社会工作与政府主导的行政性社会工作在目标和诉求上并不完全一致，所依据的价值理念和知识基础更有很大差别。

作为"舶来品"的专业社会工作如何能更好地在我国生根发芽，获得更多的政府支持和社会资源？王思斌认为专业社会工作在中国的发展是一种嵌入性的发展，专业性社会工作在与本土行政性社会工作的互动中不断地深入本土实践，并从政府主导下的专业弱自主性嵌入状态走向政府—专业合作下的深度嵌入。从建构论的角度来说，社会工作是社会建设的组成部分，专业性是社会工作嵌入性发展的基础和优势，而与政府部门、社区工作人员（主要是社区居委会工作人员）以及服务对象的合作能力实际上决定着专业社工嵌入发展的过程。①

"嵌入"理论最早是经济学家用来解释人类以理性主导的经济活动其实是被种种非理性的认知、人际关系、社会价值等文化因素所包围和渗透的。该理论在学者们的研究应用下得到发展延伸，格兰诺维特将之强调为"经济活动会被人际网络、信任和情境所架构"。② 随后又进一步衍生细分的"嵌入"，包括认知、文化、结构和政治等方面的嵌入。中国社会工作的"嵌入性"发展，以"嵌入"理论为基础，在社会工作发展的"初级阶段"具备一定的合理性。

但学者们也认为，专业社会工作向行政社会工作的嵌入，不可避免地会受到原有街区权力关系模式和治理秩序的影响，产生"政治嵌入"或者"体制嵌入"。③ 王思斌也承认，实际的社会工作服务与社会管理有交叉，这是"实态的嵌入"。④ 那么这种嵌入是否真的能带来专业社会工作的蓬勃发展和社区治理的转变，还是本身有可能被异化，在卷入基层的权力关系过程中逐渐迷失自己的专业价值呢？

对于这个问题，研究者们有两种截然不同的观点，一种是持"乐观

---

① 王思斌：《试论我国社会工作的本土化》，《浙江学刊》2001 年第 2 期。
② Granovetter M. S. 1985. "Economic Action and Social Structure: The Problem of Embeddedness," *The American Journal of Sociology*, 91 (3): 481–510.
③ 朱健刚、陈安娜：《嵌入中的专业社会工作与街区权力关系——对一个政府购买服务项目的个案分析》，《社会学研究》2013 年第 1 期。
④ 王思斌：《中国社会工作的嵌入性发展》，《社会科学战线》2011 年第 2 期。

主义"态度，强调与基层政府和行政性社会工作的"嵌入式"合作，有利于获得更多的支持、承认和社会资源，有助于开拓社会工作的专业发展空间。而另一种则持较为"悲观"的看法，认为行政组织和社会组织是冲突乃至对立的，"嵌入"使得社会工作的专业服务受到过多的行政干预，政府"管理主义"的"行政权威"完全凌驾于"专业权威"之上，社会工作的专业自主性和独立性受到严重的干扰，社会工作机构从以服务为中心倒向"官僚化""建制化"和"行政依附"，[①] 社会工作者的专业归属感和尊严感大大降低，人才流失加剧。因此部分研究者认为社会工作机构可以参照 NGO 的发展模式，模仿 NGO 的运作和治理模式，将自身 NGO 化，走上一条独立、自主和可持续的道路。

　　这两种观点都存在一定问题。"乐观主义"的支持者们应当看到当前社区社会工作在基层政府的"管理主义"和"绩效主义"之下，"活动化""包装化""行政化"的现状和趋势。

　　主张"冲突论"的"脱嵌"观点，就是更好的选择吗？在笔者看来更加不可取。在我国，国家需要专业性社会工作机构提供社会服务，同时又需要进行一定主导以维持稳定，例如资金来源由政府提供，社工嵌入社区开展工作要受到基层政府的考核及配合社区居委会处理相关事务。专业性社会工作作为一种"舶来品"，不具有同行政性社会工作竞争的本土优势，也难以脱离行政性社会工作获得独立发展。[②] 故而，社会工作服务的对象以及要解决的问题的根源往往并不在于个人选择，而是在于制度和社会政治安排。[③] 王思斌也提到社会工作本土化的"承认视角"，[④] 专业社会工作需要得到来自政府、行政社会工作和社区民众的"多重承认"，否则作为"舶来品"很难有立足之地。

　　党和政府已经把社会工作的发展纳入顶层设计中，未来的社会工作要扎根社区、服务民生，为新时期社会治理创新、基层安定和谐与人民

---

①　陈伟杰：《层级嵌入与社会工作的专业性——以 A 市妇联专业社会工作服务试点为例》，《妇女研究论丛》2016 年第 5 期。

②　杨瑛、张红：《论我国城市社会工作行政性与专业性的关系》，《中共太原市委党校学报》2014 年第 2 期。

③　张和清：《社会转型与社区为本的社会工作》，《思想战线》2011 年第 4 期。

④　王思斌：《走向承认：中国专业社会工作的发展方向》，《河北学刊》2013 年第 6 期。

美好幸福生活作出应有贡献。既然已经深深地"嵌入"，想要再独立出来，已经不太可能了。而且社会工作真的是不可取代的吗？笔者调查时发现，有太多商业机构和其他社会组织迫切地想进入社区，成都等地也已经出现了社区社会企业，它们正借助市场力量整合资源蓬勃发展。专业社会工作相比行政社会工作的最大优势就在于其专业性，而现在较普遍的状况却是社区社会工作专业性缺失。党和国家仍然大力支持专业社会工作的发展，相信社会工作的同仁们能够以其适应本土实践的专业化建设来转变当前的"困局"，愿意给专业社会工作成长和发展的时间，以期未来能够为基层社会治理作出更大的贡献。如果缺少国家政策的支持，专业社会工作将失去发展的根基，因而必须在"嵌入"的现实中进行恰当的调适，而不是走上"脱嵌"的道路。

　　社工需要适应行政化影响下的社区环境，否则就会因专业性认同的缺失而引发"合法性危机"。尽管社会工作标榜自己的专业性，可如果专业性发挥不出来，对于社会的和谐稳定来说也是无用的，如果专业性始终水土不服，社会工作必然会失去其竞争力。学者 Krueger（1997）在《社会工作的终结》一文中就曾指出，未来一百年，如果社会工作专业不能切实地追求有效的助人方法，以及建立一个以行动知识为基础的理论体系，在不断变动的时代中寻找到新的社会使命，那么社会工作或将消失于世。①

　　如何找到出路？笔者认为依据"建构论"发展而来的"社会互构论"视角或可提供一个方向。社会互构论认为，尽管社会中存在大量的差别、矛盾、冲突和对抗，国家和社会之间也存在着竞争与博弈，但现代社会实践的本真意义和主流趋势是"互构谐变"，是在不断地"求同存异""异中求同"之中走向和谐。② 可以看到，虽然我国基层政府和社会工作存在"管理主义"与"专业至上"的矛盾，社区治理中行政性社会工作与专业性社会工作还有冲突和碰撞，但其最终发展趋势是"互构谐变"。"行政性"与"专业性"将会在社区治理与发展中通过互动、合作、塑造

---

① 转引自沈黎、刘斌志，《能力为本的社会工作教育：基于本土社会工作专业能力建构的视角》，《社会工作：实务版》2011年第5期。

② 杨瑛、张红：《论我国城市社会工作行政性与专业性的关系》，《中共太原市委党校学报》2014年第2期。

与建构，脱离现有的状态，达成更高层次的认同和共识。

从实践中看，专业性社会工作确实与基层政府的治理逻辑和社区行政性社会工作在目标、诉求、价值理念、工作方式、知识工具上存在较大差异。如果完全不顾这种客观现实环境，一味地强调专业性，将很难获得行政支持和经费来源，也就很难开展专业服务。因此，需要在坚持专业性和适应本土基层治理文化之间寻找一个"两全其美"的通路。专业性社会工作需要与行政性社会工作广泛开展合作，原有社区服务主体是在地方性知识与本土价值系统上发展起来的，[①] 这也是专业性社会工作嵌入式发展的根基之一，尽管不可避免地存在竞争和对抗，但基于共同的社会服务目标，合作共赢才是主流。

要实现行政性与专业性社会工作的互构谐变，一方面政府要明确自己在社会工作发展中的角色定位，不应过多地干涉社工机构的具体运行、尊重社区项目中专业价值和方法，并持续为社会工作的发展提供充分的资源和空间。另一方面专业性社会工作需要依据本土实践的特点，在充分理解基层治理逻辑的基础上，尽可能发挥专业性优势，将专业性社会工作方法融合到我国的具体国情中，实现专业性社会工作的本土化发展，提升社会服务质量。最终实现社会工作在我国社会进程中的良性发展。

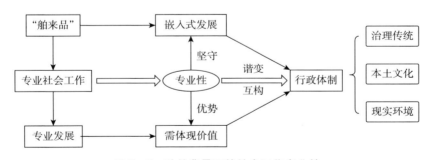

图 3 - 2　政社背景下的社会工作专业性

因此，在前述理论思路上，社区社会工作要在本土基层治理文化和坚持专业性之间找到"互构谐变"的结合点与平衡点（见图 3 - 2），并

---

① 朱健刚、陈安娜：《嵌入中的专业社会工作与街区权力关系——对一个政府购买服务项目的个案分析》，《社会学研究》2013 年第 1 期。

从实践的角度，找到"互构谐变"的专业性发展路径。当前专业性社会工作在社区中尤其是广大二三线城市社区中的发展普遍存在较严重的专业性缺失问题。那么社会工作如何在社区凸显专业性？如何体现出不可替代的专业优势？是当前社区社会工作所要迫切回答的问题。

三　社区工作"专业性"反思

19 世纪初，社会工作早期研究者为了证明社会工作能够发展成为一门独立的学科和专业，强调与其他学科的区别，进而从专业的特质，包括智力性活动、实践性目标、教育习得性、自我组织化、利他性动机，以及专业的构成〔包括知识体系（科学）、艺术（技巧）、教育过程、专业的资格认定标准、行为操守、地位的认可、专业的团体等〕诸多方面来对社会工作加以专业化的界定。随后格林伍德（1957）就社会工作专业性属性提出从专业标准、专业文化、理论体系、伦理守则、专业权威和社会认同这几个方面来阐述，这是对社会工作专业性最早的诠释。

但这类宏观、抽象和整体性的讨论虽然有益于对社会工作专业性的认识，但对推动社会工作实务则缺乏指导性。实际上，过往的研究和高校教育课程在引入西方社会工作知识体系时，较少注意到特定国家和地区社会工作知识体系的应用情景，而是将这些特定的情景，例如特定国家的政治生态、政府的运作逻辑、民众的公共态度、文化、生活方式、宗教等悬置起来，[①] 只是单纯地移植既有的价值理念、知识体系和工作模式。社会工作专业方法与其适用的场景形成了一种割裂状态，这些专业方法和知识体系很难适应我国当前的本土实践，尤其是关系复杂多变的社区场域，因而社会工作更多呈现一种为了做个案而做个案、为了做小组而做小组、为了开展社区工作而开展社区工作的状况。在社区工作的开展过程中，绝大多数的操作是开展社区各类兴趣小组和节日性活动，这些活动往往不成体系、流于表面，与社区文化、社区凝聚力及居民的自我成长几乎没有关联。社会工作的基本特征是实践性，其生命力在于

---

① 徐选国：《社会工作的专业性释义及其中国情景分析》，《社会与公益》2018 年第 5 期。

回应当前的社会需求。[①] 只有在这个认识的基础上，讨论其专业性才是有价值的、最为迫切的。

在我国，社会工作嵌入基层治理体系中，社工进入社区开展工作时不仅要服务社区居民，还要受到基层政府的管理、考核与监督，以及与行政性社会工作展开各方面合作，其中很重要的合作内容就是配合社区居委会处理相关的行政性事务。专业性社会工作一方面难以脱离基层政府和行政性社会工作，另一方面又必须体现出其专业性价值和优势。虽然专业性社会工作与基层政府的治理逻辑和社区行政性社会工作在目标、诉求、价值理念、工作方式、知识工具上存在较大差异，要挽回逐渐式微的社会工作专业性与专业权力，就需要在坚持专业性和适应本土基层治理文化之间寻找一个"两全其美"的结合路径，策略性地与基层政府和行政性社会工作建立既独立又合作的关系。

那么就需要在这中间找到契合点和连接点。我们不妨换一个思考角度，从更本质的事情上入手——政府的根本宗旨是什么？是"为人民服务"。事实上，社会工作的本质也是在为人民服务，只不过社工背后有一整套源自西方的专业知识和价值体系，有基于社工伦理和专业方法上的一系列严格要求，社会工作的服务具有深入、系统性、预防性、助人自助等特征，强调人文关怀和深耕细作，关注被忽视的群体。既然要做得深入，自然就会见效慢，而且很多服务在表面上看不出太大成效，也就是说社会工作虽然很多服务是在更深的层面关注民生，但关键是见效"太慢了"。按照笔者的经验，基层政府购买社区服务项目，通常会在项目开始后两三个月就要求拿出一些"特色"成果，但这么短的时间内，社工很难与社区居民建立信任关系。而且社工专业的个案和小组，涉及的人数太少，缺少横向的影响力，在传播上也起不到很好的效果，远远不如一次参与人数过百人的节日活动。所以，以目前社会工作体现出来的专业性和工作方法，较难满足"政绩导向"的诉求，这样的矛盾与统一关系可见图 3-3。

既然基层政府和社会工作本质上的目的是相同的，都是为"人"提

---

① 张宇莲：《"专业性"社会工作的本土实践反思以灾后重建为例》，《社会》2009 年第 3 期。

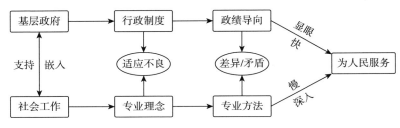

图 3 - 3　基层政府与社会工作的"矛盾"与"统一"

供服务，因此关键点还是在于"人"，抓住了这个关键之处，就可以在深刻了解基层政府运作逻辑和内部文化的基础上，巧妙地寻找"行政"与"专业"的平衡，达到一种"互构谐变"的状态。

社会工作者的服务不仅要为服务对象解决具体困难，还要关注如何提升服务对象的能力、发掘潜力及赋予他们应有的权利。社会工作者的服务最终是增加服务对象的自主性，而不是对他者（包括社会工作者）的依赖。这种理解与追求会促使社会工作专业弱化对制度的依赖，着眼于增进社区居民的个体自主性，重视分享知识与权利，重视参与、互助等过程。这是行政性社会工作所缺少的视角。增强社区居民的主动性和自主性实际上也是基层政府的一项基本工作任务，行政性社会工作为服务对象寻求和链接资源方面并不比专业性社会工作弱，身处行政系统更能充分发挥这方面的作用，但是在培养服务对象的能力与自主性方面缺乏意识与经验。而这恰恰是专业性社会工作的优势所在。

因此，如果社会工作能够以一套专业性的方法，快速地将社区居民调动起来，让社区活跃起来，让社区中的"人"变得更加主动，在快速、有效调动社区居民主动性的基础上，也就能同时满足"政绩导向"的目标，走向专业性与行政性的"互构谐变"。这种状态的达成需要专业性社会工作率先产生变化，调整思路。事实上，正是行政性社会工作在发挥民众自主性方面的缺失，才使得专业性社会工作引入国内获得高速发展的空间。社会工作的助人自助、增能、赋权等理论都是增加服务对象主动性的有效尝试。然而专业性社会工作的困境在于，引自国外的操作模式和方法脱离了具体实践场景，在实际工作中遭遇了"水土不服"。

从上述的分析中可以发现，"专业性社会工作"的实质目的、理念价值、基础理论、专业知识都能够指向提升服务对象的主动性和自主性，在社区中充分将居民调动起来、活跃起来，居民自组织的目的与党和政府所大力提倡的"共建、共治、共享"的社会治理格局和社区居民"自我管理、自我服务、自我教育、自我成长"完全一致。目前建设这条道路所欠缺的是一套基于本土实践的，系统且有效的社区工作专业方法体系。当前最重要的是在社区实践中，探索出一条基于本土实践的专业发展道路，给出系统的方案和具体的操作方法，以指导专业社会工作更快地适应我国社区治理的政治、文化、人际环境，通过快速、有效地调动社区居民的主动性和自主性，做出令人信服的成绩。当前社区工作的"流水线活动"模式，其实也是在同样方向上的尝试，只不过缺少了社会工作专业性的展现。

因此，需要在本土实践的基础上，摆脱西方社区社会工作"水土不服"的困境，依据我国社区工作的现实需求和基层治理文化下的政社关系，重新梳理并建构本土社区社会工作的专业性。这种专业性以调动社区居民的积极性、主动性和自主性，提升社区的组织度和活跃度为目标，更强调社区工作的实际效果和系统、高效的专业方法及操作流程，用以指导社区社会工作的实务方向和进度，使书本上的公共知识转变为社工个人系统的经验知识，从而让社工能切实的为我国社区治理和发展、人民群众的幸福生活有所助益。

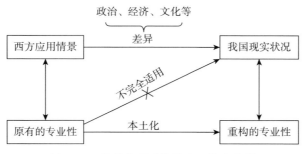

图 3-4　为什么要重构社会工作专业性

具体来说，对于专业性的理解，尤其是系统的专业操作方法体系，可以参照其他已经非常规范化、专业化、标准化的职业，例如医生、律师等。这些职业之所以得到社会大众的认可，不仅仅在于其背后的理论基础，从实践的角度讲，更在于其有一套行之有效的、系统的方法、技术和流程，能够明确清晰、可控制、可预期地达成既定目标，实际效果也是可以清晰测量和判断的，且这套系统的方法相比其他职业具备不可替代性。

这其中包括两个重要的层面。首先是明确的目标，以及紧密围绕目标开展的一系列行为。社会工作是非常有目标感的专业，在社区工作中，围绕目标可以分为短期、中期、长期，也可以分为过程目标、任务目标。但实际操作时，往往目标是目标，计划是计划，目标和达成目标的行为关联度不高，做几个个案、开几个小组就能达成目标了吗？做几个社区节日性活动就算是社区服务、满足居民需求了吗？

其次是一整套有效的方法、技术和流程，其中最重要的是系统性，即有明确的细分步骤和程序，完成任务目标一共有几个过程阶段，先进行哪一步后进行哪一步，彼此之间要有清晰的顺序，且有清晰的评判标准，这一步到了什么状态算是完成，到了什么程度才能执行下一步。这样的一套系统性的方法才是可靠的、专业的。医生、律师这些职业的系统性的操作方法和流程已经非常成熟，而反观目前的社区社会工作，"舶来"的方法不适应国情，"本土"的做法还在"野蛮生长"，缺少一套系统性的指导方法。绝大部分社区社会工作者不知道进入社区要如何开展工作，有哪些阶段，如何判断自己到了哪个阶段，在当前的阶段应该重点做哪些事，哪些是主要的、哪些是次要的。

那么如何基于本土实践建构这样的一套系统、高效的操作方法体系和流程？其核心的要素是什么？这将是重构社区社会工作专业性的关键。

四　本土的"关系"和社会工作专业关系

如前文所述，要挽回逐渐式微的社会工作专业性与专业权力，就要在坚持专业性和适应基层治理文化之间寻找一个"两全其美"的关键结合点，这个结合点正是社区中的"人"，即充分调动社区居民的自主性和主动性，使其自发式地组织起来、活跃起来。要实现这个目标，当前的专业性社会工作缺少基于本土实践建构的系统、高效的操作方法体系和流程，这其实就是社区社会工作专业性的体现，那么怎样把"专业性"一步步"落地"呢？核心要素是什么？

谈到"人"，而且是与社区相关的"一群人"，这些人可能还会分成不同的角色和类别，要想把他们组织起来，只能通过"信任"和"关系"进行连接。如何建立人与人之间的信任关系，或个体从一个群体外部融入一个新群体，主要有两种方式，一种是"关系化"的路径，一种是"类别化"的方式。① "关系化"就是通过互动的方式建立彼此之间的人际关系，从而拉近彼此的关系距离，就好比让个人差序格局更向中心缩进一环，以关系的提升来增强信任感。"类别化"则是通过身份认同来建立信任。中国文化极为重视"关系"。中国社会中的"人"，其组织、整合的方式是依据关系远近亲疏的不同程度所形成的"差序格局"，"差序"表现出来的就是信任关系的差异。人与人之间关系的提升，带来信任感的增强；同样的，人与人之间信任的变化，也将带来关系的变化。中国人喜欢说"自己人"，是因为把"外人"变成"自己人"的关系才能够获得信任，跟对方讲"大家都是自己人"，实际上这是一种表达和提升信任的策略。中国人也会通过"类别化"的方式建立信任，这其中主要是制度信任。但一方面，制度信任会在具体人际场景中逐渐转化为"关系化"的信任，人情社会中主要还是以关系为主。另一方面，对于社会工作来说，绝大多数民众是不知晓、不了解的，社会工作不具备与警察、律师、大学教师等职业那样的在制度上强有力的身份认同。也就是说，我们大陆地区的社会工作不像西方国家和我国港台地区，很难依靠"类别化"的方式建立信任，只能更多地通过"关系化"的路径。

中国人发展信任的传统路径更依赖于作为中介物的"关系"（此处的关系带有更多的文化意涵，在翻译成英文时不译成"relationship"，而是作为特有名词，音译成"guanxi"）而非"类别化"的制度媒介。"关系"是人们建立、发展、加强和延伸信任的主要方式。关系的远近表示了信任和被信任的程度，而关系的多少则描述了个体信任和被信任的数量规模。根据费孝通的"差序格局"理论，中国的人际关系结构特征是人情、人伦与人缘构成的三位一体，其中人情是核心，它决定了在中国人的价值观念中，情理观念居于核心地位，而理性观念并非中国人考虑的重点。中国社会以人情、血缘、关系等交错构成，主要受人伦因素影响，制度

---

① 杨宜音：《关系化还是类别化：中国人"我们"概念形成的社会心理机制探讨》，《中国社会科学》2008 年第 4 期。

信任较为薄弱。梁漱溟指出，中国社会既不是个人本位，也不是集团本位，而是伦理（关系）本位。黄光国进一步提出，拉关系和寻求私人网络是中国社会中最为基本的权力游戏，关系可以非正式的方式减少环境的不确定性。① 因此，从本土文化的角度来看，传统的"关系化"方法是影响中国社会人际信任的最主要路径。

对于社会工作来说，关系的建立也极为重要。社会工作认为专业关系是助人过程中的必要媒介，在个案和小组工作中，助人者必须先确定服务对象已经信任和接纳工作者。社会工作所强调的是一种专业关系而非其他，这种专业关系源自西方的文化土壤和专业发展历程，是社会工作价值伦理体系的表达，是一种以制度信任为基础的职业化关系，因而强调社会工作者与服务对象不得建立专业关系以外的其他关系，充满了浓郁的西方文化味道。

社会工作的专业关系是一种动态的、在持续互动过程中产生的助人关系，互动的主体是作为职业者的社会工作者和需要接受帮助的服务对象，这种基于专业关系的互动区别于日常生活的互动。尽管社会工作的发展正在从"问题视角"向"优势视角"转变，关系的建立不再以"治疗者"与"有问题的人"作为互动主体，但依然强调基于职业身份和制度认同的专业关系，除此以外的双重关系或多重关系被认为是不可取的。当社会工作者和案主产生超过一种以上的关系，不论是社交的或商业的关系，即是双重或多重关系。关于双重或多重关系的研究成果，中国大陆的研究较少，已有的研究多来自西方国家和我国台湾、香港地区。双重或多重关系描述助人者与工作者之间可能存在不同形式的接触与互动，除了专业关系中的互动外，还可能包括：钱财交易及借贷、透过提供服务以满足个人情绪上的需求、非正式的社交互动如赠送或交换礼物、性关系等。西方国家的主流研究认为双重或多重关系弊大于利，认为应该坚持社会工作价值伦理守则、建立纯粹的专业关系，才更有利于服务对象，以免双重或多重关系对服务对象造成剥削或潜在的伤害，同时也有利于社会工作专业化和职业化的发展。因此社会工作者应该避免同服务对象或前服务对象保持双重或多重关系。

---

① 黄光国：《人情与面子：中国人的权力游戏》，中国人民大学出版社，2010。

但近些年来也有西方学者对"一刀切"的禁止双重或多重关系提出了质疑。他们认为在现实的服务场景中，双重或多重关系难以避免，因为服务对象遇到的问题是千差万别的，传统的有限专业关系不能解决所有的问题。例如，服务对象遭遇的某些心理问题，需要通过模拟重建适当的"依恋关系"，或超出专业关系界限的大量个人时间陪伴，才能有效解决问题。此外社会工作私人执业者，或在某些特殊群体及教派机构的社工，都难以始终保持对有限的专业关系的界定。越来越多的学者认为，超越专业关系的界限可能是有害的、造成剥削的，但也有可能是建设性的，即专业关系是达成社会工作助人目标的手段而不是目标。严格刻板的专业界限反映的是拒人于千里之外的冷漠，很多情境下，需要采用非正式的方式与服务对象见面、沟通，才有可能建立专业关系，始终过于严苛的专业关系可能将来访者"拒之门外"，很难获得使他们敞开心扉之后的深度信任。

如果考虑到地域文化的差异，西方传统的有限专业关系更值得商榷，这种专业关系限定的做法或许更适用于西方的社会文化环境，当文化场景发生变化时，这种坚持是否还有意义？如前文所述，中国传统文化中长期积淀的面子、人情、关系、道德习俗等文化因素，与西方的文化传统和社会互动的方式截然不同，也与西方传统的社会工作价值理念存在较大的分歧。这些文化差异需要在构建本土社会工作的过程中得到充分的重视。在中国社会，差序格局和以"关系化"建立信任的模式发挥着主要作用，人们遇到困难时求助哪个对象是以关系的远近亲疏作为判断依据的，亲友互助发挥着极其重要的作用。因此，在本土文化的影响下，社会工作者很难把握专业关系和为帮助服务对象所建立的人际关系之间的界限。

笔者在调研时发现的一个真实案例，就反映出有限专业关系的困境，以下是一位社区社会工作者的自述。

　　我是社会工作"科班"出身的。刚毕业的时候我做社区老年活动室。做了一年，我当时完全就迷茫了，然后我还跟我们一些老师讨论，说没有做到个案，没有做到小组，什么都没有做到。然后第二年我才有机会用小组工作的方法去培训老年志愿者，但做得很失败。我用社工专业方法去做小组工作的时候，跟他们培训志愿者精神等，你会发现老年人还是等着你派任务，完全没有效果的，他们不会听你的。那段时间我觉得自己很弱，很难受。现在想想，也确实，站在他们的角度，凭什么要听你的呢？你以为你是他们的什么人？人家肯来已经算给你面子了。

后来我转做优抚了。我有一个优抚对象，这就有个案做了，我非常开心，背上书包就上门了。后来我发现我一直在做一件事情，就是了解服务对象并和他进行关系的建立，但这个不对啊，书上说，我三次就能（建立专业关系）啊。我后来就纠结就懵了，到底怎么回事，然后问之前的一个领导，领导说他不懂社会工作，但他跟我讲这就是现状。我前十次都在跟个案（对象）建立关系，而且也不是书里说的那种专业的关系，真的是去的次数多了，熟悉了，慢慢地他愿意接受你了，对你敞开心扉了。

但我们最后要评估的时候，评估老师说实话是不太懂的，那次来的评估老师是政府出来的，她说你这个做的是什么，为什么十次都在建立关系，我被批评了。然而这就是现状。被批评了之后我只能做一件事，就是造假。我把我的文案变得很漂亮，我在陈述的时候讲得也很漂亮。但其实呢，这个人（服务对象）我只是跟他熟一点而已，我可能第二年才能了解他家里情况。打开心扉的那个过程是很漫长的，他可能最后抱着你哭了一场之后，才愿意跟着你搞活动，但或许他还是不愿意跟你讲他原来受的那些苦。还有一个个案是癌症的病人，我们上门还不如一个病友上门，那个个案（做得）非常挫败。所以后来我主导的所有我们的社区项目书里一律没有个案，实在要求有个案也不超过五个。因为真实的个案做不下去，这就是现状啊。

其实像我这样能用十次就建立关系做得下去的已经算不错了，真的很多人去十几次都敲不开门。有个老人脾气不太好，"我就是不开门怎么了？"我们没有办法做。但到了结案的时候，该评估项目的时候，这个项目就是没完成个案数量，审计不给钱。那你要让这个资料看上去漂亮，又不要让领导骂你怎么做？就是补呀，所以我非常不提倡做个案。民政部门发了一个个案的质量标准，我都看了，说得非常规范，但实际情况呢？根本很难执行下去。

从这位社工所讲述的亲身经历可以发现，社区工作中私人感情和双重或多重关系在中国的实践情境中是无法避免的。社会工作在我国发展时间短，社会认知度普遍较低，在这种现实状况下，社会工作很难获得与医生、警察这类职业一样的制度信任。中国社会工作的制度信任在相当长的时间里只能依附于人际信任。本土导向的专业关系在制度信任得以建立之前，应充分考虑到中国社会的信任模式和文化特殊性。

首先，这是社会工作文化敏感性的要求。高度的文化敏感力是社会工作专业性的重要体现，文化敏感力是社工自觉适应服务对象文化的过程。社工在服务提供过程中，应当在服务对象的文化框架下协助服务对象分析所面临的问题，寻找解决问题的办法。社会工作的本土化必须强调与传统社会文化的适应，要求社会工作者在本土导向的专业关系中必须持有一种反思的态度，这种对本土文化场域和社会工作伦理二者适应性的反思就是文化敏感性的体现。处理社会工作专业关系之时，社会工作者必须有较强的文化敏感性并将此贯彻于本土导向的社会工作专业关系界限与社会工作信任模式的建构之中，能抓住社会工作伦理与中国传统文化的契合之处。

其次，专业关系的背后体现的是社会工作的伦理价值，从伦理学上来讲，专业伦理价值有两种发展取向，第一种是伦理绝对主义，第二种则是伦理相对主义。伦理绝对主义认为一个专业或职业必须坚持固定的道德法则和伦理价值，试图用绝对主义的观点认识和解释道德伦理的本质及其发展，认为道德规范是永恒不变的超历史的范畴，否认它们的历史性、阶级性和民族性。在当前社会变迁、文化多元交融的时代，更宜采取伦理相对主义的方式，而非伦理绝对主义。伦理相对主义拒绝固定的道德法则，认为伦理道德的成立具有一定的相对性和条件性。如同斯宾塞所说："道德伦理是进化的产物，凡有助于扩建和延续生命的，或适应环境的就是快乐、幸福，也就是善，反之就是恶，并认为这是普遍的人类进化而来的善恶标准。"[1] 伦理相对主义判断伦理是否合理是以具体的背景或者产生的后果为依据，需要充分考虑不同国家地区、民族的社

---

[1] 转引自朱贻庭《伦理学大辞典》，上海辞书出版社，2011。

会文化环境。持伦理相对主义的社会工作者在实践过程中将会依据所处的客观社会文化环境，对所要达成的结果进行预估，以此来判断是否需要对不符合环境与目标的伦理标准加以调整或适应，而不是一味地遵从一个固定的伦理守则。因此在伦理相对主义的方式下，出现双重或多重关系，并不意味着专业关系的失败，反而可能是通向好结果的契机。

最后，在社会工作专业关系的理论范式中，相比人本主义、动力学派、功能学派等范式，问题解决学派显然更适用中国大陆地区社会工作的发展，即把重点放到解决问题、做出成效上，这也是党和国家大力发展社会工作的初衷。在问题解决学派看来，专业关系是案主与工作者基于信任和关怀建立的，只要有助于解决服务对象的问题，并不排斥双重或多重关系。侧重问题解决的社会工作认为"关系"是助人的核心，"有意义的关系"在助人过程中非常重要，服务对象问题的解决必须透过"有意义的关系"才能达成目标，关系的建立是问题解决的基础条件，在具体的服务过程中，首先就要与服务对象建立专业信任关系，工作者利用这种关系来解决服务的问题。因此按照问题解决学派的观点，"有意义的关系"的建立需要契合中国社会文化环境，并不是对西方专业关系进行质疑或否定，而是将专业关系放在我国本土情境中思考，最终建构一个本土导向的社会工作专业关系。

因此，社会工作中双重或多重关系在中国差序格局的文化传统下无法避免，尤其在社区工作中，专业关系需要建立在充分的社会关系基础之上，专业关系所依托的信任模式，需要将社会工作的价值观与中国文化惯习进行融合，应从中国社会关系三位一体的结构，即人情、人伦与人缘来研究中国文化中的社会工作专业关系。① 王思斌从文化、社会制度及社会结构的角度分析作为社会工作核心的"求—助关系"，② 认为其需要基于中国社会本土的"求—助关系"模式，构建融合本土经验与外来经验为一体的、本土导向的社会工作专业关系。此外，从我国港台地区社会工作发展的经验来看，中国人传统的价值体系与伦理并非同西方社

---

① 刘志红：《传统社会的人际交往特性对建立社会工作专业关系的影响》，《求索》2003 年第 2 期。

② 王思斌：《中国社会的求—助关系——制度与文化的视角》，《社会学研究》2001 年第 4 期。

会的价值体系完全对立，二者之间可以进行建设性的对话，彼此取长补短，不断增强社会工作在国内推行的本土适应力，以建构真正适合中国具体国情与文化传统的社会工作专业文化。

综上所述，回归到社区社会工作，社区是中国社会最基层的场景，也是本土文化气息最浓郁深厚的场域，亦需要建立一种基于中国人情关系、差序格局的社会工作者—社区之间的关系，这种关系不应完全源自西方传统的专业关系，而应该是一种本土化的多元融合关系，以传统的专业关系为基础，包含了个体间的人际信任关系、亲密的邻里关系、个体对群体的认同关系、来自"政府代理人"的制度信任关系等。社会工作者帮助服务对象处理问题所需建立的关系，超出了有限的专业关系的界定。在服务对象利益优先的基础上，强调专业关系文化敏感力的社会工作者应当适应当地的社会文化，建立一个新型多元融合式的"专业—信任关系"模式，灵活地处理双重或多重关系及关系的互动变化。

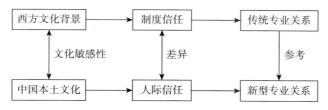

图 3 - 5　本土文化之下的新型专业关系

社会工作者与社区的关系本质上是一种与社区居民总体上的信任关系，与个案和小组中的专业关系不同，社区专业关系不是与单个个体或几个服务对象建立关系，而是与社区中具有共同生活场域、共同习俗、共同心理认同的社区居民群体的关系。借用社会心理学的研究水平分层，前者是个体与个体间的关系，后者是个体与群体间的关系，群体不是简单的多个个体相加，是由具备共同生活世界体验的一群人，通过某种纽带紧密相连并充分互动，具有一定程度的内聚力和群体认同、共同利益认同，心理上存在共同的依存关系和归属感的集群。因而个体与个体建立关系的经验，很难用来指导个体与群体建立关系。社会工作专业关系的研究主要关注社工与服务对象个体之间的关系，对于如何与群体建立关系则缺少相关的理论和实践探讨。更关键的问题是，由于文化的差异，中国的群体与西方的群体在构成的文化、动力、权力结构、运作模式上存在很大不同，西方的社区运营经验很难以"拿来主义"的方式直接运用。我们需要将之作为有益参考，结合我国社区工作本土实践和文化理念建构适用于本土的社区专业关系发展模式。

五　以"关系"为核心的行动反思框架

专业性社会工作一方面难以脱离基层政府和行政性社会工作，另一方面又必须体现出其专业价值和优势，这就需要在坚持专业性和适应基层治理逻辑，以及本土文化惯习之间寻找一个契合路径。这个路径的方向是着眼于"人"，有效、快速的培育社区居民的主动性和自主性，这就要求社会工作必须建立一套系统的专业方法体系和流程，而这个方法的核心在于"关系"，社会工作传统的专业关系在具体实践中很难发挥作用，需要发挥社会工作的文化敏感性，依据中国本土文化和"关系化"社会的特点，建立适应本土实践的多元融合的关系模式。因此，社区社会工作的专业性体现在本土实践过程中，主要包括这三个部分：充分考虑行政逻辑和政社关系的专业目标，系统、高效的实务操作方法体系和流程，以及适应本土文化场景的、多元融合的"专业—信任"关系。

事实上，在实践场景中，社区工作的目标及服务所能进展的程度往往需要看社工与社区"关系"（包括与社区居民的关系、与社区组织如居委会的关系）的程度。在中国的本土文化场景中，关系的远近决定了信任的程度，社会工作与社区居民建立信任的程度及不同信任圈层的居民数量，决定了社工可以在多大程度上调动居民的主动性和自主性。因此，在国内开展社区工作，建立一套系统、高效的操作方法体系和流程，关系的建立是放在首位的，甚至能做多少服务、做到怎样深度的服务，是由关系的程度决定的。依据社会工作实践反思的框架，我们可以尝试建构一个基于社会工作者—社区"关系"不同阶段的社区工作方法体系和路径。

对于社会工作者来说，专业实践情景与实证科学知识之间存在着模糊流动性的矛盾，①即学生在学校中学到的知识是标准形式的实证知识，这种标准知识形态很难适用于复杂多变、模糊不清的现实情境。尤其是刚进入社区工作的年轻社工，其标准化的知识很难应对社区里各种突如其来的问题，例如：始终无法与困难人群建立专业或信任关系，社区居民之间的矛盾纠纷，很难让居民积极参加的社区活动等。这就需要通过行动反思的过程，把"标准化的知识"变成一种不言自明的、可根据具体场景做出恰当回应的实践知识。尚恩认为，当社会工作者遇到一个复杂的实践情境时，就需要建构一种解释框架来理解情境，然后提出解决方案，并通过行动检验此构想框架的效能，他将此过程称为"构想实验"，是一种整合了演绎逻辑和归纳逻辑而成的知识建构模式。②

迈克尔·伊拉奥特进一步提出了行动反思的"时间概念"，把时间作为变量放置于实践行动中，尚恩所谓在行动中反思就成为关于行动的反思。实践中的专业知识和专业能力的形成，不仅仅需要在行动中反思，还需要进一步划分成关于行动的沉思，以及在行动中的迅速直觉性思维和行动。这两种能力的养成都需要把公共知识结合具体的情境转换成个人的知识。③所谓公共知识主要是指实证主义的推论性知识，而所谓个人性知识是指在实践过程中形成的过程性知识和个人直觉性知识。专业工作者需要将课堂上学到的实证的、标准化的、概括的知识转化为个人真正内化掌握并应用自如的个人知识，这直接体现一个专业工作者在应用层面的个人专业能力，同时也是一种个人反思的知识。从公共知识向个人知识转化的过程（见图 3-6）需要一个重要的媒介，就是工作者的个人实践经历，但只有实践是不够的，必须要有对行动的反思，实践与反思的关系好比孔子所说的"学而不思则罔，思而不学则殆"之中"学"与"思"之间的关系。反思需要有思考的框架，这个框架又必须是基于行动总结而来，事实上，社会工作督导所起到的作用就是为年轻社工的实践提供一些反思的框架。但遗憾的是，我们社会工作课堂上所教授的知识几乎都是从西方引入的公共知识体系，而基于我国本土文化和实践

①　郭伟和：《后专业化时代的社会工作及其借鉴意义》，《社会学研究》2014 年第 5 期。
②　Schon, D. A., *The Reflective Practitioner*: *How Professionals Think in Action*. New York: Basic Books, 1983.
③　郭伟和：《后专业化时代的社会工作及其借鉴意义》，《社会学研究》2014 年第 5 期。

反思产生的"行动反思的框架"少之又少。本书所做的努力就是在本土实践的基础上构建一个社区社会工作领域的系统的行动反思框架，借鉴国内社区营造的方法和经验，梳理多年来我国社区社会工作的实践，提炼出一套符合本土国情的系统、有效的专业方法体系，以供社区工作者参考，并让他们能够快速、有效地将其应用于具体工作场景。

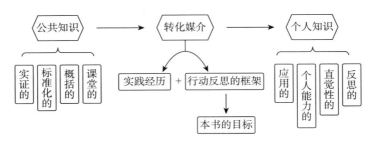

图 3-6 "公共知识"向"个人知识"的转化及媒介

基于此，依据社区工作的本土实践经验和知识可以发现，社工与社区多重融合的"专业—信任"关系，直接影响社区工作的目标是否能够达成以及社区服务所能开展的程度。低水平的"关系"之下，社会工作者所掌握的标准化的实证知识，例如社区工作三大模式、个案工作的标准流程等，因为缺少"关系"为基础的信任，仅应用这些知识的话，服务对象可能不愿意跟社工打交道，甚至会将社工列为"不可信任"的陌生人。随着"关系"的增进，各类服务也随之一一"解锁"。站在社区的角度看，当"关系"随时间发生"流变"，在社区空间上也会发生以社工为中心的"聚积"效果，通俗的说法就是社工积累了人气，在社区有了影响力和口碑，得到了居民的认可和肯定。

因此，我们尝试对社区工作的实践行动进行反思时发现，"社工－社区"的关系随时间而发生阶段性的变化，在不同的"关系阶段"，社会工作者可采取的行动是有差异的，即在"初期关系阶段"很难做到需要服务对象高度配合的服务，唯一的方法和途径就是增进"社工－社区"之间的信任关系，这也是受到我国"关系化"社会环境的影响。我们尝试构建一种结合具体实践情境的个人性知识框架，即每个社会工作者都可以依据此行动反思的知识框架，在社区工作的实践中灵活调整自己的行为，把标准化的"公共知识"内化成"应用的知识"，通过对关键变量

"关系"的把握，指导社区工作的具体实践过程，不断提升社区项目的服务成效，以更好地达成服务目标，使得居民大大提升自主性和主动性，社区变得活跃，政社关系得到一定的调适，社工的专业性得以发挥并受到认可。

那么如何搭建社区工作的行动反思知识框架呢？

先来看引入国内的社区社会工作三大模式，即地区发展模式、社会计划模式和社区照顾模式（部分教材改为社会行动模式），在社会工作相关的教材和著作中，似乎更强调这几种模式的理念、原则、目标和社会工作者的角色，在具体策略和措施方面往往只是强调大致的思路和方向，例如通过对话成立不同的居民小组，社区组织之间协商与合作，争取社区精英的支持等，并没有具体的操作流程。如果要问具体如何操作？怎么在一个陌生的社区一步步打开局面？过程中会遇到什么问题、如何解决？这些都没有相关的具体回应。一线社会工作者需要的不仅仅是理念和思路，更重要的是像"说明书"一样的操作手册。可能有人会说，这样会不会缺乏社会创新？但如果连"门槛"都没摸到何谈创新？很多一线社工根本不知道怎么跟社区建立关系，怎么在机构效益、社区诉求和出资人绩效之间找到平衡，陷入事务和为了评估而"整理"各种材料之中，何谈社会治理创新呢？

其实仔细分析也能够理解，个案工作和小组工作的对象都是明确的个体，其性格可能各有不同，但在特定机制和安排之下，其行为和心理反应具有一定的规律，建立关系和开展服务的逻辑非常清晰，因此社会工作方法从西方引入国内，其操作框架和流程基本上是可以借用的。而社区是一个复杂的社会场域，受到政治、经济、文化、公共服务发展水平的影响，可谓是千差万别，尤其是东西方的政治体制和文化环境存在本质的区别，适用于西方社区工作的具体操作流程和方法，到国内可能完全不具备可操作性。因而，在"舶来"社会工作的过程中，社区工作的操作方法可能就被选择性地"遗漏"了。

在建立社区关系、广泛发动居民参与的系统性方法层面，社区营造是一个非常好的参考。第二章已经介绍了社区营造的主要内容和在日本、我国台湾地区的发展状况。总体来说，社区营造强调关系建构和能力培植，目标是把居住于同一个地域空间范围内的人群聚合成富有认同感和内聚力的群体。从社区服务到社区营造，是从对物质层面到对社会精神层面的关注的过程，是从被动服务到主动参与的过程，是居民社会公共意识形成的过程。社区营造使得社区居民从自身需求出发，积极参与社区公共事务，构建社区共同体，让社区从政府规范向居民自律过度，提高社区自主参与能力，挖掘社区特色文化，建立社区居民自我管理、自我服务和自我教育的能力和意识，达成国家对社区治理提出的共建共治共享的目标。所以，社区营造契合我国在转型时期推进社会治理创新的政策导向，也契合当前社区工作的具体实践。

因此，本书将站在专业性社区工作者的角度，以社区的实践情境和本土文化为基础，以"社工－社区"关系为核心动力，以居民主动参与共建共治共享、构建社会治理共同体为目标，参考借鉴社区营造的经验和方法，构建一套社区工作行动反思的个人知识框架，包括非常具体的实务流程和操作指南，为社会工作者开展社区项目提供有效的帮助。

第四章 "社工－社区"关系三阶段

一 社区工作的过程理论与阶段划分

通过以往的研究和实地调查可以发现，行政性社区工作不能完全适应现代社区的发展，而作为"舶来品"的专业性社会工作在进入社区时，存在很多问题，一方面因为文化环境差异遭遇水土不服的困境；另一方面在实践过程中的嵌入式发展使得社工在开展社区项目时经常遇到被多方"撕扯"的情境。作为资方的基层政府设置了出于其自身考量的任务指标；社区居委会则希望社工帮助完成各种行政工作，以期减轻自身工作压力；机构要求社工能够又省钱、又高效地完成项目预定指标，顺利应对最终评估；同时，由于跟社区居民没有建立关系，居民的参与性普遍不高，社工可能又需要居委会配合。社工处于夹缝之中，面对居委会零散无计划的行政事务摊派，不知该以何种姿态沟通相处，社区居民形形色色，不知道该给谁提供服务，如何调动居民的积极性，找谁帮忙，找谁领路，于是总是人被事赶着走，深陷各种压力之中。书本上的社区工作模式不能完全帮助社工处理眼前的困境。在这种状况下，社工很难有时间沉下心来，清晰地理清目标，梳理思路，深入地开展专业化服务。此时他们很难清楚地知道自己处在什么位置，自己与社区的关系到了什么程度，在当前的位置和关系上，哪些事情是主要的、哪些事情是次要的，哪些事情做了能够对社区工作目标的实现有帮助，哪些事情是当前需要避免的。对社工来说，社区工作没有一个清晰的"进度条"，更不知道做哪些事情才能有效地推动"进度条"的增长。

社会工作者在社区工作中的定位不清、方向不明，是影响其发挥社工专业性的主要原因。要回应并解决这个现实问题，需要在充分认识社区权力结构和本土文化的基础上，以关系为核心，以"人"为突破口，结合社区营造的理论和经验，建立一套新的社区工作方法和操作指南，为初入社区的工作者提供一套行动反思框架。

在社区营造的理论中，自组织理论是最重要的理论基础，哈耶克在20世纪40年代最早建立了自组织理论，主要探讨复杂自组织是如何形成的、具有怎样的发展机制，即在一定条件下，复杂系统如何从无序到有序、由低级有序到高级有序。在这之后，奥利维与马威尔提出了"关键群体"理论，认为任何产生合作机制、建立信任和认同并发生集体行动的小团体，其形成过程都会有一个"关键群体"起到关键作用，这个处于中心位置的小圈子决定了小团体是否能顺利成立，他们与普通成员的关系程度是核心变量。当合作的倡导者和发起者位于社会关系网的中心位置时，这就意味着他能够通过私人关系接触到大部分其他成员，可以更容易说服其他人加入。这个过程是分阶段的，在初期参与的人较少，集体效益还未展现时，只有少数关系较好的"志愿者"愿意加入；一旦人数过了一个"关键点"，收益大于参加的成本时，人数就会大量增加。[①]

罗家德基于奥斯特罗姆的自治理模型（Ostrom, 1998），参考我国台湾地区和大陆一些城市的社区营造实务，提出了社区自组织过程模式，将社区自组织建立发展分为五个步骤，形象地称之为："育种—种子萌芽—小苗—小树—大树"五个阶段。第一步是"育种"，需要动员社区居民，增加社会网链接，使关系越来越密集。其中能人扮演了关键的角色，是这些能人首先投入行动，动员自己的关系，才逐渐聚拢一群人。第二步是"种子萌芽"，主要是小团体产生，随着内部连结增多，这群人与其他人的关系相对疏远，一群人"抱团"产生了内部关系网相对密集的朋友圈。第三步是"小苗"，小团体内部产生认同感，内部的人开始清楚地认识到自己与团体外成员的差别，意识到自己的成员身份。第四步是"小树"，即小团体形成一个共同的团队目标，并开始着手为实现这个目标而采取集体行动。第五步是"大树"，团体会逐步演化出团体规则和集体监督的机制，以确保共同目标的顺利达成。小团体形成了，认同产生

---

① 罗家德、梁肖月：《社区营造的理论、流程与案例》，社会科学文献出版社，2017。

了，会使一群人的关系网变得密集而长期持续。只有有了集体行动的需求，并使集体行动可持续化，小团体才会成为自组织。[①]

　　社区自组织过程模式以能人动员过程为起点，通过既有的社会关系，形成小团体社会结构，调动社区居民的参与积极性，建立自组织，发挥共建共治共享的作用。但罗家德提出的社区自组织过程，是站在居民自组织发展的角度来讨论的，社会工作者需要与社区建立关系，将社区中的活跃居民组织起来，顺利开展社区营造，满足与社区内外多方权力、利益主体的诉求，这个过程比单个自组织的建立发展要复杂得多。罗家德在其理论建构中非常强调能人的作用，但作为社区社会工作者来说，自组织过程每一个阶段的具体目标、任务指标和行动指南，仍然不够清晰。

　　当前国内已有的社区工作模式和方法，也很少从本土实践的角度去探讨我国的社区社会工作的基本过程。黄洪将社区工作按照服务拓展的状况分为三个阶段，包括探索评估期、策动组织期、巩固检讨期，并论述了四种社区工作模式在这三个不同阶段中的任务，具有一定的参考意义。[②] 但问题在于，如何判断一个项目应该处于哪个阶段呢？在探索评估期时应该如何进入策动组织期？更深入的问题在于，这三个阶段仅仅强调了不同阶段的任务，忽视了完成这些任务的基础，即社区信任关系的程度，没有足够的社区信任关系，在社区仍旧很难开展工作与服务。

　　社会工作开展社区服务也是一个项目管理的过程，西方管理学中的管理过程学派认为，任何管理工作，包括企业管理、政府管理和公共管理，都有一定的、清晰的过程和阶段。社会工作中的个案工作和小组工作，都非常注重过程，个案工作有从接案到结案的一系列通用过程，小组工作也非常明确地划分了不同的阶段，有三分法，也有五分法。但到了社区工作，过程与阶段似乎被忽视了。事实上，开展社区工作，同样需要一个步骤清晰的过程和阶段划分，社区工作的过程应该是基于社工与社区的关系程度来划分阶段，而且每个阶段要有清晰的目标、任务和

---

①　罗家德、梁肖月：《社区营造的理论、流程与案例》，社会科学文献出版社，2017。
②　黄洪：《什么是社区和社区工作》，载香港·社会服务发展研究中心编《社区社会工作实务手册》，中山大学出版社，2003。

指标，各阶段的划分应该是一个系统，前后有序，变化有规可循，可清晰地进行评估与定位。关于关系阶段的理论，西方心理学家奥尔特曼和泰勒提出了人际关系的阶段理论，认为良好的人际关系的建立和发展，从交往由浅入深的角度来看，一般需要经过定向、情感探索、感情交流和稳定交往四个阶段。定向确认交往的对象，之后的三个阶段，每个阶段都是一个单独的水平状态，且与之前一个阶段相比都发生了质的变化，是递进的关系。这也能够为理解"社工－社区"关系的阶段提供参考。

基于以上的实践和理论基础，"社工－社区"关系的增进首先是一个整体上的判断，其中最关键的指标是社工与社区"关键群体"的信任关系不断提升，加入"关键群体"的居民数量不断增加。本书将社区工作的阶段按照社区信任关系的程度和关系的时间变化规律，划分为社区关系三阶段。为了便于理解，三阶段分别命名为："初期""中期""成熟期"。此处插一段题外话，当年赵本山和宋丹丹在春节联欢晚会上演过一个小品名叫《钟点工》，里面有一个流传很广的笑点：宋丹丹饰演的"大妹子"问道，把大象装冰箱总共分几步？赵本山饰演的"大哥"当场被问住了，引来"大妹子"的一顿"鄙视"。在"大妹子"看来，这个问题特别简单，无非就是这三步：把冰箱门打开、把大象装进去、把门关上。这是一种朴素主义智慧的思考方法，事实上也确实符合认知规律。类比社区关系三阶段，按照时间变化，可将其划定为前、中、后三个时期，简单明了，清晰易懂，也符合人的基本认知规律和社区客观状况。但需要说明的是，虽然命名简单，但阶段的划分是成体系、有标准的，本书尝试清晰而系统地呈现相对复杂模糊的社区工作过程。社区关系三阶段划分是一个系统性的模型，每一阶段都需要明确目标、任务、主客观反馈机制和判断指标，阶段的变化有明确的顺序和方向。如何来做具体划分呢？需要先对"社工－社区"关系有充分的认识和了解。

二 "社工－社区"关系的时空演变

"社工－社区"的关系本质上是一种信任关系。群体内部有共同的互动方式、文化习惯和归属认同感，而社工希望以专业人士的身份融入群体，并成为群体的引领者，需要一个循序渐进的过程。通过实地调查笔者发现，从时间上看，与社区建立关系不是一个"有"和"无"的"二分法"，而是一个由浅到深的渐进的连续不规则曲线（见图 4 – 1）。

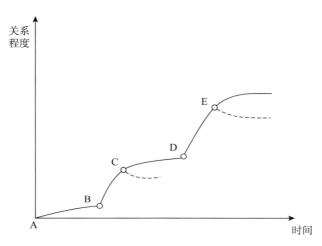

图 4 – 1 社区关系发展的时间曲线

这个图的横轴是时间，纵轴表示关系的程度。从 A 点到 B 点，随着时间推移而关系的变化程度不大，这个区间表示社工初入社区，处于前期与社区积累关系的阶段。由于初期社区居民对社工职业的认知度较低，也并不认识社工本人，社工与社区居民处于陌生人状态，关系的增进很难有起色，需要社工不断地增加在社区中的存在感和与社区居民的熟悉度。中国关系社会的特点是远近亲疏非常明确，对已经建立关系的"熟人"态度亲切，而对陌生人则有潜在的防御心理。因此在前期打开关系是比较难的环节，也需要投入大量时间。社工在这个阶段会遇到更多的困难，关系增进的正面反馈相对较少，挫折相对较多，例如开展社区活动时居民参与度较低且人数较少、开展服务得不到积极的回应等，都会让社工的积极性受挫。

如果通过真诚的沟通、足够的耐心、适当的方法、有效的技巧，坚持一段时间到达关系突破的临界点，则可能会产生从量变到质变的飞跃。这种变化是长时间关系累积的结果，也需要一些促使质变发生的事件，例如成功地举办一场社区的大型活动，在原有关系的基础上快速打响社工的品牌，促成社区信任关系的质变。在社会心理学上，这被称为制造"集体回忆"。点头之交的信任度比较低，而如果大家能聚在一起做一件有价值、有获得感的事情，那么就会大大增进人与人之间的信任和接纳程度。图 4 – 1 中 B 点到 C 点就是关系发生质变的短暂阶段，这种变化有时候非常快，因为某个事件而一夜之间发生突变，例如一场大型的社区交流活动，像社区的义集义市，使社区氛围一下子活跃起来，居民也自发地组织起来，社区的互信水平显著提升。有时候这对社工来说可能是一个自然而然、水到渠成的变化，当社工猛然意识到与之前不同的时候，质变已经发生了，与社区的关系也翻开了新的一页。

因为前期的积累和触发事件，与社区的关系发生变化，到达了新的阶段之后，则会逐渐进入新的稳定状态之中。如果此时社工持续维持与社区的关系，不断地开展活动保持"存在感"，社区关系的程度仍会逐渐提升，而如果没有及时跟进或某种原因下调离原社区，中断了连接，那么关系水平则会逐渐下降，到一个稍低的水平上渐趋平稳，但一般情况下也要好于触发事件发生之前的状态。

从 C 点到 D 点的过程类似于从 A 点到 B 点的积累阶段，但此时社工与部分社区居民处于较好的关系状态，可以在此关系状态的基础上开展各项服务，精心设计组织各类活动。此时以一定的关系为基础，社工在社区中的各项行动都较容易获得支持。经过 C 点到 D 点的关系积累，仍然会产生下一次质变的飞跃，社区关系进一步得到增强，从 D 点到 E 点的跨越，仍然需要长时间的积累和关键性事件的影响。E 点之后仍然是关系达到新的稳定状态。

可以发现，从时间上来看，社工与社区建立关系，不是持续性上升的，而是阶梯式上升的。在关系发生质变前需要经历一个长时间的关系积累，需要充分的耐心和坚持，同时也需要一定的方法和技巧。最关键的是在心态上需要稳得住，欲速则不达。社区关系程度变化与时间的曲线图能帮助社工理解自身与社区关系变化的状态和规律，稳定心态，明确与社区建立关系时自身所处的位置，调整角色，寻求突破。

由于社区中人数众多，社工只是单一的个体，在建立关系时，社工不可能与群体中所有人都同时产生关联，总要有先后顺序。社工需要先跟社区中一部分人建立良好的关系，逐渐扩展开来。这就形成了社区专业关系建构的空间分布图。

在图 4 – 2 中，位于中心位置的是作为主导者的社会工作者。围绕圆

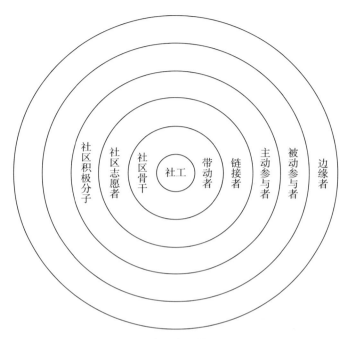

图 4 - 2 社区关系的空间分布

心的第一个圈层是带动者,即社区骨干或社区能人,他们是社区中较有号召力、影响力和领导力的人,同时能积极投入社区公共事务中来,他们往往能够带动一批人围绕在他们周围,形成一个小群体,这也是社区自组织的雏形。他们在社区工作中起到非常重要的作用,是社会工作者最强有力的臂助。罗家德等人认为社区能人在建立自组织、促进居民参与方面起到非常重要的作用,能有效地影响社区内其他成员的态度和行为。①

位于第二个圈层的是链接者,也就是社区中比较积极的志愿者,他们积极参与社工组织的各项社区活动,并能主动帮助社工承担一部分事务,是社工忠实的支持者,同时也能起到一定的传播和带动作用,他们的积极性虽然很高,但相比社区骨干来说可能缺少相应的领导、组织和管理能力,也有可能是暂时没有得到发挥,在原有的社区情境下,不愿意"出头"成为主导者,但愿意在他人的带领下积极参与。

---

① 罗家德、孙瑜、谢朝霞、和珊珊:《自组织运作过程中的能人现象》,《中国社会科学》2013 年第 10 期。

前两个圈层可以算是社工与社区建立关系的"关键群体"，一个社区是否能被社工带动起来，就主要看"关键群体"的数量和质量。

第三个圈层是主动参与者，他们能够主动地参与社工组织的社区活动，积极配合，但可能由于时间、性格、家庭等因素，他们又达不到志愿者的参与次数，也不能像志愿者一样积极承担部分事务。这部分人在社区中可能占大多数，是社工需要动员的对象。

第四个圈层是被动参与者，这部分居民倾向对社会服务人士抱审慎的态度，不会主动参与社区活动和相应事务；或许因为奖品而被动参加几次活动，但也很难融入活动中去；或是因为极少有时间，而几乎不参与社区活动。这部分居民有可能通过社区活动的不断开展，社工与社区关系程度的不断推进，转化成为主动参与者乃至志愿者，但需要较长的时间建立信任。

四个圈层之外的则是边缘者、局外人，这部分人可能是社工很难接触到的人，或者是对社区完全不感兴趣的人。这其中可能有困难群体的存在，这小部分困难群体是社工在社区中开展个案的服务对象。但社工仍需要先与社区建立良好的关系，在环境的带动下，有其他社区居民做引荐，获得困难群体的信任，才有可能真正开展个案服务。

社区关系的分布图，可以清晰地展示社会工作者与不同类型的社区居民之间的关系，这里的分类是按照其可能与社工合作的层次来划分的，社工可以根据分布图反思与社区居民的关系状态和关系程度，每个圈层都可以标注出具体的数量，因此这个图不仅可以理清关系分布，也可以标明不同类型居民的数量分布。例如一位初入社区开展了 3 个月工作的社工拿到这个分布图，就可以梳理他当前与社区关系的状况，有几位社区骨干能够带领"自组织"独当一面？有多少能算得上是"铁粉"的社区志愿者？每次活动的社区积极参与者能有多少？哪些参与者有潜力成为志愿者呢？

可以看到，事实上每一个社工团队进入社区开展项目，与社区居民的关系状态和程度都可以用这个分布图来表示，区别就是每一个层级所拥有社区居民的人数。例如：带动者（社区骨干）是 1 个人还是 10 个人，其中的差异是显著的；当社工在一个普通社区，能够发展出超过 100 名社区志愿者作为"粉丝"，有超过 300 名社区积极分子作为社工的基本

"阵地",积极参加各类社区活动,那么其效果与只有一二十个志愿者的社区,完全是天壤之别,前者所在的社区就较容易开展"质变式"的大型活动,彻底将社区盘活,大幅提高社区居民的积极性、自主性和主动性,涌现大量的社区自组织,将社区转变成现代"熟人社会式"的高信任社区,同时社工也能更深入地为社区提供专业服务。

上述问题的关键就在于社工与社区关系的程度差异,其实也就是"关键群体"的发展程度。当前社区社会工作者所面临的最普遍的问题就在于:首先在时间层次上不知道自己与社区的关系处于什么阶段,也就不知道当前阶段的目标、关系特征和主要任务,为了尽快完成项目的指标,就容易出现急于求成的问题。其次在空间分布层面不清楚与何种类型的居民处于什么样的位置关系,就不清楚怎样聚拢人气,不清楚重点发展与哪些人的关系,做活动很难真正留住人、很难积累关系。当社工在时间和空间上都没有清晰地定位自己与社区的关系,加之陷入社区繁杂的行政事务,又为复杂的人际关系所疲累,自然难以在社区"深耕细作",施展出社会工作的专业服务水平。同时也较难达到基层政府购买社会工作服务的期待。

尽管基层政府的"政绩诉求",与社工的专业服务理念有所偏差,但此二者的达成路径是统一的,那就是"社工-社区"关系的程度,也就是"关键群体"的发展状况。基层政府的诉求在于社工能够快速做出"拿得出手"、可宣传的成绩,对此不同地域、不同部门的基层官员理解不同,但可以总结出大致的共同点,主要是社区活动要有特色、有亮点,最重要的是要有影响力。影响力最本质的要素是人,参与的人多了,也就有了影响力,而事实上只要参与的人足够多,通过一定形式的宣传也就有了特色,所以实质还是"人",尤其是"关键群体"。设想一个社工团队在社区扎根不深,只有几个志愿者,组织活动能有几十人到场,其中一半是活动"常客",另一半是被奖品吸引来的"路人"。这个时候,团队被要求组织一个至少300人参加的大型活动,还有可能是偏行政性的任务,趣味性不强,那这个社工团队有底气办好吗?是不是压力非常大?可如果这个团队与社区建立很好的关系,有一个100多人的志愿者群,300多人的积极分子群,还有多位社区骨干带领的自组织活跃其中,对他们来说,两三百人参加的所谓大型活动很难吗?对于开展专业服务的社会工作者来说，没有跟社区建立信任关系，没有真正融入社区，没有发展出足够的"关键群体"，也就很难开展专业服务。

所以大家都应该明白了，为什么社工在社区总是担心居民参与度不高？活动叫不来人？这取决于社工与社区的关系到了什么程度，积累了多少个志愿者"铁粉"，有多少个社区积极分子能响应，有多少社区自组织能够鼎力支持。做社区工作实际上就是"做人的工作"，最重要的是发展"关键群体"。

那么怎么才能快速与社区建立信任关系呢？最基本的一件事是要明确自身的定位，了解社区关系一共要经历几个阶段、自身目前处于哪个阶段，给自己设置一个清晰的社区关系进度条，且要能够判断自身处在进度条的哪个位置。为此，基于本土实践经验和我国社区的一般特征，首先要对社区专业关系的阶段做出清晰的界定、每个阶段有什么特点、阶段目标和任务是什么、在这个阶段应该怎么开展工作，才能实现专业关系的质变并跃迁到下个阶段，同时又有哪些具体指标可以判断自身当前所处的关系阶段。

三 "社工－社区"关系三阶段的操作指南

在进一步展开"社工－社区"关系三阶段的论述时，首先需要明确我国社区社会工作的主要目标。结合党和国家对社会治理和社区发展建设的要求，基层政府对社区工作的预期，社区居民对社区服务的需求，及社会工作自身的价值理念和本土实践，我国社区社会工作的系列目标可以具体描述为：与社区居民建立良好的信任关系，深入理解社区居民的需求，提高居民社区参与的积极性、主动性和自主性，发动社区骨干和志愿者，链接社会资源，开展满足居民需求的系列服务活动，同时又能较好地回应社区居委会和基层政府等多方的需求，妥善协调多方关系；改善社区关系，减少社会冲突，培养社区居民自助、互助及自决的精神和民主参与的意识及能力，加强社区凝聚力，实现社区居民的"自我管理、自我服务、自我教育"，以提高社区的社会服务水平，促成"共建共治共享"的社区治理格局，促进社会的稳定与发展。

基于社区工作总体目标和社区关系的时空变化规律，社区关系三阶段的特点、目标、任务、判断指标如下。

（一）社区关系初期阶段

特点：在这个阶段，社工与社区尚未建立良好的信任关系，社区居民对社工专业的认知度较低，对社工本人也不是很熟悉。社工初入社区，对社区的基本状况、资源分布、权力关系也没有充分的了解。因此社工需要尽快融入社区，提高自己在社区中的存在感，增进与社区居民的熟悉度。

目标：当前的状况下，社工的主要目标是增进与社区居民的信任关系，即充分了解社区基本情况和资源，发现社区需求，知己知彼；发展社区志愿者和积极分子，组建社群，逐渐建立关系。

重要任务：①了解社区资源、人际关系及非正式网络特点；②了解社区需求；③发展社区积极分子；④招募志愿者团队；⑤与已有的社区骨干和自组织建立关系；⑥制定方向。

有效行动：①社区漫步；②社区探访、制造偶遇；③通过社区居委会连接部分社区志愿者和积极分子；④拜访社区骨干；⑤积极与基层政府、社区居委会主任沟通，汇报工作思路、询问需求，争取资源和支持；⑥组织小型活动，聚拢人气，建立独立的志愿者群及活动通知群。

预期障碍：①初入社区，不适应状况，不知该如何起步，心态上的受挫感，情绪起伏波动；②基层政府与社区居委会的沟通问题，不知道如何沟通，甚至逃避沟通；③社区行政性事务繁杂，居委会派活，做与不做、做多做少，不知如何处理，很难保持自身的独立性；④面临指标考核压力，为完成指标任务，做大量节日性活动和兴趣小组活动，占用大量时间精力，且过程中并未把重点放在发展社区积极分子和志愿者的目标上。对于社工来说，处于社区关系初期阶段，不应该将大量精力放在开展活动上，维持活动的基础指标量即可，而且活动只是手段，目的是通过活动吸引社区积极分子，发展志愿者团队，积攒在居民中的人气和"关键群体"的规模。

判断指标：

（1）社区志愿者人数。社区志愿者可以称作社工的"铁粉"，需要单独建立社区志愿者群。社区志愿者亦有评判标准，即达到了什么样的条件才能算作是社区志愿者，初期阶段社区志愿者数量基本在 30 人以下，积累到 30～50 人，才能算达到向下一阶段迈进的标准，具体人数因为社区规模不同而略有差异。

（2）社区积极分子人数。积极分子是社区活动的积极参加者，是社工的"普通粉丝"，社工需建立单独的活动通知群，不可与志愿者群混在一起。初期阶段社区积极分子数量积累到 100 人，才能算达标。

（3）社区认知度。如社工在社区中漫步，平均遇到 100 位居民，主动与社工打招呼的人数达到 30 人；若开展随机调查，社区居民对社工有了解的、知道本社区有社工进驻的居民比例能超过 30%。

以上三个指标至少达成两个，才能算达到初期向中期发生质变的条件。社区骨干和自组织数量在初期不列入评判指标，因为社区自组织需要通过一定的时间来发掘和培育，除非社区本来就存在活跃的自组织，不然仅靠社工在前期缺乏社区信任关系的状况下，短时间内很难培育出社区自组织。因此前期需要发掘社区骨干的种子，在中期阶段尝试以社区骨干为核心孵化自组织，到成熟期阶段，才能具备让社区自组织开花结果、充分活跃起来的条件。

（二）社区关系中期阶段

特点：在中期阶段，社工与社区初步建立了较好的信任关系，社区居民对社工有了一定的了解和认知。社工对社区的基本状况、周边环境、资源分布、人际关系都有了较详尽的了解，融入社区之中，也发展了相当数量的社区志愿者和社区活动的积极参与者，发掘出了几位社区骨干，正在着手培育和孵化社区自组织，并注重社区内部和外部的资源链接。与社区居委会能保持良好的沟通与合作，与基层政府官员有顺畅的汇报沟通机制，获得初步的肯定。与此同时，社工也可以更深入地挖掘社区需求，尝试开展一定的专业服务，开发更加有趣、具有创新性的社区活动。

目标：①继续推进社区更深层次专业关系的建立；②深入理解社区居民需求，以项目化特色社区活动更好地服务于居民；③培养社区居民自助、互助及自决的精神，发掘社区骨干，尝试培育社区自组织，提升社区居民的主动参与意识和能力。

重要任务：①继续扩大志愿者团队，建立志愿者管理机制和激励机制；②打造志愿者和社区积极参与者的线上社群，有计划、有步骤地开展社群运营；③发掘社区骨干，开展培训，鼓励和支持社区自组织；④打造社区特色项目和品牌活动；⑤链接社会资源，借助多方资源深化项目和服务。

有效行动：①社区漫步、社区走访等基础性工作仍然需要开展，继续提升熟悉度，同时挖掘需求，宣传自身服务和活动；②保持与居委会的合作，但要有自身的独立性，固定与基层政府官员汇报沟通的频次和形式，以获得其肯定、支持；③持续扩大志愿者团队和社区积极分子队伍，建立线上线下的沟通、管理机制，根据需求设定简单有效的激励方案；④对社区骨干进行培训，培养其主动意识和志愿精神，鼓励成立自组织；⑤寻找社区周边可以合作的资源，例如商户、企业、医院、学校等，着手建立资源库，计划可能的合作方案并执行；⑥着眼于打造社区特色的系列活动和品牌项目，充分调动社区居民参与，或深入发掘小而精的精品专业服务。

预期障碍：①容易出现社区志愿者和积极分子人数增长后的管理混乱问题，导致部分志愿者和积极分子流失，或"三分钟热度"后，积极性减退；②与居委会的关系处理，当社工有能力不依靠居委会独立做活动、开展服务时，也就意味着社工在社区中有了足够的影响力和话语权，能够摆脱以往"弱势"的局面，但居委会仍然可能"派活"给社工，或对社工的计划有较多"干涉"，此时，需要社工与居委会调整合作模式，保持独立性的同时，依然与之保持良好关系；③社区由于自身人口结构和客观环境等（例如流动人口密集的"租户"社区），社区居民的参与热情始终不高，社区关系很容易遇到"瓶颈"和"天花板"；④指标考核压力，大量的文字工作，大量的基础性活动、节日性活动，挤占专业工作时间，工作压力大。此时社工可以适当放权，将一些常规性的基础活动，例如义诊、歌舞兴趣小组等交给有能力的志愿者来组织，不需要亲力亲为，给予足够的鼓励、支持即可；⑤找不到有特色的品牌活动，或服务与活动较难深入，难以回应资方（基层政府）和社区的需求。

判断指标：

（1）社区志愿者人数。作为社工的"铁粉"，中期的志愿者团队人数在 50～100 人，且不仅要看人数，还要看是否有相应的管理机制。初期志愿者人数较少，社工管理比较容易，但到了中期，必须要有明确的管理制度，首先是准入机制，达到什么标准才能成为志愿者，设立门槛，提高认同感；其次要建立社群，线下和线上相结合，要有分工，必要时需要对志愿者进行分层管理，如设立不同的部门或小组，找到能负责某块事务和管理的志愿者做帮手；最后看是否有清晰的激励设计，物质激励、精神激励、求知激励等。

（2）社区积极分子人数。150～300人是中期阶段的大致范围，社工需要运营好一个专门的社区活动参加群，用来通知活动信息和展示活动成果。同时社工需要开展社群运营的相关工作，设立群成员普遍认可的群名群规。

（3）社区自组织数量。中期阶段的社区自组织数量一般不超过10个，有些自组织在社工进入社区之前就已经存在，较活跃的社区经常会由居民自发组织成立歌舞类、运动类的爱好者群体，社工需要与自发的自组织保持良好沟通，并提供相应支持，倡导志愿精神。同时社工也需要发掘尚在成长中的社区骨干和处于萌芽状态的社区自组织，给予充分的支持和培训。

（4）组织大型社区活动的影响力。中期阶段社工需要组织具有较大影响力的社区特色活动，影响力的判断标准首先是"人气"，其实就是活动参与的人数，及知晓的人数。中期阶段的特色活动实际参与人数在100～500人，活动的知晓人数不低于500人。此外，影响力还可以通过资方的认可度和新闻媒体报道的级别来参考。

（5）链接资源的规模。社工在中期阶段需要链接到一定的社会资源，资源可以包括：金钱、产品、服务、人力、知识等各方面，当然作为资源的载体，人是资源链接的核心。社工的资源库中应有不少于10个的各类资源承载者，这些资源承载者与社工已经建立信任，资源能够为社工所用。

3. 社区关系成熟期阶段

特点：社区关系进入成熟期阶段，将呈现这样一种状态：社工已经很好地融入社区之中，并建立了非常好的信任关系，社区大多数居民都已经了解了社工、认可社工，愿意找社工帮助自己，愿意向社工敞开心扉，"有问题找社工"基本成了社区居民的共识。社工对社区的环境也非常熟悉,对社区的文化历史、居民需求有较深的理解,有效链接了社区内部和外部的大量资源,此时的社工完全不需要为组织活动、开展服务缺少物质、人力等资源而束手无策。社区志愿者数量众多,且基本能够自我运转,自我管理的机制在不断完善,社区居民非常踊跃地参加各类社区活动和社区自组织,活跃的社区自组织丰富多彩,社区骨干的志愿精神、互助意识不断增强。社工在社区的工作开展较为顺利,能够较容易地完成购买项目计划的指标,可以有足够的时间精力开展深入的服务,充分挖掘居民深层需求,能够开展向周边辐射的系列特色活动和品牌服务项目,同时充分关注到社区弱势群体,为困难居民开展全方位的深入的专业服务,运用多种专业方法,提升服务对象的自助能力,激发自我潜能,恢复社会功能。社工与居委会有深入的沟通与合作,同时自身能够保持独立性,并尝试通过社工理念与精神,影响社区其他的工作者;社工能够得到基层政府充分的认可和赞赏,能够成为基层社区治理的典型。在此阶段,社工可以充分发挥专业优势,也能够让基层政府官员、其他社区工作的相关人士、社区居民充分体会并认可社会工作服务的专业性。

目标:①建立完善的社区志愿者运行机制,志愿者可自主管理、自主服务,促进居民自治;②大量培育社区骨干,充分支持社区自组织的建立,形成自组织孵化平台和机制;③开展深入的专业服务,关注特殊、困难群体;④筹办社区系列的特色活动、精品项目,形成具有辐射影响力的品牌;⑤孕育社区文化。

重要任务:①社区志愿者的社群运营常规化,建立"时间银行"等成熟的管理运行机制,鼓励更积极、具备管理能力的志愿者更多地承担志愿者管理工作,逐渐放权;②将有潜力的积极志愿者培训成社区骨干,鼓励支持其成立社区自组织,树立社区自组织的典型;③建立完备的社会资源库,建立完善的合作方式,尤其是与企业的合作,建立成熟的合作流程和规范;④针对特殊、困难群体,开展社区共融的专业服务;⑤组织具有较大影响力的、辐射周边的大型社区互动活动。

有效行动:①设计、执行社区志愿者和社区积极分子的社群运营方案,推行"时间银行"方法,设计准入和奖励的门槛机制;②对有管理能力、积极性高的志愿者进行赋能,赋予其部分社区服务工作的细分任务；③在社区项目点建立完备的资源库，同时在机构层次也建立更高层级的资源库；④不断开展专业反思，坚持写每周的专业反思记录，提升专业能力、问题觉察力和思维能力；⑤探访社区困难群体，与之建立关系，发现问题和需求，制定服务方案。

预期障碍：①社区利益关系的协调。社区居民变得活跃，社区资源流动更快，其中会涉及更多的利益关系、人情关系，社区骨干、社区自组织之间，也会因为争夺资源（如社区场地）等产生矛盾冲突，这都将考验社工化解矛盾的沟通和处事能力。②可能存在社区自组织被少数个人利用的情况，能否形成社区居民间互动、合作的共识和一般规则，形成"人人为我，我为人人"的社区文化，也是一个考验。③开展社区居民自治，形成社区居民议事制度，需要相当长时间的努力，需要先形成社区倡导理性沟通的文化氛围，提高居民的文化素养。

判断指标：

（1）社区志愿者人数。志愿者团队数量应至少超过 100 人，线上线下的社群运营和管理制度非常完善，志愿者对社工及社群组织的认同度较高，稳定性较好。志愿者能够进行有效的自我管理和自我激励。此外，还应该关注志愿者中年轻群体的比例，如果社区的志愿者团队大多是五六十岁的阿姨，那么在开展服务、组织活动时，会因为志愿者的同质化而发生偏移，服务的对象也会侧重老年人群体，做的活动可能都是中老年人群中五六十岁这个年龄段的人所喜欢的，其他年龄群体则有可能受到忽视。事实上，年轻人是最具活力和创造力的群体，当越来越多的年轻人愿意成为社区志愿者时，社区才能真正活跃起来。

（2）社区积极分子人数。社区有多个活动通知群，积极参加者的数量超过 500 人，有专门的志愿者负责运营社区积极分子社群，有成熟的社群规则和运行机制。同样要看年轻人所占的比重。

（3）社区自组织数量。成熟期阶段社区自组织数量在 15 个以上。通常情况下，非常活跃的社区，自组织如雨后春笋般涌现，数量已经完全不是问题，曾经有过在一个 10000 户左右的大社区，拥有超过 2000 个社区自组织的案例。此时评价的标准包括自组织的人数，超过 50 人的中型自组织和超过 150 人的大型自组织都要有一定的比例；还包括自组织的活跃度，多长时间组织一次线下活动，线上的社群沟通频次是多少；此外还有自组织的管理机制,是否健全,分工是否合理,凝聚力是否足够等。也就是说,自组织的质量是这个阶段需要重点关注的。此外,同样要关注主要成员为年轻人的社区自组织的数量。

(4)是否能清晰地体现社会工作的专业性。宏观层次上,组织社区的大型特色活动,能否在活动的目标、设计、与其他活动的关联性、活动后续跟进等方面体现社会工作的专业性优势。在微观层次上,社会工作专业有很多细致深入的"微技巧",体现在沟通、理解、情绪觉察、挖掘问题等各个方面,能否在每一次服务中灵活运用,给社区居民带来潜移默化的影响。在文化价值层次上,能否在社区服务时,时刻保持、坚守社工的专业价值理念,例如尊重、包容、接纳、自决、个别化、优势视角等,并能将社工的专业价值理念传递给志愿者、社区积极分子和所有社区居民。

(5)社工离开社区一个月的时间,只保持线上沟通,社区各项活动能否正常运转。最后一个判断标准考验的是社工的综合管理能力和社区服务运营的持续性。社区工作最终的目标都包含社区居民自治,即自我管理、自我服务、自我教育、自我成长。社区发展到最理想的状态,是社工们"宝刀入库、放马南山",当然这在当前是不现实的,社工作为专业服务的提供者,需要为社区居民提供专业的支持,但社区的总体发展方向是"居民向前,社工向后"的态势,社工最后需要保留的是"支持者"和"使能者"这两个角色,其他角色都可以逐渐交付给志愿者和社区居民。

(四)关系"质变期"的跨越

"社工－社区"关系的变化不完全是线性的,而是到达了某个临界点后,发生了跃迁性的质变,如图4-3中的B点到C点、D点到E点,可被称为质变期。可以类比人与人之间的交往关系变化,通常我们与不太熟悉的人,一开始只是点头之交,之后在某个时间点,跟这个人有了一次非常近距离的接触或共事,工作中一次愉快的合作,痛快地喝了一顿酒等,都可能获得对彼此更深一层的了解,打开心扉,使两个人的关系发生质的变化,提升到一个更高的水平,成为好友。好友阶段会维持相当长的时间,一般情况下,可能一生都只会处在这个阶段。如果已经在好友阶段有了足够的信任基础，这时又发生了足以改变关系的事件，例如其中一方遭遇较大挫折而另一方伸出援手，或进行了一次深度的合作，有一次推心置腹的交谈等，那么两个人的关系可能就会再一次发生质变，成为彼此的密友或知己。这是人际关系交往所呈现的规律，处于低阶段的关系要想进入下一个阶段，需要经历一个关系质变的过程，这个质变可能比较短暂，可能就是发生了一个改变关系的事件。有时我们可能已经进入关系的质变期，但自己并未觉察到，当质变期结束，关系有了实质进展后，可能才会发现。社工与社区的关系实质上也是由人与人的关系构成的，也会有一个关系发生飞跃的质变期。

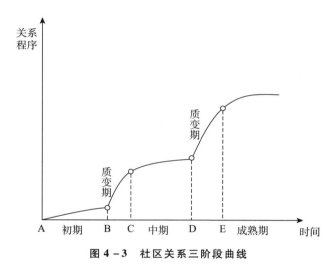

图 4 – 3　社区关系三阶段曲线

那么如何让社区关系的阶段发生跃迁呢？我们需要创造能够带来关系跃迁的典型事件，也就是"质变性"活动或自组织。社区关系从初期到中期的跨越，社区"质变性"活动会起到比较大的作用，社工经过一段时间的关系积累，已经发展了一个一两百人的活跃积极分子群和至少二三十名志愿者，那么可以联合社区居委会，链接周边资源（商户、企业、协会等），组织一个较为大型的、总参与人数 200～300 人的社区活动。注意这个社区活动最好具有比较强的参与性和互动性，而社区歌舞晚会这类活动多数居民只能作为观众，参与感不强，居民彼此之间的互动也很少，所以并不适合。社区市集类的活动是笔者观察到比较合适的质变性活动。例如在浙江嘉兴，有一个社工团队组织了一场近千人参加的大型社区欢乐市集活动，使本来商品房小区陌生人的氛围一下子发生了翻天覆地的变化。居民通过参与丰富的市集活动，彼此之间交流互动，碰撞出火花，建立起信任，社工在其中也发掘了数名具有潜力的社区骨干。在市集结束后，这个社区成立了几十个各种类型的居民自组织，居民的积极性、自主性和社区的活跃度大幅提高，可以清晰地观察到社区关系从初期跃迁到了中期阶段。

从关系的中期阶段到成熟期，只靠质变性活动是不够的，此时的关键因素是社区自组织，需要靠充满活力的大型社区自组织来带动。还是上述嘉兴的某个社区，在通过首次欢乐市集活动"引爆"后，经过几个月的不断发展，市集活动定期举办，社区越来越活跃，居民不断走出来参与社区活动，半年后这个不到万户的社区，竟然成立了2000多个居民自组织，跑步、羽毛球、烘焙、音乐、旅行、清谈等应有尽有。借助社区自组织的带动，社区关系发展到了成熟期，此时的社区已经基本实现了居民的"自我管理、自我服务、自我教育"，完全变成了现代化的"熟人社区"，居民之间彼此信任，亲如家人，对社区事务的积极性、自主性极高，就像其中一位居民所说的，"住在这样的社区里是一种享受"。值得一提的是，社区发生"巨变"后，此社区的房价竟比周边同等地段高出 20% ~ 30%，这确实是一个社区治理发展中的"奇迹"。

因此，社区发展是有阶段的，社工与社区的关系也存在不同的阶段，通过质变性的活动或自组织发展，促使社工与社区的关系阶段升级，事实上社区的活跃度、居民的自主性以及居民之间的信任关系，也将会有一个质的突破，这是相辅相成的过程。本书站在社工的角度，以"社工－社区"关系作为阶段划分。关于"质变期"，社工无须对其理解得过于刻板，它可能是质变性活动发生的短暂几天，也可能是大型自组织影响力爆发的一段时间，有可能是非常明显的，也可能是润物细无声的过程。但关系的变化，需要经过一个"质变"过程，社工需要敏锐地觉察这种"质变"发生的契机，在合适的时间点上创造"质变性"事件，推动社区关系的跃升和社区的跨越发展。

（五）社区关系阶段的节奏

社工可以通过判断自身与社区的关系程度明确当前自己的定位，进而明确当前社区工作的主要目标和任务，对自己的行动做出有效指引，"社工－社区"关系的三阶段划分本质上就要起到这个定位和指引的作用。前文描述了三个阶段的基本状态和判断指标，但并未说明每个阶段需要多长时间，尤其是处在初期和中期阶段时，需要多长时间才能过渡到下一阶段。事实上，只要社工愿意付出诚心和耐心，长时间地扎根社区，基本可以顺利达到社区关系的中期阶段，但所花费的时间有很大差异，目标感强、技巧过关、沟通能力较强、肯付出时间的社工可以大大缩短停留在社区关系初期阶段的时间，较快速地达到中期阶段。

因此，社区关系三阶段是一个整体的架构，在具体执行时，需要把握相应的"节奏感"和速度，即什么时候该快，什么时候该慢，什么时候合适开展质变性的大型社区活动，什么时候最好沉下来多做社区探访，活跃的社区和不活跃的社区在建立关系的速度上、节奏上自然也有差异。如图4－4所示，有些社区可能3个月就能从初期阶段跨越到中期阶段，而有些社区可能需要2年时间来酝酿积累关系。

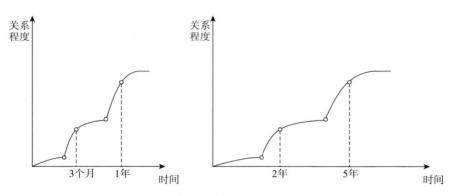

图4－4 关系三阶段的"节奏感"对比

我国经济社会发展不均衡，社会工作的发展水平也相差很大。我国的社区状况更是因所处地域、经济发展状况、社会建设情况、社区文化环境、社区居民整体素质、社区类型及人口结构而千差万别。社工需要了解社区的具体状况，因地制宜，掌握在本社区开展工作的"节奏感"，能判断自己与所服务的社区处于哪个关系阶段，处于关系阶段的什么状态，根据社区的具体情况有选择性、有策略性地明确目标，开展相应的服务。

根据我国社区发展的基本状况，在要把握的"节奏感"上，大致可以将社工开展社区工作区分出三种策略：加速策略、催化策略、耕耘策略，分别对应社区关系建立的快、中、慢三个档次。加速策略适合的状况是社区所在地区经济社会发展较快，社区居民文化素质较高，且社区已经较为活跃，有一定的自组织和志愿服务基础，或之前有过社会工作服务项目，对社工有一定程度的了解。在这种情况下，社工可以快速通过一系列专业方法，短时间内迅速招募到社区志愿者，发掘社区骨干，建立较好的社区关系，开展丰富的社区活动，积极链接资源，快速从初期阶段过渡到中期阶段，在条件成熟后，也能够较快进入成熟期阶段，但到成熟期阶段需要将专业服务做深做精，维持社区的活跃度。采用催化策略的社区，社区有积极分子，但没有人将他们系统地组织起来，社区居民大多持比较友善开放的态度，但缺少社区活动和服务。我国大多数社区处于这样的状态，可以以中等的速度，按部就班、不疾不徐，发展志愿者团队，建立良好的社区信任，开展渐趋丰富的社区活动，不断链接社会资源。不过，也有一些社区只能采用耕耘的策略，即默默耕耘，慢慢积累，这些社区由于某些原因缺少活力，例如有的社区居民居住分散、管理混乱，基础设施状况较差，缺少室内活动场地，或者可能是外来人口集中的社区，流动性太大，居民大多是租户，因而缺少社区认同，还有可能某些单位小区进行行政化管理，限制社工入内做相关活动和服务。如果遇到这样的社区，社工不能急躁，工作关键还是持续发展社区志愿者，积累"关键群体"的人数，慢慢地带动，找到突破口，逐渐推进社区关系，将社区"活化"起来。

四 如何识人？
——社区人群分类与领导风格

（一）社区居民的分类

社区居民形形色色，性格、经历、家庭、职业各不相同，却又一同构成了社区的主体，是社区工作的主要服务对象。社会工作者进入社区，最重要的是找到"关键群体"，也就是发展社区志愿者和社区积极分子。

那应该如何操作呢？社区居民数量众多，社工不可能认识每一个人，很多年轻社工刚从学校毕业，可能也不太清楚怎么跟居民打交道。这是因为社工对社区居民的类型不清楚，在开展工作时需要有意识地进行甄别，用合适的方式对待不同类型的居民，这样将极大地提升社区工作的效率，帮助社工更快速地打开局面。

实用参考 》》 **资深社工们如何认识居民类型**

社工小 S：我们社区里有几个阿姨，是专门画创意类国画的老师，能通过麦秆拼成一幅画，特别好看，我们也开过这样的课，他们给我的收费报价一节课就只有两百块钱，在外边上一节这样的国画课很贵的，要包括绘画的原材料成本的。有个老师已经快八十了，人家也不差你这点钱，可能得到的更多是一种精神层面的回馈。这种人，说实话很少，但是有，他可能更需要的是精神层面的东西，或者是为他人做奉献。我们经常会有一些年底表彰大会，发奖杯证书，而且一般请的是街道甚至区里的领导，对他们这样的居民进行表彰，他们很有荣誉感的。就是要找这样的人，主要是精神层次的需求。

社工大刘：我觉得社区里可能就这几类人：积极的行动者、消极的行动者，还有就是我就等着看的不采取行动的人。积极的行动者就是我们所谓的"火种"，这批人可能也是最少的，但是要做起来就是要靠这批人，他们就是相信社区可以改变，并且持积极的态度，而且愿意做事情。消极的行动者就是我可以给你做事情，可是我情绪不好，而且我负面的情绪特别大，很容易今天心情好了过来，明天心情不好直接就撂挑子了。而且这种负面情绪是很容易影响其他人的。还有一种就是你跟我没什么关系，你们已经做好了的话我就看看就行，类似"事不关己高高挂起"的感觉。

问：那有没有遇到特别难接触的、不配合的人？或者是更极端的情况，不仅不支持活动还拆台的？遇到了怎么处理呢？

社工小 G：有的。举个例子啊，我们这曾经有个阿姨是睦邻中心的馆长，后来她不想做了，想到我们这边做志愿者，态度可好了，一分钱都不给我也愿做的那种状态。但是之后我发现她特别能挑事，带头煽动情绪，发活动奖品的时候还带头抢，也让我认清了，她就是来拿福利的，这种人我们以后就不再主动找她了。做活动我们就不再找她当志愿者了，也不可能让她负责一些事情，但以后有活动还是会允许她来。我觉得她可能是那种消极的行动者，因为有时候志愿活动还是蛮积极的，需要帮忙还是真来，但就是有点情绪化，稍有不满就不乐意了。我们做活动不会阻止她来，但她只能做活动的参加者，志愿者（人选）是不会考虑她的。

通过对一线社工的调查我们发现，对居民的性格和处事风格加以辨别，是开展社区工作非常重要的基础，尤其在社区关系的初期阶段，建立关系时必定更倾向于选择容易接触、愿意为社区做出贡献、较有积极性的居民。那么社工进入社区后该如何快速做出判断呢？需要建立一个具有指导和参照作用的维度框架。本书参考心理学和管理学关于性格特质分类的理论，结合社区工作的实践，总结出三组维度。

第一组维度是"积极—消极"。"积极"意味着开放、主动，愿意相信、愿意参与，保持好奇心，愿意走出来与他人交流互动。这种类型的居民对待生活的态度是热情的，对社工的态度是较友好的，希望尝试社区的服务和活动。这类居民是社工重点关注的对象，也是社工建立积极分子社群的首选，经过一定时间的鼓励、培育，很有可能成为社区志愿者甚至社区骨干，他们是一个社区能够拥有活力的"灵魂"。而"消极"意味着审慎、逃避、不主动，或者容易有负面情绪，对于他人持有一种"谨慎""怀疑"的态度。"积极—消极"是一个变动的连续体，不存在完全积极和完全消极的人，更可能的一种状态是某个人更加积极，或相对消极，而且两种状态之间是可以发生改变的，社区中"消极"的那部分居民也可以在社工与"积极"居民的带动下发生变化。

第二组维度是"精神—物质"。这组维度用来衡量社区居民的参与动机，更多的是为了满足精神层次的需求，还是物质方面的需求。精神层次的需求范围很广，包括：希望为社会做奉献，有一颗热爱公益的心；获得个人的荣誉感，例如颁发优秀志愿者证书，在表彰大会上获得嘉奖，有社会地位或由职位较高的人来为其颁奖等；某种行为受到周围人的称赞和表扬，获得大家的认可；一群积极热情的人聚集到一起，获得加入一个高凝聚力群体的机会，渴望留在一个互相关爱如同家人一般的群体中；或者更简单，就是因为好玩、有趣，想出来参加活动，多认识一些人，等等。即使某位居民更偏向精神层次需求的满足，也要去甄别他更喜欢哪方面的精神满足，在发展成为志愿者的过程中可以有的放矢。

有些社区居民可能因为自身家庭生活困难、物质生活水平较低，或者也有可能在生活中形成一种"占便宜"的心理惯性，他们对于物质方面的渴求相对更高。这类居民在初期可以通过礼品发展为参加活动的积极分子，但不适合发展为志愿者。根据社会交换理论，以物质和金钱来满足一个人的需求，如果长时间维持同样的数量而不增长，那么吸引力就会大幅下降。这与以物质奖励来激励孩子学习是同样的道理，一开始孩子拿到 100 分的需求可能只是一个十几块钱的悠悠球，到后面可能上千元的遥控飞机模型才能让他产生足够的动力。物质激励还会改变居民参与活动的内部动机，居民会将注意力放在活动的礼品上，领了礼品就离开，而对活动的内容没有关注的兴趣，这也是很多社工在做社区活动时遇到的困扰。很多社工反映，有些居民来到活动现场，就只是拿一个礼品，不给就不乐意，拿了就走，活动也懒得参加，即使参加也很敷衍，最后社区活动就变成了社区"大型礼品派发现场"与"合影走秀"。如果居民习惯了到活动现场就只是领礼品的状态，一旦哪天因为经费紧张或其他情况，没有礼品了，居民的负面情绪就会被引爆。曾经有社工诉苦，说某天活动结束，一位居民来晚了，礼品都发完了，但这位居民很生气，大声指责社工，似乎全是社工的错，而她理所应当拿到礼品。所以，社区里的居民形形色色，社工一定要进行甄别，尤其是在初期，要更多地发展倾向"精神需求"的社区居民，发放礼品只是一个辅助手段，绝对不能成为主要的吸引方式。对于"物质需求"较多的居民，可以通过礼品来吸引他们参加活动，但坚决不能"惯着"，要引导他们的"精神需求"，尝试转变他们的需求层次。

第三组维度是"理性—感性"，该维度用来区分社区居民的处事方式。更偏"理性"的居民，在决定是否参加社区活动，或是否成为社区志愿者时，都会经过一番"理性"的思考，会比较清楚地知道自己做这些事能收获什么，要付出什么，自己能接受的边界在哪里，例如付出多少时间，他们在活动参与过程中，也会表现出一定的"理性"倾向。如果某件事的付出超出了他们的预计，那么他们可能会比较果断地拒绝，因此与这类居民沟通往往是比较容易的。这类居民在社区里相对较少，且往往受教育程度比较高，在年轻群体中的比例相对更高。如果能发现愿意为社区付出"理性"的居民，那么这将是比较"稀有"的社区人才，也是社区志愿者和社区骨干的重要人选，他们比较擅长理性思考，能够为社工提出有建设性的意见。偏"感性"的社区居民，更倾向于凭借情感来处事，待人接物的过程中，更遵从自己的主观感受，习惯于从情感出发、感情丰富，但也容易情绪化或感情用事。这一类型的居民，社工与之相处时，需要充分考虑到他们的情绪感受，用心觉察，通过细小的行为去打动他们，如果他们发自内心地认同社工，感受到社工的付出，认同社区开展的活动和服务，就能与他们建立比较好的关系，成为社工在社区中的"铁粉"。如果这类居民成为社区志愿者，社工要关注他们的情绪感受，营造一个非常有氛围的志愿者大家庭，这能够给偏"感性"的居民带来非常大的吸引力。

综合来看，"积极—消极"维度是居民本身所呈现的性格特质，"精神—物质"维度则是居民参与社区活动的动力和根源，"理性—感性"维度反映的就是居民思维方式和行为模式的差别，但这绝不是一刀切，这三个维度都是一个变动的连续体，需要社工在实践中觉察感受、分析判断，并"对症下药"，从而更快地找到社区积极分子和志愿者，获得社区居民的支持，使社区工作更加高效。除此以外，还有一个重要的因素需要注意，就是居民个人的"空闲时间"，经常有居民很积极、很想参与，但是时间太少，也正是时间的原因，社区的积极分子和志愿者更多集中于较年轻的退休老人群体，但其他人群，尤其是年轻人群体，虽然时间相对较少，只要让他们觉得社区参与和社区活动是有趣的、有意义的，就能让他们愿意拿出时间投入社区事业中。

（二）社区重要权力主体的领导风格

我国社会治理的特点是由政府主导，大部分情况下政府是社会工作社区服务项目的出资方。社会工作的发展需要适应基层政府治理的"管理主义"文化，同时，作为"专业性社会工作"也不能完全脱离"行政性社会工作"而单独存在，需要建立深入的合作关系。因此社区社会工作者必须学会如何与社区重要的权力主体——基层政府官员和社区居委会主任打交道，了解他们的思维模式和行为方式，理解他们各方面的诉求。而这些内容和相关的能力在社会工作教育中却鲜少涉及。如何向基层政府官员做工作汇报、主动与其交流并获取支持，如何与社区居委会主任建立平等的合作关系而不是成为其"干活的下属"，绝大多数初入社区的社工是不清楚的。由于社工普遍年龄偏小，缺少社会阅历和工作经验，他们在实际工作中往往不得其法，这也在一定程度上影响了社会工作专业优势的发挥。

基层政府官员是社区项目出资方的主要代表人，也是项目运行的主要监督者，社区居委会主任是社区治理的主要责任人，是行政性社会工作的代表，也是社会工作者需要合作的主要对象。事实上，他们在社区工作中大部分时候处于"领导者""引导者"的位置。因此我们借助社会心理学中的"领导风格"理论，来对他们的行为和需求进行剖析，希望社会工作者能够快速理解他们的处事风格，以较为合适的方法与之沟通，提升社会工作者的工作效率和服务成效。

领导风格是指领导者的行为模式。习惯化的领导方式是在长期的个人经历、领导实践中逐步形成的，并在领导实践中自觉或不自觉地起到作用，具有较强的个性化色彩，每一位领导者都有与工作环境、经历和个性相联系的领导风格。关于领导风格的理论非常丰富，在不同的应用场景下可以选择不同的解释维度，例如衡量企业中的领导风格较多使用关系行为和工作行为两个维度。在基层治理的场景下，我们选取更为适合的"控制—合作"这组维度来解释。

"控制"维度衡量的是对工作事件过程和结果的掌控程度。可以根据"控制"的程度分为两种类型："强控制型"与"弱控制型"。"强控制型"领导风格的人，更倾向于对事情进行充分的把控，从过程到结果事无巨细，甚至可能在一些不算重要的小事上都要插手指挥。如果一件事脱离了他的掌控或长时间处于不知情的状况，则会引发其对此件事的集中关注和"失控"带来的焦虑、愤怒情绪。"弱控制型"领导风格的人，则不会对事情有过多的干涉，第一种情况可能是只关注事情的结果，而对过程不那么重视，只要结果达到预期即可，这类领导会尝试放权，较重视在工作中看人与选人，会将事情交给他认为能够胜任的人去做，只需要最终的结果。第二种情况可能是不愿意"管事",或是出于"明哲保身"不愿意承担太多责任,或是性格较"佛系",不愿意出头,能否在工作岗位上做出成绩对他来说不是那么重要。

"合作"维度衡量的是一个人的合作意识与对合作规则的态度。亦可以分成两种类型:"合作型"与"索取型"。属于"合作型"领导风格的人,更喜欢与他人建立一种互相合作、互利互惠的关系,有很强的合作意识,会在工作中优先思考完成一件工作任务需要与谁合作,或与谁合作能获得什么样的收益,以及如何通过合作把事情做好。偏向"索取型"领导风格的人,只倾向与地位相近的人产生合作,对于下属往往会提出过多的要求,而很难针对其付出给予应有的报酬,或仅仅是口头的承诺而较少兑现,并认为身为上位者的索取是理所应当的,因此他们也会理所应当地对其下属或地位较低者做出不公平的索取。

需要注意的是, "控制"与"合作"不是机械地以有无、高低做"一刀切"似的划分,这两个维度是一个可变化的连续体,存在程度上的差异。而且领导风格并不是一成不变的,对于某些人来说,对不同的人可能采取截然不同的领导风格与相处方式。以这两个维度进行的分类,期望能够帮助社会工作者们更好地理解资方与合作方的关键人物,采取合适的方式沟通相处。这类维度的划分仅仅作为一个参考,不能以"贴标签"的方式去理解。

那么在社区工作中,面对不同领导风格的基层政府官员和居委会主任,社工该如何沟通与相处呢?

与"强控制型"领导风格的人相处,社工开始时最好按照其想要的方式来开展项目,一定要及时汇报沟通,开展活动时,事先将计划书送过去,而不是等活动结束后才汇报,他们非常不喜欢"先斩后奏"的方式。他们一开始对社工大多持有一种不完全信任的"考察"态度。强势的合作者会干涉社工的专业性和独立性,社工需要学会圆融地与之相处,否则会增加他们的不信任感,社工很难获得支持。与这类领导风格的人相处,社工需要先学会"聪明"的示弱,一方面保持谦虚的状态,及时请教、沟通汇报,以建立信任关系,另一方面在这个基础上社工需要巧妙地将自身的专业优势发挥出来,建立自己的志愿者团队和积极分子社群,在成功地完成几次服务和活动后,展示出自身的能力和号召力,才能获得更多的话语权，此时社工可以更自主地开展活动，但在态度上仍然要勤汇报、多请教。许多年轻社工遇到的问题是不知道该怎么去汇报、沟通，或者觉得这种氛围很压抑，因而逃避，这样的方式是不可取的。沟通汇报工作，很多时候是一种态度的体现，活动方案或活动报道都可以是汇报的内容。只要社工保持谦逊的心态，真诚地与之沟通，可向他们虚心请教基层工作的具体经验，就事论事即可，沟通的重点是建立信任关系，获得认可。对于偏"弱控制型"领导风格的人，社工相对较为独立，但也不可忽视汇报工作的重要性，保持尊重的态度，在沟通的内容上可以精简，沟通频次可调低，注意更多地汇报服务和活动的结果。

"合作型"领导风格的人倾向于互相合作、互利互惠，与之相处，对社工来说相对比较容易，但社工需要把握其明确的需求，展现自身所能带来的价值。社工可积极与其沟通，提前根据对方的需求设计好相应的服务方案，讲明此方案能达成的效果，获得其认可后，社工可以积极地要求获取相应的资源支持。"索取型"领导风格的人往往会认为自己的地位高于社工，在科层制的背景下，倾向于把社工当成自己实际的"下属"，要求社工承担过多的行政事务。社工面对"索取型"领导风格的人，初期可适当满足其要求，但要表示出自己的态度，即让其了解社工有自己的项目计划和服务工作要开展，帮忙是情分，不是理所应当的，同时帮忙之后主动要求对方在其他事情上给予一定的支持和帮助作为交换。同时需要注意，社工初入社区，最重要的是发展属于自己的志愿者和积极分子社群，做好"人"的工作、扩展"关键群体"。这是社工的专业优势所在，也是社工的"底气"，底气足了才能保持独立性。此外，如果实在难以处理对方过于繁重的行政事务，可以向机构反映，以影响任务书指标达成为由请机构出面协调。此时社工须主动采取行动予以破局。

注意"控制"与"合作"这两个维度的不同类型是可以互相交叉的，一个人可能兼具"强控制型"和"合作型"的特征。对于社工来说，最难打交道，最难应付的是"强控制型"和"索取型"二者兼具的合作者。在工作中，这类人要求较多，事无巨细，而且经常会把社工当成下属，试图指派社工为自己做事。尤其是其中也有些人并不懂社工，却喜欢"强制"社工按照自己的理解去开展社区服务和活动。与这类"领导风格"的人相处对年轻社工来说确实是一大挑战。社工在初期一方面可以适当地满足其部分要求，另一方面要明确在当前阶段，最重要的事情是逐渐提升自身与社区的信任关系，迅速发展社区志愿者和积极分子社群，增强自己在社区中的影响力。

本书划分出不同类型的领导风格，客观地探讨不同领导风格的分类，为社工提供理解基层政府官员和居委会主任行为方式的分析框架。当然，这只是一个简单的思考工具，社工仍需在实践中不断探索，不断地总结经验和规律。

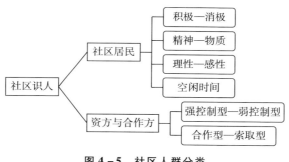

图4－5 社区人群分类

实用参考 》》 **资深社工们如何与基层领导和居委会主任沟通**

社工宋宋：其实还是要跟领导多沟通。既然做为领导，他总会有自己的想法和想做的事情。可以多跟领导聊，知道他的想法，这样更容易开展工作。我们机构有些社工很害怕见领导，跟老鼠见了猫似的，其实不用害怕的，不要怕跟他们沟通。跟领导沟通多了，你自然知道他们需要的是什么，你可以设计什么。如果说他要求我们社工这段时间只去做探访活动，可以啊，我们就去做探访，但在探访的过程中，你可以融入社工的一些理念，你不要抱着排斥的心理，认为这就是走形式，其实你是可以有自主性的，做探访的时候你可以决定谈什么话，对吧？如果你是入驻社区的社工，后面是不是还可以再多上门几次，一来二去是不是就跟居民熟悉了？有一些形式性的东西，政府、工作站他们是需要的，那我们就帮他做了，但具体做的时候可以加入我们社工的东西，或者是理念，或者是服务。我觉得不需要完全排斥行政性的事务，我觉得社工就是跟人打交道。

社工老杨：有一个比较实在的问题，我觉得社工必须要学会怎么跟政府的人打交道，但这对年轻社工来说是比较难把握的，而且我觉得社工的大学课程里面缺了一门课，缺了一门关于基层治理的课程，类似于政治学的，但又不完全是那种理论性的课。因为社工开展项目主要在社区，其实就是最基层，那你得知道基层的政府是怎么"玩"的，有什么样的规则和程序，基层政府官员有什么样的需求。我觉得这个还是蛮重要的，但现在社工到社区完全不懂这一块，需要我们这些"摸爬滚打"出来稍微有一点经验的人去带，但我们也是走了太多弯路才摸索出来的，一开始也不知道。举个最简单的例子，这是绝大多数社工都会遇到的，S市现在少一点，北方城市可能更严重，如果基层政府要求社工给他们干活，行政的事务，不是社工的工作，怎么处理呢？如果一直被动接受，政府的活可有好多，今天是这个主任给社工一个活，明天是那个副主任让社工跑个腿，时间久了社工就成打杂的了，有多少社工能处理得好？现在有一种势头，很多不懂社工知识但是能跟政府"玩的好"的人，也做机构，并且逐渐占了优势。很专业的社工机构，老板也是科班出身的，可能不太会跟政府打交道，生存空间就会被慢慢挤压。

社工美宁：我在督导几个中心主任，有时候她们会跟我说，督导，我真的不知道怎么跟街道那边打好关系。我说你先不用打好关系，需要保持住基础的关系，你该做的事，你一定要做到、要做好，比如说每个月的月报，你是不是应该要积极主动地去汇报，要提前准备好，慢慢先让他们觉得你做事靠谱，关系是逐渐建立的。其实你会发现有的中心主任就比较厉害，可以直接参与街道党委会议，那是政府的会议，每周都要去开会。如果能参与到这种层次的会议，在党委会讨论的时候，你就可以讲关于社区服务的建议和理念，有些是从我们社工比较独特的视角发掘出来的，会跟其他人说的不一样，这样就能慢慢地增强你的话语权。其实S市这边的政府领导都是非常实干的，其他的事情比较少，他仍是希望社工能做出成绩、能有一些亮点的。把亮点做出来，他们就会很高兴。

社工阿建：我觉得做社区最优先的应该是处理自己与专业的关系。社工专业的人会有一个天然的情怀，是西方社会工作说的本位，社工的第一感觉，就要去看这个东西符不符合我的专业价值和伦理。这么做符不符合我的专业性。但是不要忘了一件事，现在这个专业是在实践的场景里面的，所以首先想的是这个专业本身能够做什么，优势是什么？不可替代的部分是什么？我们得有一个非常清晰的认识，其实就是能做到哪些。这里面应该包括对自己的认识，虽然学了这个专业，但是自己擅长什么，能做什么，其实不一定的。然后还要看所在的机构能做什么、要做什么。所有这些都要有一个相对客观的判断。然后在跟政府沟通的时候，才能说我可以做到哪些，达到什么目标，哪些可能是我做不了的，跟居民沟通时也是要有这样的意识。你做社区服务，肯定不可能解决所有问题，包揽所有的事，这个界线需要明确，之后再经常性地跟政府、居委会去沟通。

社工芳姐：在社区的一线社工会遇到一个问题，就是要怎么处理跟居委会的关系。这可能跟如何处理与街道的关系还不一样。比如说居委会主任让社工给他写个新闻稿、发言稿，让社工帮他做一些社区的行政事务，甚至把社工当成他的下属，那应该怎么处理呢？好多做社区项目的社工都会碰到这样的问题。就算你是个儿童服务的项目，放到社区里来做了，用社区的场地，跟居委会在一起办公，那居委会主任就会说，那个小张你过来把新闻稿写一下；一会儿又说，明天我们社区要有街道领导来考察，需要准备材料，你帮我弄一下。你说社工干还是不干？怎么处理呢？

这个问题我觉得要分阶段，如果是前期与居委会建立关系的这个阶段，有一些项目以外的事情，你究竟该不该做？我觉得一般来讲，因为要建立关系，社工是可以去做一些的，但是你要做的时候呢，你要让他知道这是你在帮他，而不是你的分内工作，需要含蓄地表达出来，也就是说你做了要让他领情。

那你怎么做到让他领情呢？因为这个尺度一般人很难把握的了，尤其是刚毕业的学生，怎么把握这个尺度呢？我觉得首先社工自己判断跟这个社区的关系到什么状态了，然后才是这个事情本身。如果社工在社区有一定基础了，关系也比较融洽了，他让你帮他写的时候，你可以说好的，我刚好今天有点时间，或者还排的开的话，我可以帮忙给你写了。说的时候可以是稍微开点玩笑的语气，至少不能是生硬的，要边笑边说，需要点出来这是个帮忙的事。注意不要每次都答应，可以答应两次推掉一次，推的时候可以说，"不好意思啊主任，某某领导或机构给我的任务蛮多的"，或表示与项目有关，事情排不开，"回去还要加班，实在不好意思"。讲这个话的时候一定也要带着笑容，很自然地说出来。如果你是刚进入社区，跟社区关系不是很熟，那我觉得你一定要找主任聊聊，也算是汇报工作，你大概要做哪些事情，或者合适的话列一个清单给主任，清单上是你的目标和要做的事，上来就明确好。同时你也要表态，说这些事情是为了能让社区更好，也是政府和机构给我的任务，但在社区还要请主任多帮忙，都是为了服务社区，如果有需要协助的，肯定也会力所能及地帮忙。我觉得这是事前做一次清晰的沟通，或者澄清。如果还是经常让你干太多的杂活，而且你也很难跟她沟通清楚，也不要起矛盾，这个时候可以求助机构的项目主管或督导，让机构更高层次的人来沟通，调整一下关系。另外我觉得可以在项目一开始的时候，机构派专人去协助项目社工做沟通，先去把事情理一遍，每隔一段时间做个阶段性的沟通，这样也会好很多，项目社工不用压力太大，这是站在机构角度讲的。其实我觉得机构对社工都要有这方面的培训，就像企业入职前，也会有一个集中培训，需要告诉刚毕业的社工怎么来处理。因为做项目跟居委会把关系搞僵了肯定不行，但你也不能一味地退让，也会影响项目。

第五章 "社工-社区"关系
初期阶段实务

社会工作者刚进入一个陌生社区，通常会面临比较大的挑战。如前文所述，受传统文化影响，在差序格局和"人情社会"的环境中，居民以"关系化"的行为方式为主导，简单概括，即建立关系才有信任，关系陌生的话则本能地产生防备心理。因此，社工初入社区，做活动时居民就很可能不买账、参与度不高。在前期社工开展活动时，如何保证参与人数？如何保证不"冷场"？有些社区可能已经有了社区能人联络成立了社区自组织或社区兴趣爱好团体，社工怎么跟他们开展有效的沟通、建立关系、提供支持，使其为社工"所用"？社工在社区要面对的事情绝不仅仅是计划书上的项目活动和个案小组，更多的是社区繁杂琐碎的随机性的突发事件，以及不可控的"行政性事务"，这种工作状态和节奏可能是初入社区的年轻社工们所不习惯的，也是学校社会工作课程中几乎很少能接触到的，在没有经验和预案的情况下，社工很容易出现"价值感危机"，产生负面情绪。

在"社工-社区"关系的初期阶段，对社工来说是开展工作最困难的、最有挑战性的一个阶段。根据笔者的观察，当前我国绝大多数购买服务项目的社区，社工与社区的关系处于初期阶段。有很多社区，购买服务项目的时间超过3年，"社工-社区"关系仍然进展缓慢。其中的原因是多方面的，比如项目开展中频繁地换机构、频繁换人，社工离职率高，开展服务质量不高等。

那么，社工进入一个陌生社区，在初期阶段应该如何打开局面？

（1）首先在认知和心态层面，对自己所处的境况有充分的认识，明确当前自己与社区处于关系的初期阶段，明白初期阶段的特点、目标和任务，充分理解当前所遇到的各种问题和困难。在此基础上，保持一个良好稳健的心态，不要急躁，掌握好自己的节奏，调适自己可能产生的消极情绪。

（2）"知己知彼，百战不殆"。进入社区前事先做好充足的准备工作，提前收集社区的多方面信息，对社区的基本状况做一个全面的事前梳理。同时，也要盘点自己当前所拥有的资源、所具备的优势和能力，对同一个社区项目团队的其他同事做详细的了解，对同事们当前的状态、所具备的能力有较清晰的认识。进入社区后进一步全面地了解社区方方面面的状况和资源，注意梳理分析社区居民的需求、社区居委会的需求和资方（基层政府）的需求。

（3）抓住破局的关键点："人"。人是社区的最核心要素，社区工作，本质上即是做"人"的工作。只要有居民支持，前期工作就能顺利开展，只要有"人气"，前期开展的活动和服务就基本能达到标准，也能初步满足资方（基层政府）和社区居委会的预期，只要有居民愿意与社工接触，参与社区活动，从社工这里得到收获（如礼品、精神上的愉悦），那么口碑不断传播开来，社工就能接触到更多的居民，与更多的居民建立信任关系。因此，对于初入社区的社工来说，哪怕诸事冗杂、哪怕关系纷扰，"任他几路来，我只一路去"，最重要的事就是与社区更多的居民建立信任关系，通过服务、活动、物质与精神激励、沟通、人情、面子等多种方法聚拢到一批属于社工的志愿者和社区积极分子，即"关键群体"，更形象一点可以理解为发展社工在社区的"粉丝后援团"。只要社工在初期能够将人聚拢起来，将人气活跃起来，那么就已经成功了一半。

接下来本书将结合案例详细论述社区关系初期阶段社会工作者需要掌握的专业方法和具体技巧，将分成以下几个方面：如何快速全面地了解社区，如何把握社区居民、社区居委会和基层政府的需求，如何快速提升社工在社区的知晓度，如何从无到有招募社区志愿者团队，如何在开展社区活动时打开局面、如何处理社区多方利益关系等。

一 了解社区、把握需求、提高知晓度

初入社区,首先要做三件事:充分了解社区;充分挖掘社区居民的需求;提高居民对社会工作的知晓程度,让居民了解、熟悉社会工作者。这三件事基本上是同时进行的,所采取的行动,例如社区探访、社区漫步等,都能同时起到这三个方面的作用,但这三件事并不能混为一谈,可以同时做但不能只当成一件事,社工需要通过较好的设计达到"一石三鸟"。

(一) 了解社区

1. 为什么要了解社区?

了解社区是建立社区信任关系的开始,不了解何谈信任?

了解社区可以让前期工作更高效。"知己知彼,百战不殆",充分了解社区才能更有效地开展社区工作,不了解社区,便是"盲人摸象"。

了解社区可以更清晰地找到社区工作的重点,发现打开局面的突破口。

了解社区可以明确社区内部、周边的社会资源,为后续工作提供助力。

2. 了解社区的什么?

(1) 社区信息搜集

表 5-1 社区信息搜集情况一览

社区人口结构和比例	社区人口数量、住户数量,社的人口性别比例、年龄比例,尤其是老年人和儿童青少年的占比和数量;社区居民的收入结构、社区居民的职业结构、社区居民的家庭结构等
社区区划范围和地理环境	社区的面积大小,社区的建筑分布,社区居住环境,社区的地形地貌、水文状况,社区常年的气候情况、植被绿化,社区周围的接壤区域、社区风景名胜古迹等
社区经济发展状况	社区经济发展水平,社区的经济区位优势,社区中的经济组织,是否有大型企业、写字楼、商业广场,社区中的商户数量及大致分类
社区特殊群体状况	党员群体,社区中党员的数量和分布,流动党员的数量和状况,社区党组织的基本情况。此外,还有流动人口的数量等

困难群体状况	包括高龄失能、半失能老人，独居老人，各类残疾人群体，困境儿童，单亲家庭，社区矫正人士等
社区历史演变	社区的建立时间，社区的历史沿革，社区的突出贡献人物、社区发展进程中的重大节点，社区具有历史文化意义的建筑、人物、事件等
社区文化氛围	探寻社区的内在文化传统，关注社区的风俗习惯和宏观心态，社区的宗教信仰和少数民族、社区的通用语言、社区的传统民俗活动等
社区权力架构	社区居委会、物业公司、开发商、业主委员会、社区已有的自组织、兴趣团体、行业协会、外部入驻的 NGO、属于社区但单独管理的家属院、在社区有场地的单位等。理清其中的权力关系、人际关系、依赖/对抗关系

需要做出说明的是，上述给出的社区信息搜集框架，是一个较全面的参考，并不是说每一个社区，必须按照上述内容一条一条的全部搜集齐全，在具体操作时也需要有重点、有主次。例如有些社区位于老城街区，比较有历史文化氛围，辖区内保存有闻名的历史建筑，那么可以重点考察社区的历史文化，深入挖掘，成为社工开展社区工作的着力点之一，可以延伸出社区民族志、社区口述史等具有特色的项目；而大多数社区建立的时间并不长，或者虽然是老旧社区但并没有值得一提的历史文化积淀，那么这方面就不用过多关注。因此在搜集信息的时候注意抓住社区的突出特点和独特禀赋，有选择、有重点地搜集相关信息，同时在搜集社区信息时注意绘制社区资源地图，建立社区的社会资源库，为后续开展社区工作和项目做好链接资源的准备。

（2）绘制社区资源地图

可提供资源的组织/单位基本信息：组织性质（企业/事业单位/社会组织）、类型、规模、行业、业务范围、成立年限。

可提供资源的个体即"资源人"的基本信息：性别、年龄、工作、职位、家乡、家庭情况、爱好、喜好。

可提供的具体资源：金钱、产品、服务、人力、知识技能、特长才艺、人脉等。注意资源的数量、质量、频次、时间的具体信息。

需求分析（区分单位需求和个人需求）：能提供资源的单位和个人有哪些需求，有哪些需求是社工或社区可以提供的。需要用 CD 模型（后文详细介绍）做需求分析。

时间的方便性：资源提供的单位和个人存在时间上的便宜性，例如企业单位在年底往往比较忙，而在年中比较闲，国企在七一建党节前即六月份往往需要做党建主题的活动。需要把握其空闲时间和有需求的节点。

资源的重要程度评级：社工需要对资源的重要程度心中有数，评级方式可以自设，最简单的方式即"五星级"评价，同时要关注资源的发展潜力。

上述社区资源地图的绘制和社会资源库的建设不是一蹴而就的，需要从了解社区时即开始着手，在社区关系不断深化的同时，不断地扩大、更新、深化社工的社会资源库。

3. 哪些方法可以快速了解社区？

文献法：查阅街道社区相关的网络资料、统计年报、地方志等。

实地观察：将社区范围内的所有地点探查一遍，感受社区氛围，标注出社区的重点场所，及可能利用的社会资源。

参与式观察：到社区内的公园、广场、商店等居民日常聚集地，积极与居民进行非正式的交流，从而感受社区最真实的生活状态。

关键人物访谈：关键人物包括社区居委会主任、社区资深工作人员（如在社区多年的保洁人员等）、社区老住户、政府基层工作人员。

居民座谈会：召集部分社区居民讨论某个社区议题，较为正式；或以非正式聊天为主的茶话会形式，聊聊生活，社工可侧面收集信息。

问卷调查法：通过问卷发放和回收，对调查结果进行量化分析，来发现问题，提供数据支持。可以结合需求调查一起执行，可采用入户的形式。需要注意的是，在前期居民对社工不熟悉的情况下，社工进行问卷调查会存在一定的拒访率。

（二）把握居民需求

1. 传统的社区需求分析方法

社区的问题和需求是开展社区社会工作重要的导向，对社区居民需求的充分了解，为社会工作者开展社区服务和项目指明方向；满足社区居民的迫切需求，也是购买社区社会工作项目最直接的目的和意义所在，而居民的需求得不到满足，也是社会问题产生的根源。人有"七情六欲"，需求也多种多样，关于分析需求的理论最经典的是马斯洛需求层次理论，系统地将人的需求划分为生理、安全、归属与爱、尊重、自我实现这五个层次。相对来讲，马斯洛的需求理论是一个较宏观的、全面性的、普遍性的分析框架，社区是居民生活的具体场所，居民在社区中的需求则比较聚焦于社区内的服务供给，因此马斯洛的需求理论并不完全适用于社区居民需求的分析。伯列绍（J. Bradshaw）的社区需求类型理论更加适用于社区居民的需求分析。

伯列绍将社区需求分成四种类型，分别为：

（1）感受性需要（felt need）。是指大多数居民感觉到某些需要和期望不能得到满足并且能将之说出来的需要。这些需要可能是基于现实的考虑，有时也可能仅仅是主观的感觉。因此，在进行社区探访调查需求时，一方面要充分尊重居民的这种需要，另一方面要注意区分一些期望过高、不切实际的需要。

（2）表达性需要（expressed need）。这种需要是居民实际表现出来的、已经确定存在的需要，此时居民对这种需要有较强的意识和感受，已经有了语言上明确的表达。当然具体的语言可能是一种"抱怨"式的表述，例如上一次重阳节义务为老人"大扫除"的活动，因志愿者人数有限，有部分老人就没有享受到，就可能会在聊天时讲到抱怨的话语，这就需要社工及时与居民沟通，敏锐地觉察这一点。

（3）比较性需要（comparative need）。当某个社区使用某种服务，而与此类型相似的社区却没有此项服务时，后者便有因比较而产生的对于此项服务的需要，称为"比较性需要"。这种需求非常常见，例如隔壁社区的兴趣小组和自组织发展得比较好，经常搞歌舞、合唱、乐器等丰富多彩的活动，而本小区没有组织起来，那么居民可能就会对隔壁社区产生羡慕。

（4）标准性需要（normative need）。是专业人士或一些既有的规定，认为这项服务应该具有相应的质与量的标准，如果不符合规格时就会产生"标准上的需要"，例如社区公共活动空间，国家是有相关规定的，每个商品房小区需要根据规定拿出多少平方数的室内空间作为社区公共活动区域。在这方面居民可能不会那么敏锐地觉察。

伯列绍的社区需求分类可以用来分辨社区居民的需求类型，判断此需求的原因，以更好地做出应对。在具体应用时，这四种需求分类仍然过于宏观，需要结合居民日常生活的不同维度发现更细致的需求，可以将维度划分为：生活便利程度、文化娱乐生活、个人学习成长、社区扰民问题、社区环境问题、社区老人照顾、社区儿童服务、社区特殊困难群体等，可根据社区具体情况设定参照维度。列好维度后，可以将伯列绍的四种需求分类与各维度相结合形成一个社区需求综合分析表（示例）（见表5－2）。注意，此表只是一个分析社区需求的参考框架，不需要每一项都完全填满，重点是以此为参照，找到社区居民比较强烈的需求。

表 5－2　社区需求综合分析表（示例）

介入层面 维度/需求	感受性需求	表达性需求	比较性需求	标准性需求
生活便利程度	—	—	—	—
文化娱乐生活	—	—	—	—
个人学习成长	—	—	—	—
社区环境问题	—	—	—	—
社区扰民问题	—	—	—	—
社区老人照顾	—	—	—	—
社区儿童服务	—	—	—	—
社区特殊困难群体	—	—	—	—

2. 新的社区需求分析方法

在实际工作中，会发生这样的一个现象，当问及居民需求时，他们往往很难进行表述，或者会将个人在其他领域的需求和社区能满足的需求混为一谈，例如可能谈到自身经济困难、工作不顺等，这是社区工作很难满足的，还有一种情况是他们所在的社区生活幸福感相对较高，居民提不出更多的需求，觉得生活也还不错，没什么过多的需要。上述这些情况在实际的需求调查工作中经常遇到，即我们依据理论设计出来的需求评估，可能是普通社区居民无法回应的，也就是"不落地"。这与普通居民日常生活的思维方式和语境逻辑有关联，例如我们在日常生活中与朋友聊天，针对问题更直接表达的是哪些方面"难过""不爽""不开心"或"比较烦"等负面的感受及情绪，也可能是表达积极的情绪，因为什么事情如何"开心""高兴""爽"等正面的感受。很少有人会将这两种直接的感受和心理反应转化为更深层次的思考："我在哪方面有什么样的需求？""社区应该提供什么服务来满足我的哪种需要？"这是理论分析逻辑和现实逻辑的差异。

因此，在社区需求分析时，我们应该更"接地气"的以普通社区居民能够理解的方式去沟通、询问，而不是拿着理论上认为正确的方式。就拿需求调查来说，与居民沟通时，可以尝试换一种问法。不直接问"需求"，而问"痛点"，通俗的问法可以是问居民在社区生活中，遇到哪些感觉不好的事，哪些让自己"比较烦"或"不爽"的事是跟社区相关的或在社区里发生的，进而可以继续追问社区中存在哪些问题使其"不舒服"或"烦恼"。我们对社区居民的需求不能只从缺失和问题的角度去分析，也要关注正向的、积极的、提升性的需求，而这种需求则是社区普通居民更难以表达出来的。我们也可以同样转变询问的方法，可以问这样的问题："最近有哪些事让您心情愉快呢？""那么社区里发生什么事情是会让您感觉开心愉快的呢？""社区里开展什么活动会让您感觉到开心快乐并且有收获？"这些问题也是递进的，先问已经发生过的，再问可能发生的带有一定预期的事情，逐渐聚焦到社区和社区活动方面。从普通居民的第一反应即情绪体验中着手，不仅能有效的发现其不易展现的需求，同时也能很自然的"打开话匣子"，有利于达成一个良好的沟通体验和效果。

事实上，心理学和市场营销学早就已经觉察到普通民众在思考和表达需求方面的这种特点。心理学激励大师安东尼·罗宾曾提出一个简单的思考模型，即人最本能的驱动力有两种："逃避痛苦"和"追求快乐"。所以只需要找到居民在社区中有哪些使其感觉"痛苦"的事情或问题，发现哪些行动能够让居民变得更加"快乐"，通过这样的路径，可以更"接地气"地找到并挖掘居民的需求。也就是在市场营销学中提到的"痛点思维"和"嗨点思维"。"痛点"即痛苦的点，让人感觉到不满、抱怨、苦恼的状况、事情或待解决的问题。人在社区中生活时间长了，会习惯性地将痛点压下去，不去想它，以减轻负面情绪，这就需要社工抽丝剥茧一般帮助居民理清"痛点"问题，找到隐藏的真实需求。"嗨点"即"兴奋点"，能够让社区居民有更多快乐、兴奋的体验。可以发现，"痛点"更多的与社区服务问题相关，"嗨点"更多的与社区活动相关联，即决定社区活动的吸引力和参与度的关键因素是能否让居民"兴奋起来",而"嗨点"往往比"痛点"更加难以找寻。

此外,在实际的社区工作中,还会出现一个关于需求的问题,在很多时候,居民自己是意识不到自身有哪些需求的。苹果公司前总裁乔布斯有句名言:"人们压根不知道自己到底想要什么,直到你将产品放到他们眼前。"这句话听起来有些极端,而事实上却也符合实情。体现在社区服务与活动中,比如询问居民有哪些方面的需求,有人可能会说孩子放学早,没人接,或者哪怕学校负责接送也会因为家长没下班而孩子没地方可去,于是就有了"四点半课堂"的服务,这项服务在很多情况下也是因为"比较性需求"而产生的。但居民们较少会意识到这样一个问题,家里面堆积了很多孩子以前的衣服、鞋子、玩具、图书、画本等,随着孩子年龄的增长,实际上已经用不上了,有家长可能会觉得扔掉可惜,因为很多是新的,没怎么用过的,但放着又占地方,这个问题也不是很急迫,家长们很少会想到其他人是不是也遇到同样的问题,是不是社区中有其他居民家里孩子是可以用得上的,有没有在社区中交换或者出售的可能?当社工发现这个问题后,就可以在社区里开展"义卖""义集"的活动,组织居民将家里不用的尤其是小孩子的东西通过社区集市活动卖出去,居民之间可以通过活动互利互惠、互相交流,建立信任。那么这个活动最初的需求是如何发现的呢?社工很难通过直接询问需求问出来,普通居民一般不会考虑这样的事情,只能是社工通过不断的询问,逐渐挖掘出来,也就是所谓的挖掘需求。

3. 需求分析工具——"CD 模型"

社区的需求多种多样,社区工作者很难一一满足,同时居民自身的需求也不能只靠社工来实现,居民其实是可以主动参与社区公共事务的协商与管理过程,通过自己的努力更好地满足自身的需求,这也是社区社会工作最重要的长期目标之一。在初期阶段,社工需要做的是转变仅仅把自己作为社区服务供给者的思维定式,尝试把居民适当地调动起来,这也是"助人自助"理念在社区工作中的体现。因此,社工一方面要调查、掌握社区居民的需求,另一方面要思考哪些需求是合理的、能够得到较快满足,哪些需求是社工以当前的条件能够实现的,哪些需求是暂时满足不了的,哪些需求是需要将居民调动起来、共同努力的。社区社会工作的需求预估不是简单的罗列出居民需要什么，还要能够对社区需求做一个清晰的梳理，明确哪些需求更重要、更急迫，哪些需求以当前的状况可以被达成，居民自己可以做些什么，社工需要做什么，这是一个系统性思考过程。想要更好地梳理社区需求，整理自己的思路，可以使用一个需求分析的思考工具——"CD 模型"

"CD 模型"最初是主要应用于分析个人职业发展，前身是明尼苏达工作适应论（Person-Environment Fit Theory），国内职业生涯领域的学者古典将这套理论本土化以后，设计出职业生涯诊断的"CD 模型"，强调人与职业之间"需求"和"供给"的互动关系，即个体有自身能力（供给）和需求两方面，工作也有需求和能提供的物质等各方面回馈（供给），二者之间是两两匹配的互动关系。"CD 模型"的应用远不止分析个人职业生涯，本书将结合社区工作，介绍"CD 模型"如何应用于社区需求的分析，为社区社会工作者们提供一个非常实用的社区多元需求分析工具，能够清晰地梳理社区需求和服务提供之间的互动关系，辅助社区工作计划的制定与执行。

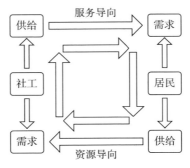

图 5 – 1　CD 模型

"CD 模型"中的左侧是社工，右侧是社区居民，左上方是社工当前能够提供的服务与资源，箭头指向的右上方则是居民的需求，在"CD 模型"的上半部分，表示社工提供何种服务与资源来满足居民的何种需求，"供给"和"需求"之间需要做一个匹配和平衡，需要进行细致的梳理。模型左下角表示社工的需求，社工进入社区开展服务，不是独自完成的，而是需要将社区居民组织起来共同开展社区服务与居民自我治理，社工也需要发展社区志愿者和积极分子为社区的工作和活动贡献力量，因此社工需要思考自身有什么需求，这个需求不是个人生活的需求而是为了更好地开展社区工作的需求，社工需要什么资源和支持。那么右下角居民的供给就是社区居民可以提供什么资源，他们可以为社区做些什么，把社区居民组织起来之后，他们可以做哪些事？在这里，居民所能提供的，例如主动参与、提供具体资源等，一方面能帮助社工开展社区服务和活动，另一方面也有利于满足居民自身的需求，这是一个相互联系、相互影响的过程。"CD 模型"是一个动态变化的"交互"模型，当居民更多地被组织起来，越来越多的人成为志愿者和积极分子，社工的工作需要被满足的程度提升，那么社工的"供给"也在增加，居民的需求也能得到更多的满足，因此这是一个互动的、连续的过程。需求不断列出来之后会使得社工的工作方向更加清晰，而想要让"CD 模型"正向转动起来，关键则是增加"供给"，尤其是在社工所能提供的服务与资源有限的情况下，增加居民的"供给"，尤其是招募社区志愿者，建立社区积极分子社群，将居民组织起来，是最有效的行动。

在应用"CD 模型"时，可以用下如下表格来整理、记录并分析。

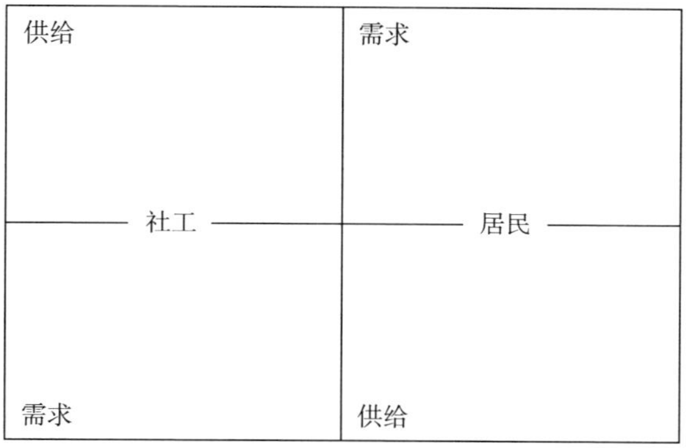

图 5－2 居民"供需"分析模型

此外，"CD 模型"不仅仅可以用来分析居民需求，也可以用来分析合作方（社区居委会）和资方（基层政府），有助于梳理清楚社工与他们之间的关系。在此时，想让"CD 模型"图的流程正向转动起来，需要先从满足他们的部分需求开始，建立关系，证明社工所具备的能力和价值，然后尽量从二者手里获得资源，支持社区工作和服务的开展，做出更多的成绩，从而让"CD 模型"进入正向循环的过程。

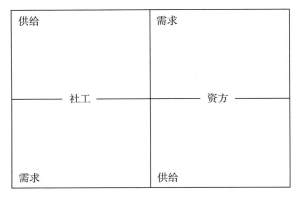

图 5 - 3　项目资方 "供需" 分析模型

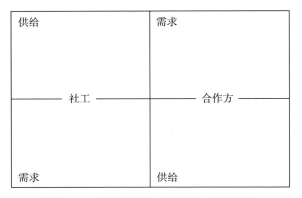

图 5 - 4　社区合作方 "供需" 分析模型

4. 社区探访

社区探访是了解社区居民需求的最常用方式。第一个问题，探访谁？如果是随机在社区中选人，那么有可能找到的居民不是那么愿意接受访问，又或者对社区了解得不多，对社区问题缺少关注等。因此为保证效率，前期的探访对象应该进行一个挑选，尽量找社区中居住时间长、比较积极、愿意配合，同时文化素质相对较高，对社区问题有较多思考的人，而这类人也经常是社区中的 "骨干"。社工一方面能更全面、更高效地了解社区状况和居民需求，另一方面也能与这类 "社区能人" 初步认识、建立关系，至少也 "混个脸熟"，为下一步的可能的合作打下基础。

第二个问题最关键，如何接触探访对象，顺利地开展探访。社工初到社区，人生地不熟，贸然上门，可能面临被拒绝的风险，即使对方愿意接受访问，因为关系不熟，也会忌讳"交浅言深"。因此最好的方式是能找到"领路人"。由"领路人"带领社会工作者走访居民、熟悉社区，将社会工作者介绍给其他居民，更容易让受访居民信任、接纳社会工作者，同时也能快速建立关系，进行较深入的交流。"领路人"可以是社区居委会主任或其他资深社区工作者，也可以是社区中较有人缘或威望的人，愿意为社工引荐，并且"领路人"与访谈对象的关系是比较熟悉的。这样才能快速、顺利地打开社区探访局面。当然，"领路人"的带领只是给社会工作者与服务对象建立有效关系提供便利，能否与服务对象建立有效的关系，仍要通过社会工作者与访谈对象的沟通交流。如果社工能够较好地与探访对象沟通，建立关系，也可以将其发展成为新的"领路人"。最后，如何开展探访。探访前社工需要先制定总体探访计划，包括探访人数、探访想要达成的目标、探访的时间周期等，并根据目标制定具体的访问提纲。

（三）提高知晓度，迅速拉近关系

社工初入社区时，与居民之间的关系存在两个方面的问题，首先是宏观上的职业认知，社会工作在我国发展时间较短，属于新生事物，社会大众对社会工作的认知度较低，社区中的绝大多数居民对社工这个职业并不清楚，不知道社工是做什么的。因此，相比大众熟知的医生、律师等，职业标签不能给社工带来优势。其次则是个人层面，新来的社工对社区居民来说是个生面孔，是"陌生人"，在中国"关系化"的社交模式下，陌生意味着"谨慎"，带有一定程度上的不信任，这种关系状态下，社工也就很难开展下一步的工作。社工要提高在社区中的知晓度应从这两方面入手，采用"社区漫步"和"制造偶遇"的方法。

1. "社区漫步"

首先是较正式的"社区漫步"，主动开展社区宣传。社会工作者应至少两人一组（人多不容易怯场），需要穿上工装（工装尤其重要）、带上胸卡、拿好名片和相关宣传资料，见到社区居民就主动上前打招呼，微笑热情，亮出职业身份，积极主动地向居民告知社工的身份背景，对社工和能提供的服务做一个简单介绍，观察有哪些服务能够引起居民的兴趣，在表达时要注意以下几点。

◆微笑、热情、真诚、积极的状态

◆做好居民不了解社会工作的心理准备，不被此类状况影响情绪

◆解释社工时要简单，用居民能理解的语言，去掉书面化的词句

◆可以适当提及与政府的关系，增加公信力，但不能使其认为等同于政府

◆注意表达居民感兴趣的细节，提升居民的关注度，例如开展的具体活动

◆当居民表示对活动感兴趣时，立刻发给居民宣传册

在具体表达时，可以参考下列的语言：

"阿姨好，我们是社工，是来咱们社区开展服务、做社区活动的。我们是政府/市民政局聘请过来的。"

——此处提及政府要注意，如果将政府部门说得更明确一些，比如市民政局、区政府等，把政府的级别也稍微抬高一些，更有利于让居民接受。

"我们近期会组织义诊、儿童'四点半课堂'、亲子乐园、儿童跆拳道小组、合唱团等活动。"

——此处一定要把具体活动名称讲出来，并且要根据居民的大致年龄，判断她可能存在的需求倾向，例如交流对象是老人，那么可以侧重讲老年人相关的活动；在聊天时也可以适时地询问居民简单的家庭情况，例如是否有孙子孙女在身边，如果有则详细讲儿童相关的活动，提供大致可能符合居民需求的活动介绍，引起居民的兴趣。

"我们的活动都是免费的，是政府出资的，每场活动都会有精美礼品。这是我们的宣传册，您看有没有您感兴趣的活动呢？我们的活动会在社区大门口的展板张贴具体信息，欢迎来参加呀。"

——注意向居民强调免费这个具有吸引力的字眼,"礼品"对居民也具有一定的吸引力,但也要根据社区具体情况,部分高档社区,居民经济条件非常好,可能就不太在乎免费和礼品。社工还要注意说清楚从哪里可以获知具体活动的内容、时间和地点,在社区的什么位置能够张贴此类信息,需要提前与社区居委会或物业进行沟通,告知居民,这是与居民进行信息传递的重要渠道。

大致讲完这段介绍的话之后,社工可看居民的反应,如果感觉对方还有一些兴趣,在时间上也不着急,那么可以继续进行简单的交流。社工可以根据沟通对象的年龄尝试问一些简单的问题,比如问老人多大岁数了,在这个社区住了多久,问中年人孩子多大了,上什么学了等。在了解一些情况后,可以更进一步的介绍相应的服务与活动。但注意控制时间,不做过多停留,除非遇到对社工及社区活动特别感兴趣的居民,可以多聊一些内容,接着以要完成宣传任务为由,抱歉的结束谈话,但在最后与居民留下联系方式,或加微信好友拉入社区活动群组。这种以时间有限不得已结束谈话从而更容易拿到对方联系方式的方法在心理学上被称为"假性时间限定法"。此外,如遇到社区同时多人聚集的状况,社工可分散沟通,注意不要忽视个别未参与的居民。

根据实际经验,社工需要注意,很多居民实际上很难分辨社工与社区居委会工作人员之间的差别,往往会画上等号,这个时候社工需要根据情况来应对。有时,可能让居民有这种小小的"误会",更容易建立关系,但大多数情况下,社工最好还是要讲清楚自己与居委会的区别,尽量让居民不要混为一谈,区分开后社工可以获得一个独立的第三方身份,有利于开展工作,也避免陷入社区原有的居民与居委会的矛盾纠纷中。有一个案例,一位年轻的社工小李刚进入一个社区,这个社区有个很"奇怪"的现象,社区的活动室常年被几个老人"占用",他们有自己的家,在社区里有房子也有老伴,但较少回家,甚至吃饭、睡觉都在活动室里,社区居委会主任多次沟通无果。社工来了之后在社区居委会主任的带领下去了一次活动室,仍然无效。从那之后这几位老人便认为小李也一定是社区居委会的人,自此对小李充满戒备,小李急于在社区活动室开展活动,多次耐心沟通却因为老人开始产生的敌意而始终无法建立信任，最后仍然无法解决问题。通过这个案例可以发现，那几位老人有家、有老伴，但不愿意回，明显是有比较深的缘由，社区居委会主任的沟通方式可能有不合适之处，与几位老人处于对立关系，老人认为主任就是要赶他们走。而这时社工尚不明确状况，就直接被贴上了社区居委会的标签，被先入为主，也很难打开局面了。因此，事先对社区有充分的了解非常重要，社区中的关系状况，居委会工作的开展情况，社区中矛盾利益纠纷的状况，社工都要了解，避免在进入社区建立关系时"踩坑"。

2. "制造偶遇"和"刷存在感"

社工不仅要向居民介绍正式的职业身份，还应使自己迅速融入社区之中，与社区居民变成"熟人"，建立一种"非正式"的熟悉感，遵循"熟人社会"的交际规律从而与服务对象建立关系，这也是社会工作本土化的尝试。那么如何提升与居民之间的熟悉感，建立初步的关系呢？

社工前期需要多花时间走入社区，可以采用"制造偶遇"式的非正式沟通方式，"刷存在感"。此时的社工可以脱掉"职业化"的"外衣"，采用一种生活化的方式，以一种突然遇到的状态，在社区的小路上、在小超市里、在社区小公园里、在电梯里等任意场景，遇到了社区的居民，不需要考虑是否认识，热情地与居民主动打招呼问候，以一种"自来熟"的外向开放的状态，与社区居民聊上几句家常，给居民一种感觉，似乎社工也是在社区中居住，是邻居，地缘上的接近很容易拉近距离，降低居民的防备心。这种"突如其来"的遇见并趁势聊天，需要以很自然的态度，同时带有一定的技巧。

第一种是根据情境"顺口"发问一些简单的问题。最简单的也是大家都熟悉的问候，如"吃了没"，但问这个问题太过于简单，一般得到的反应也都是潜意识随口回答，因此这个问法不做推荐。最好根据场景和居民当下的状态来简单发问。

◆看到居民往外走或下电梯时可以问："您出去啊？""遛弯去啊？"（早上或傍晚大概吃完饭，穿着较随意时）"您这是去哪啊？"（居民穿着整齐，拿着包像外出时）

◆看到居民进社区大概要回家时："您回来啦？""您这是从哪回

来啊？挺早的啊？""今天下班挺早/晚啊？""去哪买的菜/花啊？挺新鲜啊"（观察居民手里拿的东西，可以趁势发问）

第二种打招呼的方式是"赞美"，需要一定的技巧和训练，因为如果听起来很假的赞美，为了赞美而赞美的话，没有赞美到地方，那么可能起不到作用，甚至产生反作用，当然如果用好"赞美"的武器，可以非常迅速的拉近关系，事半功倍。赞美需要在很快的时间内找到合适的角度，并且最好是沟通对象确实发生的变化或希望被注意的地方，这需要社工具备一定的观察能力、审美能力以及快速反应能力。

　　◆外貌方面："咦，您今天真精神啊"（适合对老人讲）"您今年多大岁数了？"对方报一个。"真看不出来啊，您精神头真好，身体真好啊！"
　　◆衣饰穿着："您今天这身儿衣服真漂亮！""您这包真好看啊！从哪买的啊？"（尤其适合对女性进行夸赞）
　　◆某种行为：例如经常早起买菜的老人，可以说："早啊，我发现您真勤快啊！"对于经常运动的居民，可以说："又刚运动完呢？这习惯真好，难怪身材保持那么好呢。"
　　◆某种品质："阿姨，我发现您气质真好，特优雅，您家里是不是书香门第啊？"（这个要慎用，用对的话效果会非常好）
　　◆身边的物与人：例如带着宠物出门可夸赞宠物，带着孩子的可夸赞孩子可爱、漂亮、聪明等。

注意在赞美时，首先，一定是先发现沟通对象某些方面确实比一般情况（与他人比）或之前的状态（与自己比）要稍好，即具有真实性，需要社工有比较强的观察力，善于发现生活中的"美好"。其次，社工要发自内心地欣赏对方，以一种真诚的状态来讲出赞美的话。再次，要赞美到细节，发现衣服漂亮，可以再具体地说，衣服的哪方面漂亮，是某个细节设计，还是整体上显身材，还是颜色搭配。最后，可以进行适当的追问，例如鞋子漂亮，可以追问在哪里买的，老人精神矍铄，可以追问怎么养生的，有什么"养生秘笈"吗。

与居民见过几次面打过招呼后，可以借机询问社区生活方面的问题，放低姿态去请教。例如可以咨询社区的菜市场、水果超市、理发店、干洗店等地点的位置，或进一步询问居民对这些便民服务点的评价与比较，例如哪家的理发店比较好，门口哪几家饭店好吃，等等。从而进一步与居民谈论更多的生活问题，开启话题。当见过几次面，打过几次招呼，与某个居民变得熟悉了，就可以进一步询问更多、更深入、关于需求层面的问题，例如："您觉得咱们社区住的怎么样？""您觉得咱们社区存在哪些问题？""咱们社区有哪些地方让您感到不满意？""您觉得咱们社区环境哪里需要改善？""您觉得社区需要提供哪些服务？"这个时候也可以看出这位居民对于社区生活的体验和思考，社工还可以借机判断这位居民是否能成为社区志愿者或积极分子。但需要注意的是，社区居民对社工的熟悉感，要逐步转化为对社工职业身份的认同。

事实上，社工只要经常出入社区，肯花时间，乐于同居民主动聊天，再灵活善用一些沟通技巧，就能与社区居民逐渐熟悉起来，初步建立关系。

实用参考 》 **资深社工们怎么说**

社工大刘：做探访肯定不能盲目地去，我们先向社区居委会或者相关的部门收集到一些名单，之后我们先挑重点的对象去了解，怎么判断重点对象可能还是要跟居委会沟通，一开始他们肯定是比较了解的。（居委会）主任他觉得哪一些人群是他们重点关注的，他们比较想要社工关注哪些人群。我们一方面关注弱势群体，另一方面关注重点人群。我们通过探访，对他们有一些定期、不定期的跟进。其实对他们而言，过一段时间以后，他们会习惯我们的存在，他们习惯了我们存在的时候，其实我们大家就是邻居啊，身份发生变化了啊，再下一步开展就容易了。但是这个需要时间。

无论什么情况都一定要定期去走社区。我们督导常说要进社区，多走多看，要了解这个社区文化，感受这个社区的氛围，了解这个社区的一些基本情况，有些东西不亲身去看去触及是得不到的。跟社区老人家呀，多去跟他们聊天，不仅能在社区见到了聊几句，关系熟了之后要到号码打电话也能聊。其实老人是可以让社工很快进入社区的一个重点。聊天的时候可以请教社区的一些生活情况，比如哪里有菜市场啊、理发店啊、哪家的东西比较好吃啊等。我们开始要抱着一个学习的态度去打开话题。我在这个社区已经做了五六年了，我来的时候已经有基础了，现在打了几年基础之后，其实社区居民都接受和知道了。像前几天有一个老人在家里摔倒了，没有打电话给他的子女，而是给社工打电话，社工去把他扶起来，看他有没有什么问题，然后才给他子女打电话。如果有这种小故事发生，那就证明你在这个社区已经扎根了。

我们常用的一个方法是扫楼呀。印一些社工的宣传资料，到社区挨个楼栋去发。一个社工新进到这个社区，你肯定要给居民解释什么是社工，社工是什么性质的服务。我们这边很多外来务工人员，可能他们从老家过来的根本不知道什么是社工，所以我们经常需要跟他们解释，他们就问你是不是收费的啊，儿童青少年的活动会不会收费啊。我们会说我们是政府购买的服务，不会跟你们收费，需要拿着我们的宣传材料跟他们解释，我们跟商业机构是不一样的，我们所有的活动都是免费的。

前期我要宣传我们自己，要宣传我们的党群服务站，把服务站告诉大家，有这样一个地方可以免费用，告诉大家我们是做什么的。在前期活动参加的人不多的时候，每次活动开始和结束的时候，我都要把我们服务站介绍一遍，居民每次过来自己做活动的时候，我也要把我们社工、我们提供的服务宣传一遍，发给他们宣传材料，因为宣传材料放在那大家很少会主动看的。要告诉大家我们是给居民提供服务支持的，服务站不是搞活动才能进来的，是只要有需求都可以向我们提的，我们都可以帮你们链接资源的，我们服务站可能更像一个资源库，一定要跟居民反复的去讲、去宣传。

社工小耿：我们来社区的第一件事情就是抓住路边的人问，你知道龙祥服务站是干什么的？人家都说，不知道，说可能是党员开会的地方，要么就说是搞活动的地方，总之就是你不搞活动就不能进的，你不是党员你不能进来的，这是一个机关单位，大家都这么认为。甚至有人搞笑地回答说我们这是饭店，因为对面是饭店，他们牌子经常立到我们门前。反正就是没有人知道我们这是可以进的，是可以给他们提供服务与支持的。我们刚来的时候刚好赶上十九大，门口贴的全是领导人画像、政府相关新闻，今天又刚刚贴上三个，因为是街道要求贴的。贴上之后发现更是没有人敢进来了，感觉太红太专了，太像一个机关单位的感觉了。当我们发现这个问题的时候，就把领导人画像和官方的新闻放到房间里面了，把小黑板放出去，黑板上告诉大家，我们这里可以借场地，而且是公益方式借场地，外面借这样的场地一天要好几千呢，我这是免费的。然后告诉大家哪些场地是可以借的，包括会议室、阶梯室等。除了借场地我们这里还可以进来休息，有茶咖、热水、空调、无线网、沙发、电影、图书，而且都是公益的。

可能就是这块小牌子起到了作用，慢慢有人会试探性地进来问问你这是干什么的地方啊，我可以进来吗，我可以借场地吗，要钱吗，要怎么借场地。我们借场地很简单，只要你预约就行，我们会写在那个小黑板上，几月几日几点这个组织预约了，别人看到了他就明白他不能用这个时间段了，就可以选择其他时间段。刚开始三月份的时候一个月才做了七八个活动，里边五六场还是自己开展的，很少有人进来借我们的场地来进行活动，也没有零零散散的人愿意进来。到了四月份就不一样了，就有十几场活动了。后面几个月都是每个月连续举办二十多场活动，大部分是居民或园区企业自己组织的，平均每天都会有活动。这里边也有很多是两新党组织的活动，更多的是社区的，毕竟人气这东西你只依靠园区还是不行，园区的基数很小，还是要依靠人口量庞大的周边社区。我们先把园区的这些单位都跑熟了。拿着我的名片宣传册就去跑园区的单位，借着党建的名义去"推销"，大家基本都知道了你不是赢利的，可以提供服务的。然后第二步我们就开始跑社区。

怎么"推销"的呢？首先见到人，就要表明身份，你好，我是"龙祥"党建服务站的，接着就发名片，发给他们宣传册。我们刚一来这边就立马做了宣传册，服务站这个场地是非常厉害的工具、武器，那我得告诉人家你们办年会啊，组织生活啊，团建啊，需要场地都可以去我那，我那是公益的免费的，只要你预约就可以了。你们不搞活动也行啊，中午员工吃饭没地儿吃来我这也行啊，我这有热水有咖啡，都是公益的。你休息也可以，成群结队来做活动也可以。除此之外，我们也开了瑜伽、烘焙等全是公益的。因为能够切合他们的需求嘛，大家开始有一点点兴趣了。后来我觉得跑园区还是有一点点困难的，大家还是有些排斥这样的推销行为。然后，我就跟街道沟通，也就是跟我们签购买项目的甲方，街道的党建办，通过党建办要求园区内的所有单位都出一名负责人来这开会，然后我就讲"龙祥"党建服务站，能给大家提供什么服务。

这相当于做了个专场介绍会，借助行政机构的力量。当时来了几十号人，我就开始讲，把我们服务站推出去，从那之后大家就知道原来有这么好一地方，这样慢慢就有人来借场地，办活动，中午有人来休息，我们接着建立微信群。也建立各项管理制度。比如说我们组织活动有些人报名了但是不来，因为是免费的嘛，来不来也没有影响。但对我们来说，来十个人我给老师是这么多钱，你来五个人我依然是这些费用，就造成了资源的浪费，所以我们规定了来报名参加活动就要交二十块钱的占位费，如果你来了，我们就全额当场退款，不来的话就当作是下次活动的经费。我们利用这种形式确保资源的一个有效利用，让更多的人参与到我们的活动中来。很多人来这一次觉得不错，就不断过来，人气也慢慢增加。

后来我们同样去社区做宣传，通过活动吸引一些社区的居民，一开始我们到社区去做活动，找社区居委会合作，周边几个社区没人愿意跟我们玩的，因为我们说的专业关系没有建立起来，居委会也不信任你，他会觉得万一出了问题很难搞的，土话就是"我跟你不太熟，我不想跟你玩，我不想承担这个风险，你做好了还好，万一做不好怎么办"。后来我们也是通过街道协调，在其中一个社区开了一场活动，效果还不错，慢慢地，居委会也觉得我们还可以，比较靠谱，合作就越来越多，最后我就承包了我们街区所有社区居委会党建活动。

当社工初入社区，跟居民还不太熟悉、缺少信任度，跟社区居委会也没有建立良好合作关系的时候，开展社区活动是比较困难的。所以此时最重要的事情是跟社区居民尽量熟悉起来，把握社区居民的需求。有些社工刚进入社区就迫不及待地开展活动，可能效果并不好，问题就在于你设计的活动是他们需要的吗？学习书画、制作手工是很多居民喜欢做的事情吗？他们有这个需求吗？需求有多强呢？因此，社工在进入一个陌生社区时，第一，要多在社区里走访，跟居民建立关系；第二，要学会去调查和分析居民的需求，掌握真实的需求是开展后续服务和活动的基础。

二　发展社区志愿者和积极分子

社区工作最重要的是做"人"的工作，为社区中的"人"提供服务，最终的导向亦是社区中"人"的自我管理、自我服务、自我成长。因此，社工到社区不是"孤军奋战"，不能幻想以社工的专业方法开展多么专业、高端的服务，最根本的是要把社区中的"人"调动起来、活跃起来，创造出一种"共建、共治、共享"的幸福有序的"新社区"。

社工初入社区，最重要、最核心的任务，就是尝试与社区中的"人"建立关系，如前文所述，社区是一个场域，社区居民是一个大群体，个体要与群体建立关系，只能融入群体，先尝试与一小部分人熟悉，获得信任，然后逐渐扩展。具体到社区社会工作的实务过程，建立关系最直接、最有效的方法就是发展社区志愿者和积极分子，并在社工的引导下建立团队或群组，逐渐扩展开来，以此为社区关系建立的突破口。

根据社区关系分布图，社工需要将自身与社区居民的关系由外圈向内圈推进，不断增加前三层内圈即带动者、链接者和主动参与者的人数。这三类社区居民都有助于社工开展社区服务和活动，当然在程度上有差异。最容易寻找的是社区主动参与者，即社区"积极分子"，其次是社区志愿者，最难发展的是社区骨干。在社区关系初期阶段，社工的重点任务是建立社区积极分子社群，发现并招募社区志愿者，初步搭建志愿者团队，此时社区志愿者和积极分子的人数相对较少，到了社区关系的中期阶段，随着志愿者和积极分子人数的大量增加，社工就要规范志愿者团队和积极分子社群的管理，建立激励机制。本节接下来将依次介绍在初期阶段，如何招募社区积极分子和志愿者，并尝试发掘社区骨干的方法与技巧。

1. 社区积极分子

社区里的积极分子比较容易找到，每个社区中都有很多居民属于积极的参与者，他们性格较外向，为人热情，呈现一种开放的状态，喜欢参加各类活动，认识更多的人，这类居民很容易分辨出来。当然也有一部分居民虽然可能看起来并不是很外向，但也愿意走出来参加社区服务与活动。凡是具有主动性和积极性的社区居民，都可以在初期培养成为社区积极分子。那么社工在刚进入社区时怎么找到他们呢？社工可以向社区居委会主任及工作人员了解情况，居委会能够链接到一些较积极的社区居民，在做"社区漫步"和社区探访时，容易沟通且比较热情的居民，社工组织活动时积极前来参加活动的居民，都很有可能成为社区积极分子。社工需要记录较积极居民的联系方式，建立一个微信群，把他们拉入群组中，部分不用微信的老年人，尽可能留下联系电话。

如何扩大社区积极分子的社群规模呢？

实用参考 》 **资深社工们怎么说**

社工芳姐：当时社区里有人提关于宠物的问题，我们的一线社工就建了一个微信群，里面都是养宠居民。一开始只有三个人，有两个人还是社工，只有一个是养宠的居民，这个群是怎么扩大起来、让其他社区居民参与进来的呢？社工想了很多办法，比如举办了一个让养宠居民跟狗狗合照拍立得的那种活动。找社区里非常好看、非常萌的宠物，让人一看就喜欢的。在拍照的时候，我们设了一个二维码，需要扫码加群，之后再拍照，因为他的照片的电子版会发到群里，要下载必须要加群的。

社工自己前期走访工作做得好，每天宠物主人大概什么时间遛狗，都非常清楚。会趁着那个时间点去社区里做宣传，遇到带着宠物的居民就过去聊天，先夸狗狗漂亮，聊的气氛比较好的时候，就主动讲社区关于宠物的活动，让宠物主人加群，把欢迎别人参与的意愿表达出来，也可以让路上的其他居民跟宠物合照，一起拉进群里，这样就形成了一个关于宠物的社群。后面就开始举办社区宠物模特大赛，因为有群，前期有过拍照片的互动，所以相当一部分居民就愿意参加，社工同时在拍照的时候就做宣传。那么这个社区宠物模特大赛就举办得很成功，参与的居民都很开心，而且在最后也让大家一起做了一个文明养宠约定，大家也都愿意接受。通过这个活动，社工发掘出一大批社区积极分子，在里面招募了十多位铁杆志愿者，其中有一多半都是参加活动的宠物主人。

还有一个就是要注意一些生活的细节，比如活动本身的时间安排是不是合理，这个时间点很多人都去接孩子放学了，办个活动肯定没人来。

或者小朋友到期末考试的时间了，你来做个青少年活动也肯定很难找到人。还有就是你的活动本身是不是足够吸引人，你的主题是什么，有哪些细节上的设计非常有意思。有时候居民来参加活动了，但参加完了之后他的感觉不好，那下次可能也就不来了，但如果他觉得非常有收获，可能下次不仅更积极地来，还会介绍给其他人，这就是口碑效应。

所以说，虽然一开始社工在社区里找人比较难，但是如果我们做这件事情的方向是对的，理念是对的，再能用到一些合适的方法，有工作的主动性和意识，那么他一定能找到吸引居民过来的方法。关键在于社工的主观能动性，他有多么想做好这件事，还是来混日子的。同时也要发现确实有一些人不善于做这样的活动，需要给他一些例子来启发，可以把各种各样的案例、同类型的案例给他，让他找到觉得能够驾驭的方法，一步一步做出效果就好了。

社工老张：我们刚到 S 社区一两个月的时候，发现做美食活动大家是比较喜欢的，就在社区里主打美食类的活动，有做成品尝形式的，有做成比赛形式的，有时候是楼组的邻居在一起做，也有做成比较大的社区节活动。组织这样的活动，一开始可能需要社工或居委会出一些组织活动的费用，当大家熟悉了之后，都自己准备食材，像菜啊、肉啊这些都是居民自己准备的，社工只需要组织一下，活动费用其实不多。而且美食活动经常可以结合各种主题，比如说跟党的主题活动结合在一起，七月一日党的生日，党员们组织起来一起做菜，可以做一个大蛋糕，大蛋糕上有祝党生日快乐的主题字，这个场景，感觉就很好了，非常温馨，党建不只有严肃的一面，还要有活泼的一面，毛主席也说，严肃活泼嘛。还可以找比较厉害的厨师师傅，现场教居民一些菜品的做法。这个活动就很容易吸引居民参加，而且老人和年轻人都可以同时过来，大家一起做菜，一起交流，很容易建立感情，做好的菜品拍照要发到群里，来做菜的居民就要加群，群里一分享，没来的人也会很眼馋，毕竟最后是要品尝菜的嘛，所以其他人也就很想参加活动，加群的居民就会越来越多，就可以快速的拉近跟居民的关系，而且跟居民有非常好的交流互动，几次活动下来，全都熟悉了，一起做菜一起品尝美食，这信任感就建立起来了。以后再有其他活动居民也愿意参加。有句话不是这么说的吗，重要的不是去哪，而是跟谁一起去，居民参加活动也是这样的，有熟悉的人一起，感觉很开心，那么什么活动都是愿意来的。

当然做这个活动需要有场地，但也不一定太大，我见过最袖珍型的美食活动是在哪里？是一个楼组里的或者相邻的楼组，他们几个人烧好菜以后到其中一个人家里，再邀请几个楼组的人，一起品尝，把图片发到大群里。还有些就是烧完了菜以后会请一些高龄独居老人一起，这就又多了一个主题了，或者做一个"吃货妈妈"、小孩子的营养早餐之类的主题都可以。根据场地的大小，有不同的举办方法，而且能有很好的主题结合起来。通过这样的活动，很快就能聚集到很多社区积极分子，再从里面找到一些愿意成为社区志愿者的居民，就容易多了。

2. 社区志愿者

如果说社区积极分子是社工的"普通粉丝"，那么社区志愿者就是社工的"忠实铁粉"。成为社区"志愿者"需要满足一些条件，例如活动参与的次数和时长等。那么在最开始发掘社区志愿者时，需要找具备什么特征的居民呢？有两套标准可以供参考，一个是"硬指标"，即必须具备的条件，是基础项；一个是"软指标"，即加分项，是锦上添花的条件，可以作为参考。

硬指标：

（1）时间相对充裕，能够保证一定的时间用来参与社区活动和服务。有些年轻人虽然工作忙，但如果能够抽出来时间主动积极地参与，那么也完全可以接受。

（2）愿意参与社区活动和事务，具有较强的积极性和主动性。

（3）明事理，讲道理。这是属于行为方式上的一个判断，明事理的人比较容易沟通，过于强势、不讲道理的居民不建议社工在初期发展成为志愿者。当然这并不是意味着社工不关注这类人，如果他们是比较积极的，可以成为社区的积极分子，但尽量把控志愿者的标准，尤其在前期志愿者人数较少的情况下。

（4）人品佳，有责任心，对社区存有公心，成为志愿者的动机主要不是因为物质层次的需要。这是在道德品行上的一个判断。有责任心是成为志愿者非常重要的标准，如果一个志愿者想做就做，想走就走，没有心理和道德上的约束，那么社工很难把控其行为，会造成很多麻烦。

此外，志愿者应对社区有公心，不是全然考虑自己的利益。如果某居民成为志愿者的最大诉求是可以获得物质上的满足，那么根据心理学上的内部/外部动机理论，很难维持长久。志愿者有物质方面的需要很正常，但最好不应该是主要诉求。

软指标：

（1）具有较强烈的奉献社会、助人为乐精神。

（2）比较有想法，经常能够提出一些创新性的点子。

（3）具备一定的文字表达能力。

（4）具备一定的管理能力和沟通能力。

（5）具备某项才艺或专长，例如：音乐、绘画、PS 技术、摄影等。

（6）中青年群体为佳，年轻人各方面综合能力和创新性更强，更有活力。

那么初期如何对这样的志愿者群体进行管理维护工作需注意以下几点。

（1）建立单独的志愿者群组，与社区积极分子做区分，例如单独的微信群等；设置门槛和准入机制，提升志愿者的群体认同感和荣誉感。同时，也要有相应的退出机制，退出则需要退群，使其更加珍惜成为社区志愿者的机会，增加志愿者团队的凝聚力和社群黏性，形成良好的志愿者团队氛围。

（2）设置专门用来进行微信社群管理、运营的小助手微信号，可尝试由志愿者轮流管理，以社区小助手的名义开展社区宣传和社群管理工作，提高志愿者的主人翁精神，给志愿者锻炼和尝试的机会。社工可以对志愿者进行指导，可以在志愿者群里发动其他志愿者一起鼓励，在某位志愿者结束几天的小助手运营时，一起表示感谢。还有一个小技巧，现在我们手机上的群越来越多，很多人对群消息不太敏感，甚至可能直接屏蔽掉了，如果发现在群里发消息的时候群里回应很少，活跃度不高，那就可以换一种方式，重新注册一个微信号，专门用来做社群的运营，把社区的积极分子们全加成微信好友，有活动发布的时候，可以一对一群发的信息，回复率就会高很多。

（3）专门开展针对志愿者的服务和活动，即给志愿者提供活动"专场"。提供什么样的服务要与志愿者充分沟通，甚至可交由志愿者们决定。例如某社区的志愿者主要是退休的女性老年人，他们对于手机功能的使用并不熟练，可专门开设手机功能使用的课程，像微信小视频等，也可以挖掘他们的需求，例如手机拍照技术、美颜拍照软件及使用等，将会让"爱美"的阿姨们乐此不疲。同时也可以鼓励志愿者阿姨们"先会带动后会"，要求她们至少要教会社区其他的 2 位老人，这样就形成了滚雪球的效应，不仅巩固技能，也显示出当社区志愿者的荣誉感，起到非常好的宣传效果，让更多的人愿意成为社区志愿者。

　　如果社区有活动中心一类的场地需要有人值班，也可以招募志愿者过来坐班。有一个党群中心就是给志愿者安排了各种不同的岗位，有前台值班的，有做场地维护的，每个月会给志愿者们做一个评选，颁发荣誉证书，过来值班的志愿者都是退休的老人，他们非常高兴，本来退休在家比较清闲，在社区里面能够继续发光发热，让他们很有价值感。到年底的时候再设计一些大型的表彰，结合平时的一些福利性服务，这个中心的运转几乎全部让志愿者承担了，社工就被解放出来策划更有深度的服务。

　　（4）社工一定要给志愿者开展培训，培训也是给志愿者们赋能的过程。培训居民的主人翁意识，使他们有更强的意愿参与社区公共事务。让志愿者认识到社区工作中的公共意识、参与意识和边界意识。初期阶段的培训，主要是提高认知、统一思想的过程，同时也可以开展有趣味的小技能培训，让志愿者有所收获，提高参与感。在培训的时候，培育志愿的理念和价值非常重要。有一个案例，在长三角地区有一个街道，社工组织了一群志愿者开展送餐的服务，尤其是给老年人送餐，非常受欢迎，很多商业机构都找他们配送。为什么呢，因为一般的外卖员就只是送餐，送到就走了。但志愿者送餐不一样，每天要敲门看看这家老人在不在，问问他饭吃的怎么样，合不合胃口，有什么建议。尤其是独居老人，是重点关注对象，每天都去送餐就能及时发现独居老人是不是需要帮助，有没有遇到突发的事情。他们的送餐服务不是按照商业的模式运营，而是充满了一种人文的关怀。后来整个区域的老人都喜欢让这个志愿者团队送餐，还写表彰信给政府，政府也配套了相应的资金，把这件事做成了一个可持续的项目。

　　（5）要建立志愿者的信息库，给每个志愿者建立一个档案卡，记录志愿者的性别、出生年月日、职业、受教育程度、家乡、联系方式、身体健康状况、过往的重要经历、特长才艺、爱好、家庭重要成员的基本情况等信息。记录档案有助于社工对志愿者有一个清晰的认知，了解志愿者的需求和资源，让社工更容易开展工作。比如说，记录了志愿者的生日后，可以形成一个志愿者社群的传统，每个月做一场生日庆祝会，集体为本月份过生日的志愿者送上祝福，可以安排集体 party 和节目；如果有哪位志愿者当天过生日，可以在微信群内集体刷屏送祝福，而提醒大家过生日的任务就可以交给志愿者来轮流负责。能够非常有效的提升志愿者的认同感和凝聚力，将志愿者团队建设成一个有温度、凝聚力强的社群。

（6）要有对于志愿者的激励，目前时间银行非常流行。时间银行的模式并不复杂，就是志愿者通过志愿服务获得积分，积分可以兑换各种各样的奖励，核心在于如何管理。需要注意的是，很多地方的时间银行管理比较混乱，而且奖励物品几乎都是物质层面的，以便利品洗衣粉、洗发露等为主。这样的做法不是特别推荐。时间银行的兑换最好不要过于物质化。可以通过其他的方式，比如志愿者可以用积分给需要的人送关怀，积分兑换的东西不是给自己的，而是给社区有需要的孤困群体。目前市面上有一些关于时间银行的 APP 和小程序，也可以提高时间银行的管理效率。

三　社区活动如何打开初期局面

笔者在做督导时发现，如何提高社区活动的参与度，是困扰社工开展社区工作的一大问题，尤其是在社工发展相对较薄弱的二、三线城市。那么如何在初期阶段做好社区活动？首先需要明确一个问题，我们社工为什么要在社区开展活动？按照传统的思路，社工不应该是在社区做专业服务的吗？社区社会工作的专业书籍中所论述的几大社区模式似乎更着重于解决问题，也并没有特别提到要开展社区活动？但我国社区工作在多种原因、多方合力之下，似乎形成了一个"爱做活动"的传统，社区项目的购买协议上，开展社区活动占了相当大的比重，并且社会工作的小组在很大程度上也被做成了类似"活动"的形式。

在这里，并不是说"做活动"就一定不好、不专业。我国的社区普遍存在组织度、活跃度较低的问题，这与我国改革开放以来剧烈的社会变迁有关。社会经济的快速发展，人口的大规模流动，打破了以往亲缘、地缘和业缘的居住格局，随着城市化的进程，商品房社区崛起如雨后春笋，加之快节奏的生活，使"陌生人社区"成为常态。在互联网媒介成为人们的主要沟通交流方式后，社区中人与人之间"身体在场"的交流越来越少，越是年轻人越喜欢这种"偏居一隅，联通世界，键盘外卖，胸怀天下"的感觉，在这样的情况下，首先要做的是让居民愿意走出家门，融入社区，打破"封闭""陌生"的状态，那么做社区活动，一定程度上能够吸引社区居民参与进来、融入社区。

对于社工来说，在社区关系的初期阶段，面对居民对社工知晓度不高，且社工的专业服务能力稍显欠缺的普遍状况，直接开展专业服务是不现实的，不具备这个条件，服务对象也不信任。退一步讲，社工的服务首先要满足居民的需求，社区居民在精神文化娱乐方面的需求比较大，喜欢参加各类丰富多彩的活动，那么做活动也是在满足居民的服务需求。因此，做活动也是社区工作的一种服务形式，居民通过参加"喜闻乐见"的社区活动，走出家门，互相交流，融入社区，丰富精神生活，多数积极向上的活动也能使居民收获快乐、身心愉悦。但要注意的是，社区活动并不完全是社会工作的专业方法，更不是社区社会工作的目的。"做活动"谁都可以做，但社工做的活动，应该且能够体现出社会工作的专业性，是与众不同的，其中有充满人本主义的关怀，有基于心理学理论的微观技巧，有基于社会学视角的问题意识，有引起居民兴趣的精巧设计，有社会工作的目标系统和整体规划。更重要的是，初期阶段开展的活动是社工与社区建立关系的重要手段，这些活动是为后续更多、更深入的活动和服务做铺垫的，如果是为了做活动而做活动，那么就不太专业了。

在社区关系的初期阶段，社工在社区里缺少关系基础，此时社工开展社区活动常常会担心参加活动的人数不够多，活动缺少"人气"。社工如何在初期阶段"做好"社区活动呢？首先需要明确开展活动的目标和定位。初期阶段社会工作者的工作重点是发展社区积极分子和志愿者，开展社区活动则是此项任务的重要手段，通过举办有趣的活动吸引社区居民参与，发展社区积极分子社群，从中招募社区志愿者，积攒社工在社区中的"人气"和"粉丝团"，这才是初期开展活动的主要目标。接下来将通过一个真实案例，展现社工如何从第一场活动时的"无人问津"，经过三个月时间逐渐打开局面，成功举办社区"爆款"活动的"逆袭"过程。

【案例】上海"凤归巢"社工服务站活动

"凤归巢"是上海某创业园区新成立的社工站，也是党建服务站点，创立之初是为创业园区"两新"党组织建设提供场地和服务，属于街区级党建服务站，名义上也覆盖着周边的六个社区。但实际情况是创业园区绝大多数是处于生存边缘的小微企业，两新党组织数量有限，企业面临生存和发展的巨大压力，企业单位也较少参加活动，周边社区也对服务站点所知甚少。社工小G所在的机构承接了"凤归巢"党建服务站的购买项目，小G是"凤归巢"服务点的主任。另外在此之前，有一家企业曾经承接过这个服务站的项目，但运转不下去，不到半年就撤出了。这家企业撤出后不久，小G的团队入驻"凤归巢"。

刚开始小G就发现"任务"不好做、"队伍"不好带。周围几乎没有人知道"凤归巢"服务站是干什么的，做活动基本上就靠街道的领导用行政化的手段"强制"拉人参加。

小G说："街道的领导已经习惯了命令式的方式来叫人，因为我们也算是街区一级党群中心，有一些'派下来'的活动。一搞活动啊，街道领导就下达'指标'，每个居委会必须派几个人去'凤归巢'开会。当然了居委会也很不乐意，本来工作就很烦琐，还让我出人，也是怨声载道，来到这就跟我抱怨，你们这搞活动每次都让我们出人。居委会对这件事很不开心。"

社工小G对这件事进行了深刻的反思，如果这件事不解决好，那么服务站很难开展实质性的服务，也很难走得出去，每次参加活动的居民都是那几个人，来了不过是走个过场，撑个人场，这对于有"专业情怀"的社会工作者来说是难以接受的。同时他们认识到一个关键问题，那就是社工在社区居民中没有关系基础，他们完全不认识居民，居民也不认识他们，因此当前最重要的就是增进与居民的关系，建立社区居民的活动社群，让更多的居民了解社工，了解"凤归巢"，参与社区活动。小G的团队第一步先开展社区宣传、张贴海报，有条不紊地进行社区探访和社区座谈会；第二步在周边社区初步有一些知晓度的时候，小 G 设计了一个比较有趣的、有吸引力的社区活动——"社区睦邻市集"，计划做成系列品牌活动，吸引居民参与，活化社区，进一步提高社工站和社会工作者的知名度。

小 G 说："那后来我就想，首先啊，居委会实际上也没多少人，他们叫不动居民的，那种固定的'铁粉'他们是很少的，每次叫来的都是那几个人，想叫其他居民还得给人条毛巾啥的呢。后来我们也反思，我们搞得活动真的吸引人吗？如果真的吸引人，那么根本不需要行政化的叫人方式，海报或链接一发出去就有人报名了。本来我们凤归巢一开始就不招社区待见，这样一直行政化的叫人，大家更不想来了。其次就是属于凤归巢的'粉丝'太少了，每次活动我们就是通过居委会找居民，我们没有自己的渠道，所以我想我们是不是可以直接找到居民呢，居民的基数是很大的，那怎么直接找到这批居民呢？我们就开始在社区贴海报，精心设计了'睦邻市集'这个活动。"

虽然活动内容设计得很丰富、很有趣，但由于社区关系基础太弱，小 G 团队对于是否有足够的居民参与不那么自信，为了保险起见，第一次"睦邻市集"活动除了社区和园区的大力宣传以外，仍然通过街道以行政化的方法拉来一些居民，以保证"人气"，不至于冷场，并对"人流量"的密集度和时间分配进行了精心的设计。

小 G 说："第一次说实话还是挺难的，当时也是行政命令式地叫了人来，因为我们想有一个保底人流量，因为第一炮打不响后面就更难打响了，所以我们就一定要有一个开门红，打响第一炮。当时我们摊位内容都是非常丰富多彩的，我敢保证只要居民过来就一定能被吸引住，但是唯一最难的就是居民一开始可能不过来，"客流量"上不去。后来我觉得还是要保险一点，就去街道跟领导说，又用行政命令式的方法每个社区叫了至少 10 个人，这就 60 多个人了，园区的企业，还有摆摊位的，都要出人，那么我当时设定的保底流量就是起码 100 人，而且是分时段的，我的市集是一点半开始，四点半结束，共三个小时，第一个小时我确保人流量有三十到四十个人，第二个小时还有三十到四十个人，我让社区出人的时候也是通知的两个不同时段，所以当时市集从头到尾没有冷场。"

小 G 团队不仅在"人流量"上做了充分的准备和计划，设定了保底的人数，而且还通过多种方式的宣传，大大提高了活动的知晓度。例如通过以往的几次党建项目宣传活动信息，通过社区的学校，给小朋友们讲这个市集活动，发给小朋友宣传材料，引起小朋友的兴趣，并把宣传单页拿给家长，市集现场也确实为小孩子准备了丰富的活动内容。还有一个重要的方面就是媒体报道，事先需要联系媒体过来，进行现场拍摄、采访，媒体的资源对社工来说非常重要，但社工很难直接联系到媒体，需要寻求街道或机构的帮助。

小 G 说："有了保底人流量，通过宣传市集还是来了很多人的，当时那场市集一下午得有五百多人参加呢，来了有很多小朋友，我们去学校的宣传起到了作用。每个小朋友都跟两三个大人呢，对于撑人数非常有用。我们也有置换区，把家里不用的东西拿来义卖，好多人都是发现了我们的活动，又回家拿了东西下来的。所以之后我再做活动就不需要行政化的叫人了，第一次已经打出名气了，只要一宣传，大家就知道了。所以第一次蛮关键的，当然也蛮难的，如果第一次真的不叫人的话，没有人来就比较难看了。"

小 G 又说："我们现场请了上海电视台的媒体过来的，几乎是全程跟着的。还有，园区单位为什么抢破了头地想认领我这个摊位，也是有媒体的原因，他们希望通过媒体来宣传自己的品牌，那 Logo 往那里一贴，上电视多醒目啊，我们这都上东方卫视了。上海电视台是街道帮我链接的，我每次搞市集街道都会帮我请一到两家比较知名的媒体，要么是上海电视台，要么是杨浦电视台、杨浦时报，媒体是一定要请到的。"

在市集活动的内容设计上，小 G 的团队下了一番功夫，制作了一个"猎奇体验"式的儿童寻宝环节，市集的每个摊位除了卖品以外还有一个小游戏，有体验类的、益智类的，有简易桌游，有脑筋急转弯等，制造出一种"闯关"的感觉。小朋友进场时都会拿到一张精美的卡片，上面有一个"闯关图"，每闯过一关都要盖上这个"关主"也就是摊主的章，这个章可以是带商户 Logo 的，小朋友最后根据卡片上盖章的数量兑换礼物。这种设计非常有趣，使小朋友想要集齐所有的章，拿到"大奖"，这会带来每个摊位人流量的提升，每个小朋友都会带着大人一起，很多摊位需要排队，围了很多人，人气直接就起来了，而且人气是一个容易传染的东西，有时候人一多，自然就对其他人形成吸引力。有两个细节值得注意，首先是通过游戏设计引导参加活动的居民加微信群；其次是设计什么样的游戏和体验，不能太难也不能也过于简单，这项细节直接关系到居民参加活动的体验感。

小G说："我们的活动有一个设计，他们（居民）入场的时候都会领到一个像地图一样的敲章小卡片，然后每一个摊位上摊主都会有一枚章，摊主来负责管理这枚章，你只要体验了这个摊位的内容，摊主就可以给你敲上章，比如，我套圈了，套到最低要求的成绩，套圈的摊主就会给他一枚章，我捏过泥人了，泥人摊主就会给他敲枚章。最后，小朋友会在出口的地方，把集章的卡片交给工作人员，工作人员会根据章的多少，给予小朋友一档、二档、三档的礼品。小朋友们可喜欢盖章了，都想把所有的章集齐，这样每一个摊位都会被体验到，不会错过，整个人流量就不会很快消散，会保持很长的时间。而且，在兑换礼品的时候可能需要先加一个微信群，这个群就是我们凤归巢党群中心的活动群。这样我们就能直接链接到居民了，不需要居委会再来强制性叫人了，下次有活动直接在群里边发。"

这次活动的成功举办有两个重要的细节，一是通过学校的宣传，吸引了很多小朋友，每个小朋友都跟着大人一起来，人流量就得到了保证，市集上还有置换区，把家里不用的东西拿来义卖或者置换，很多家长跟着孩子来参加活动，发现可以义卖，又回家拿了东西下来，居民参加活动的黏性大大提高。第二个细节是邀请了上海电视台的记者来进行采访报道。为什么园区的企业非常愿意认领市集活动的摊位呢，很大程度上是因为有媒体参与，他们希望通过媒体来宣传自己的品牌，现场有产品Logo，上电视就非常醒目。举办成规模的社区活动，一定要大胆的请当地媒体。在这个过程中需要注意"过度的商业化"的问题。睦邻市集本质上还是要倡导公益性，需要跟商家明确约定，不允许留取任何游客的私人信息，不能让他扫码填信息，留电话。这个是最严格要求，也是底线，绝对不允许扫码才能赠送礼物。在参加市集之前，所有参与的商家一起签订了承诺书，承诺没有盈利行为，不允许过度宣传和留取居民信息，还规定了违反之后的惩罚措施，社工与商家达成了共识。在第一次活动之后，小G团队也搭建了一个企业资源的平台。居民很开心，企业也接触到居民了，也很满意，作为主办方的社工也打出了知名度，在社区打开了局面，拿到了活跃居民的联系方式，企业的资源平台我们也建立起来了。

通过"睦邻市集"活动的成功举办，居民很开心，企业接触到了居民，宣传了品牌，小 G 团队和"凤归巢"服务站打响了名气，很多居民知道了社工和党群服务站，建立了一个超过 200 人的活动通知群，从中发掘了十几位很积极的社区居民，将培养成为志愿者。同时，社工组织的活动也让附近几个居委会刮目相看，慢慢地也开始配合服务站的工作，也跟社工逐渐熟悉起来，居委会做党建活动，开展党组织生活也经常来服务站借用场地。各方面关系建立之后，小 G 团队趁热打铁，又组织了两场社区市集活动，其中第二场直接放到社区，参加活动的居民近千人次。活动有了人气，小 G 计划进一步广泛的链接企业资源，扩大合作面。

小 G 说："我们的市集活动跟园区也是挂钩的，园区的企业都愿意到市集上摆摊位的，因为园区企业非常想进入社区，他们想打出品牌，但他们没有途径。园区有很多企业比如早教的、艺术培训的、教跆拳道的等，其实他们都是在做跟社区人群直接相关的生意，尤其是小朋友这方面的。所以他们的客户对象就是社区居民，但他们没有进入的途径，居委会是不可能让企业进去做生意的。所以我们的'睦邻市集'就搭建了一个这样的平台，园区的企业可以通过参加市集活动进入社区，摆放摊位，你可以拉条幅，也可以在摊位上贴海报，他们在市集的摊位可以带着自己 Logo、产品，并且要准备每个摊位的游戏方案，比如说，套圈、手工、桌游、绘画等，这些游戏所用的材料和小礼品都是他们自己要出的。"

小 G 还表示："但我们是倡导公益性的，很严肃的要求不允许留取任何游客的私人信息，你不能让他扫码，填信息，留电话，因为我们怕他们会打电话推销，给居民带来麻烦。所以这个是我们的最严格要求的，也是底线。当然如果是居民愿意主动了解你们机构的，有这需求主动了解的那没关系，但是我们绝对不允许你必须扫个码我才给你礼物。在参加这个市集之前，大家（企业）一起签订了承诺书，要签名盖章的，要承诺没有盈利行为，不允许过度宣传，不允许留取居民信息，里面规定了哪些可以做，哪些不能做的一些规则，以及违反之后的惩罚措施。大家达成了共识，第一次活动之后，我们就搭建了一个企业的平台，园区这些企业虽然是小企业，但有很多资源的，他们有棉花糖、皮影戏、漫画、糖人、糖画很多非遗文化的老师，让这场市集显得很有特色，也吸引了蛮多人的。这样一场市集下来反响也很好。居民很开心，企业也接触到居民了。其实我们主办方是收获最大的，居民的联系方式有了，我们在最后让他们加群再拿礼品的，企业的资源平台我们也建立起来了。"

（案例来源：根据作者调研资料整理）

从"凤归巢"的案例中我们可以看到，社工在初期阶段开展活动，主要的目的是积攒"人气"，建立社区积极分子社群，为后续的活动和服务做铺垫；社区关系的增进是一个量变到质变的过程，需要依靠关键性的活动来推动。初入社区最开始的几次活动，相对比较困难。案例中的小 G 团队用尽所能想到的方法吸引参与者，包括使用行政化叫人的手段，社区扫楼宣传，活动礼品的吸引，以社区小朋友为切入点等。活动的设计也非常有趣、精巧，通过活动使居民加入社群，转化成为积极分子，并且搭建了企业资源的平台。在第一次大型活动成功后，就形成了一个"滚雪球"的效应，越做越大、越有影响力。当前社区项目很多是"流水线"式的活动，以节日庆祝和兴趣小组为主，但这样的活动趣味性相对较低，居民之间缺少互动和交流，缺少非常具有"黏性"的活动设计，很难留住人，久而久之形成了只能以奖品引流的尴尬状况。更进一步讲，社工的活动是具有连续性、系列性的，社工通过活动可以不断地链接居民、企业资源，起到以点带面的效果。

实用参考　》　资深社工 Y 姐眼中"真正让居民感兴趣的社区活动"

社工 Y 姐：比如说一个经典的例子，现在每年夏天，团委或发展办对于社区都会要求暑假做青少年、小朋友的活动。如果只是完成青少年活动的任务，那么其实很简单，找个老师来带个手工兴趣课，拍个照片就可以结束了。如果是专业的社工来做，他会把这个活动当作一次拉近与居民关系的方式，那么可以有很多的设计。比如说现在都在提垃圾分类，可以结合垃圾分类来做，小朋友可以做先学到垃圾分类的基本知识，然后成为社区"小志愿者"，宣传垃圾分类，并且监督社区垃圾分类的实施。还有社区的养宠问题，看起来跟青少年活动八竿子打不着。但其实也可以进行结合，比如说我做一个陶艺的手工小组，可以约定这次陶艺就做动物形状的，或者就做一个狗狗的陶艺，然后就可以引出小朋友对于狗狗的讨论，是不是喜欢，喜欢什么样的，如果养狗狗会遇到什么问题等一些讨论。接着就可以顺势引导说我们社区就在做这样的一个事情，我们也需要小朋友做志愿者，来宣传文明养宠，并且成立社区文明养宠"督察小分队"，这样就能串联起来了，而且小孩子做文明养宠的志愿者，一般居民也不会排斥。这样就不是简单的停留在活动表面。还有一个细节，就是在做儿童活动的时候，可能我们只关注小朋友，忽视了大人，一般大人都是陪着一起的，那么我们有没有意识去跟家长沟通，或者把家长也组织起来，设计一个环节，让家长相互之间有一个互动，这样就更多的联系起来了，活动也更加丰富了，居民也更愿意参加。

综上所述，社区关系的初期阶段，做活动需要注意以下几个方面。

（1）活动中要时刻不忘初期阶段的主要目标，提升社区居民的积极性和主动性，建立社区积极分子社群和志愿者团队。

（2）通过简单的活动，逐渐积累"人气"，寻找量变到质变的机会，勇于设计开展"质变性活动"，做出口碑，形成社区特色系列活动。

（3）活动的主题和设计要"有趣"，有一定的新奇感，能够真正吸引到居民。同时要有参与性，居民之间能够互相交流。

（4）初期的活动更多的是铺垫，需要建立一个活动开展、运作的流程，最重要的是需要注意活动的连续性，活动之间不是独立的，而是前后关联的。

（5）开展活动时要在细微之处体现出社会工作的专业性，例如社工的沟通技巧、心理学和人类行为学知识的应用、是否关注到所有人、是否能够发现某些居民的与众不同之处，不仅注重娱乐性还要关注分享与成长。

四 社区沟通的语言技巧

（一）有效沟通的句法技巧

笔者在实地走访中发现，相当一部分社区社会工作者不具备应有的沟通能力，欠缺相应的心理学知识和技能，也不能熟练运用社会工作个案的相关技巧。因此他们在工作中，不能顺利地与社区居民、相关工作人员及其他社区利益相关方进行有效的沟通。实际上，这也是让很多初入行的社工饱受困扰的问题。接下来介绍几个在社区沟通中较实用的心理学沟通技巧。

1. 沟通技巧积极语义转换

在生活中每个人都会有一些负面的情绪和表达，比如你感觉心情有点不太好，可能会说，"我很郁闷"，"我什么都不想干"，"我怎么这么倒霉"。有时候是自言自语，自己说给自己听，有时候是对别人表达、倾诉或抱怨。心理学上有一种自我暗示的效应。你本来可能只是买的一个快递延迟发货了，心情稍微差了那么一点点，但这个时候如果你不停地对自己说真郁闷，感觉好难过，那么这个暗示会让你越来越不开心，最后可能会影响你一整天的心情。

如果转换一下负面的暗示，变成积极的语言，那结果可能就大不一样了。比如因为一些事心情不好，可以说"刚刚有点不太开心，看来我需要让自己开心起来啊"。如果你发现其他人愁眉苦脸，也可以说："看你不太高兴的样子，怎么样能让你心情好一点呢？"

任何消极负面的想法、语句，我们觉察到之后，都可以把它变成积极的语义，再表达出来，效果就会完全不一样。

◆例如："我今天很倒霉。"可以说："刚刚运气不太好，那过一会运气可能就会变好啦。"

◆对方说："我以前从来没做过这个工作。"可以回应道："看来你要做一次新的尝试和挑战了"。

◆如果对方说："我人缘不好。"可以说："你是说你需要改善你的人际关系了，是吗？”或者说："你需要提高人际沟通能力了，对吗？”

　　◆对方说："我失业了。"可以这样回应："你是说你终于摆脱了那个讨厌的老板了对吗？"或"你是说你又开始面临更多的机会了，是吗？”

　　◆来访者说："我父母是不会接受的。"可以回应："也就是说你需要找一个他们能接受的沟通方式，对吗？”

　　◆来访者说："时间总是不够用。"可以回应："看来你需要学习时间管理方法了。"

　　正向语言表达会对人产生持续的积极的影响，不要小看这个很小的语言习惯，能够对人的情绪产生很微妙而又显著的变化，在沟通时，会让对方获得积极的情绪体验，有助于双方信任关系的建立。

　　积极语义表达还有一种用法，用于否定别人的观点或行为，但又不是一种直接的表达，避免"良药苦口、忠言逆耳"，既委婉地表达了自己的观点，也不会让对方觉得被人否定而"丢了面子"，这种语言技巧被称为"积极否定法"。

　　举例来说，当你看到某个人穿着西装却配了一双旅游鞋，明显不搭配，显得有点不伦不类，用积极否定法怎么说呢？可以这么说："你的西装很上档次啊，如果配上一双黑色的皮鞋，那就更显风度了。"

　　我们身边经常遇到这样的人，明明是对你好，关心你，但表现出来的方式，让你很不能接受，这个时候用积极否定法可以怎么说呢？可以这样表达："我知道你是为我好，同时呢，如果你别这么着急，换个方式跟我沟通，我就更加容易接受了啊。"

　　用积极否定的方法，既提出了改进建议，表达了你的想法，又照顾到了对方的面子和情绪，让他更容易接受。在人际关系中，使用"积极否定法"对他人做一个善意的提醒，可能会让他人发现他以前完全不觉得有问题的事情，从而有突破性的建立信任关系。

2. 沟通技巧"因为所以法"

　　人的大脑很喜欢为做某一件事或者产生某个想法找原因，这在心理学上叫作"认知一致性"。如果你直接让一个人做事，对方一般行动意愿并不强，因为没有道理嘛，凭什么让我做？甚至会激起他的反感，这个反感来自自我的独立意识。为什么孩子到了青春期会叛逆，因为他开始建立独立意识了，作为家长不能再像以前那样过多的控制孩子的行为，需要给他足够的空间，很多家长意识不到，所以孩子就会反抗，在反抗中维护自己个体独立意识。所以一般的规律是，你越想直接改变一个人，让他按照你的想法做事，就越难，说服并改变他人其实非常困难，哪怕是家人，也经常会因为到底听谁的意见而发生争吵。但如果你讲出让对方做某件事的原因，那么他的行动力就会大大提升。因为他的关注点放在了原因上，那么他就认识到做某件事的自主动机而非认为对方要控制自己，这样他的对抗意识就会降低。

举个例子来说，社工在社区举办一个大型讲座，台下坐着几百人。社工拿起话筒，大声说："请大家拿出你的手机，设置到关机或静音模式，谢谢啊。"那么这个时候大家的配合度有多高呢？有经验的社工肯定知道，配合度一定不高。如果用"因为所以法"呢？可以这样说，"亲爱的朋友们、邻居们，为了让我们拥有一个良好的学习环境，同时，体现出咱们社区居民优良的素质，请大家将手机设置到静音状态，避免打扰到其他人，谢谢各位了。"那么用这种说法，相比上一种，大家的配合度一定会有所提高。

当你想说服一个人做你想让他做的事情的时候，就可以考虑运用这个方法，典型的语言句式是："为了……请你……"或者是"因为……那么……"等类似的语言句式。可以经常把祈使句变换成这个句式进行练习。比如：

"明天下午我们见面聊吧？"

"为了不耽误您的休息时间，您看我们明天下午见面聊可以吗？"

对比一下这两句话的区别，明显是第二句话更容易让人接受，会让人更舒服。在心理辅导或做个案的时候会经常用到这个语言模式，比如："为了让我们能顺畅地沟通，从而更加有效地解决您的问题，请您配合我，并按照我说的方式去做接下来的行动，您看可以吗？"

在这里还有一个小细节，当你询问别人、让他答应你请求的时候，我们大多数人会用"行吗""行不行"来表达，但更好的方式是用"可以吗"来提出询问。人在沟通的时候需要反应很迅速，一些习惯性的表达会产生显著的影响，我们一般口头表达的时候，"说不太行啊，不大行"，是很顺口的，而说"不可以"，则有些别扭，我们经常说"可以"，这个表达很顺畅，但"不可以"似乎更多地出现在书面语当中。感受一下，如果别人请你帮个忙，你刚好没时间，回应说"这不太行啊"，这是很自然的；可是如果你说："这不可以"，是不是就感觉怪怪的，好像电视剧里一些女生的台词。那么这种口头表达习惯就会影响一个人的即时反应，因为他说"可以"更加顺口，说"不可以"得转换一下，增加了大脑的认知负担、降低了反应速度，拒绝的可能性就会降低。这也是一个心理学上的小技巧，肯定不是百分百有用，但会提高有效的概率。

需要注意的是，在使用"因为所以法"的时候，原因的部分不要太复杂，不要讲太多，一般一两句话听起来合理就可以了，让对方接受起来更加顺畅，给了一个台阶，在沟通的一瞬间更加难拒绝。这是因为他要拒绝你，需要想到一个否定你的理由，很多时候一下子反应不过来。

3. 第三个沟通技巧假设法

这个方法能打开思路，有效的去寻找解决问题的方向，帮助别人走出困境。

例如，如果服务对象说"我走不出失恋的阴影"，很多社工的回应可能是"可以讲讲你为什么走不出失恋的阴影吗？"这个问题一问完，服务对象可能会说一堆理由，来证明"走不出来"，背后其实是来证明这个判断是对的，反而可能强化了其负面信念和情绪。

如果用假设法，可以这样回应："如果要让你走出这个状态，你觉得你需要什么资源呢？"那么这个回应就是在引导她思考如何走出来，而不是为自己负面的状态找借口，关注的方向就发生了变化，这个时候慢慢地就会向积极的一面发展。

如果我们的服务对象面临比较多比较繁杂的问题，可以尝试用假设法进行梳理。例如很多面临毕业的大学生经常会特别焦虑，突然感觉要面对的事情非常多，考研、考公务员、写毕业论文、做毕业实习、找工作投简历、参加招聘笔试面试，可能还会面临家里的一些压力，自己的想法跟父母的想法不一致，还可能出现情感危机，最后可能室友之间的关系还不太好。这么多糟心事，有一些同学就郁闷了，甚至发展成了轻微的焦虑症、抑郁症。笔者曾经处理过一个这样的个案，服务对象是大四的学生，遇到了上述的这些问题，用假设法帮她梳理："如果你现在考上了研究生，其他那些乱七八糟的烦心事是不是都无所谓了？"她想了想，回答说："确实是，考上研究生了，工作不用找了，毕业论文到时候拿出一段时间好好写就行了，家里爸妈也不会唠叨了，都上研究生了奔向新生活谁还管舍友怎么想呢，就算是男朋友，说不好听的，处的不合适，都研究生了，学校更好层次更高，实在不行是不是也可以找个更好的呢？"她一下子就想清楚了目前的主要矛盾，那就是考研，专注的学习准备考试，其他事都可以暂时放一放。

笔者还遇到一个个案，来求助的服务对象跟家里闹矛盾，她的原生家庭是重组的，家庭情况非常复杂。同样还是用假设法梳理出主要问题，当时就问她："如果你母亲同意你嫁给你男朋友，那么其他的不愉快是不是都可以化解了？"她想了想说："好像确实是，其他问题看似重要，其实就那么回事，婚姻这件事是最核心的矛盾点。"当梳理出当前面临的主要矛盾，就可以重点聚焦到这个问题上。

4. 第四个沟通技巧"先跟后带"

"先跟后带"这个技巧可以说是市场营销实战高手的必备沟通技能，社会工作个案方法中有一个技巧与之相似，这个技巧是"同理心"，是个案沟通的核心技巧之一，但其实很多社工在实践中不太能很好地运用，书本上对同理心这个技巧的拆解相对比较粗糙。如果用"先跟后带"来理解"同理心"，会更加清晰明了。

"先跟后带"，简单来说，就是我们与他人沟通的时候，要先接受对方的观点或态度，让对方感觉到被理解和被尊重，然后再带领他从另一个角度看问题，带他走出原本的思考框架。上文就曾经提到过，我们想说服一个人其实非常难。

我们可以先思考一个问题，一般人的行为是受思维驱动，想好了再做，还是受情绪驱动，情绪上来了直接做呢？其实绝大多数人的行为反应，是受情绪驱动的，认知心理学的研究基本证实了这一点。那么思维在这个过程中起什么作用呢？答案是专门给你受情绪影响的行为找到一个合理借口。所以想要改变其他人的观点和行为，一定是先从情绪出发，而不是道理。那怎么从情绪出发呢？

最基本的一个条件就是先接受对方的观点，肯定他说的话，让对方觉得你是理解他的，跟他站在一边的，有同样的观点，于是就会产生认同，产生对你的接纳心理，正向的情绪就出来了。而这个时候再做引导就相对比较容易。如果仔细观察互联网上的一些"骂仗"，就会发现，其实一开始双方只是观点不同，可能是因为站在不同的角度，没有明确的对错之分，但如果 A 上来就否定 B，那么 B 肯定有情绪："你凭什么否定我呢？"在 B 的潜意识中，对方否定我的观点，就是在否定我这个人，就会产生一种"我不好，我比你差"的感觉，这种心理一旦产生，B 是一定会反抗到底的，就算自己是错的，也绝对不会承认，因为一旦承认，就意味着承认自己不好，越是自卑、越是自我价值感低的人，就越会死扛到底，绝不认为自己有错。所以当 A 的做法激起了 B 的负面情绪，他能说服 B 吗？唯一的结果就是两个人吵起来，拉上更多的人加入两方阵营，就成了两个群体的骂战，接着会开始贴标签。最后谁也说服不了谁，谁都不服气。

所以，如果你想让别人接受你的观点，按照你的想法来做事，除非你有绝对的权威，否则就必须先接受和肯定对方，在他认同你的情况下，再转移到你想要的事情上。所以叫"先跟"，接住对方的话，再"后带"，之后再带领对方到你的思路上来。

举个例子来说。服务对象说："昨天晚上，我和太太吵了一架，因为她快十一点了才回家，而且也不知道打个电话。"

这句话，我们社工应该怎么回应呢？如果用同理心技巧，应该怎么回应呢？

可以有三个回应对方表达的方向。

◆如果从动机角度，可以这样回应："我想你一定是很担心她才这么着急的吧，你肯定也怕她这么晚回来不安全"。

◆如果从事实角度，可以这样回应："原来是这样啊，如果换作是我，我很可能也会这样"。

◆如果从情绪感受的角度，可以这样回应："我能感觉到，你当时肯定是很生气的"。

再举一个例子：

如果社区里的一位居民说："我让孩子学钢琴，但她就是不愿意学。"听到这个话，我们怎么回应呢？怎么跟住对方的话呢？

◆从动机的角度："我能理解你想让她多学一些才艺，以后能变得更成功对吗？"

◆从事实的角度："你是说孩子不喜欢学钢琴吗？"

◆从感受的角度："我能理解你的良苦用心，孩子的做法肯定让你有些失望了吧？"

那么怎么"带"呢？怎么引导对方往自己希望的方向呢？

一般情况下也有三个方向，首先是搜集更多的信息资料，以便找到问题的真正原因；其次是引导对方聚焦于寻找解决问题的方法，而不是执着于问题本身；最后可能是说服对方接受自己的观点。我们还用刚才的那个例子来说明如何回应服务对象"我让孩子学钢琴，但她就是不愿意学"这个问题。

◆第一种回应方式："我能理解你想让她多学一些才艺，以后能变得更成功，那么你感觉她不愿意学钢琴的原因是什么呢？"

◆第二种回应方式："你是说孩子不喜欢学钢琴吗？那有什么方法可以让她喜欢学呢？"

◆第三种回应方式："我能理解你的良苦用心，孩子的做法肯定让你有些失望了吧？其实这样的问题很多父母都遇到过，刚开始他们逼着孩子学，但是孩子很抗拒。后来发现，其实孩子不见得不愿意，如果跟她好好沟通，别逼着她，尊重她的想法，可能她慢慢地也就愿意了。"

做个总结，"先跟后带"分两步走，先接住对方的话，再去引导。如果这种沟通方法成为习惯，一定会受益无穷。很多沟通能力很强的人其实都在下意识的运用这个技巧。

【案例】家长如何用"先跟后带"方式与孩子沟通

一个妈妈知道自己的孩子在学校打了别的孩子，老师通知家长来学校。

当妈妈见到孩子的时候，怎么跟孩子进行沟通呢？

我们一般的家长会怎么说？相信很多人可能都经历过，很可能会说："你怎么这么不听话呢，净给我惹麻烦。"温柔一点的可能会说："怎么打架了呢，告诉妈妈为什么打架？"

那么沟通能力强的妈妈，运用先跟后带的方法，会怎么回应呢？

妈妈：我听说今天在学校发生了一件不愉快的事情，是吗？

孩子：嗯。(点点头)

妈妈：当你看到自己的朋友被人欺负心里一定很不好受吧？(这是先肯定感受)

孩子：是啊，太气人了。

妈妈：你为了朋友这么去做，说明你是一个讲义气、勇敢的孩子。(肯定正面动机)

孩子这时候的反应肯定不一样，会觉得被理解了。

接下来，妈妈开始引导：打架只是一种处理方法，会有一些不好的后果，那你有没有其他更好的方法呢？

孩子：我可以和他理论，可以去告诉老师。

妈妈：还有吗？

孩子：我可以跟他单挑，掰手腕，看谁更强壮；我还可以和他比踢球，看谁厉害。

(案例来源：作者整理)

通过这个例子可以清晰地发现，用"先跟后带"的方式沟通，会让对方很舒服，也愿意被你引导，按照你的思路来回应。"先跟后带"的技巧可以非常有效的引导他人的想法。我们都知道，说服一个人是非常难的事情，但在社区里，想让居民接受社会工作的服务，接受社工本人，发动居民参加活动，建立公共意识，都是逐渐说服的过程，说服他人改变态度的能力对社工来说非常重要,接下来详细地介绍社会心理中的"说服模型",更加系统地说明改变他人想法和观点的底层逻辑和方法。

(二) 一般说服模型

开展社区工作实际上也是进行社区教育的过程,其中非常重要且困难的一件事是如何改变居民对社区参与和社区事务的态度。而说服一个人放弃原有的观点和态度,转而接受新的观念,是非常有挑战的。社区工作者要想开展社区活动和服务,必然需要掌握说服他人的沟通技巧。社会心理学家提出了一个态度改变的"一般说服模型",把说服拆分成三个部分,每个部分都有一些直接影响说服效果的因素[①]。

1. 外部刺激

包括三个要素:信息源、传播和情境。信息源主要指的是信息提供者,是持有某种观点,并希望通过沟通说服他人接受此观点并改变其态度和行为的人。每个人都曾经是信息源,在某个时刻希望说服别人接受自己的观点,获得对环境的控制感。如果信息提供者更加可信或更专业、在外表上有较强的吸引力或说服目标对其的喜爱程度比较高,那么就会让说服变得更有效。

传播是指以什么样的内容和方式来展开说服行动,例如:直接用语言沟通,还是多元化的呈现,例如增加图片或视频;是直接开门见山地讲出己方观点,还是先讲故事,以曲线救国的方式步步呈现;说服的时候,以更新颖的方式,还是不断重复呢?这些都会影响说服的效果。

情境是说服进行时的外部环境,比如信息传递时,周边的环境是安静的还是嘈杂的,是否有其他人在场,在场的人是否会产生影响等。情境方面有三个影响要素,首先,在进行说服时,如果有意创造一种令人愉快的、轻松的环境,可能更容易说服成功。其次,如果劝说时事先透露出劝说的企图,可能产生两方面的影响,一是可能会产生潜意识的暗示效果,动摇说服目标的原有态度,更容易产生说服效果;二是这种预先暴露的目的性,可能激起说服目标的自我防御,同时也给到他思考反对论点的时间。最后,分心,即制造额外的干扰分散说服目标的注意力。

---

① 杨宜音、张曙光:《社会心理学》,首都经济贸易大学出版社,2015。

乍一看似乎跟说服没关系，但社会心理学家通过实验证明，如果情境中的某些因素能让听者分心，就会影响说服效果。例如广告海报经常出现与商品无关的漂亮明星，广告视频的歌舞、BGM 伴奏，甚至干脆就是一些噪音，都能适当的涣散目标对象的注意力，使他们不能集中思考反对的理由，从而更容易被改变想法和态度。

2. 说服目标

说服目标也就是要说服的对象，主要有四个方面的影响因素。

首先是说服目标对原有态度的信奉程度，这与自我卷入程度直接相关。在遭到劝说之前，说服对象已经围绕相关问题的立场，内心建构了一个可接受的区间，作为心理标尺与所接收信息进行比照。如果说服目标对原有态度的信奉程度和自我卷入程度越高，那么可接受区间就越窄，同时自我防御就更容易被启动，越容易产生抵制反应。如果有些观念和态度已经内化成为说服目标核心价值观的一部分，就会具有极强的抗变性，单纯的说服几乎不能起到作用。

其次是预防注射，指的是目标对象原本持有的观点是否与相反的看法有过交锋，是否已经发展出了防御机制。如果一个人的某种观念或态度在形成后从未经历过挑战，就可能更容易被说服而改变态度。如果这种观点曾经遭受过抨击，已经建立了一定的防御准备，那么相对就更难被说服了。

再次是人格因素，人的性格各不相同，有些人性格较软，服从性更高，容易改变自己的态度，而有些人则性格强硬，很有主见，或更有反抗精神，想要说服就相对困难。在人格因素里，心理学的研究发现，自尊较低的人更容易被说服，因为他们对自己的信心不足，遇到压力时容易放弃自己的意见，高自尊的人就会很看重自己的观点和态度，遇到说服与否定时，容易产生防御和反击。而智商高低并不影响说服效果，但逻辑思考能力强的人，能迅速发现说服者观点的漏洞，不容易被煽动性的谣言所忽悠。

最后是参与程度，说服目标对特定问题的参与度、熟悉度各不相同，如果说服目标对某个问题的观点和态度，是他通过亲身体验得来的，或者是他非常熟悉的专业领域，那么显而易见，说服就很难，除非说服者有超出他在这个领域的认知或更丰富的社会经验。同样的，由于社会对性别有不同的期待，"男主外、女主内"的性别角色分工仍是普遍现象，在家庭事务和子女教育问题上，男性通常被认为是不擅长的，也就更容易在这个领域被说服。

3. 中介过程

也就是说服互动的过程。这是实际操作的环节，有四个非常有效的方法可以增强说服效果，有利于实现说服目标。

（1）感情关联

把希望别人接受的观点与某种特定的情感关联到一起，借助情绪的力量，增强说服力。这在广告传播中最常见，是非常有效的广告手法。最简单的就是找明星代言，例如把某个化妆品与一位年龄偏大但保养很好的女明星相关联，制造一种优雅、气质、励志的感觉；著名饮料品牌最喜欢找看起来很阳光的小鲜肉代言，也是把品牌与年轻、阳光、帅气的感觉联系到一起；著名的钻石营销，把钻石与爱情的坚韧长久做了完美的绑定；新潮鲜花品牌，则把品牌与爱情的忠贞唯一紧密打包。说服沟通实际上是通过信息接收者在理解、评判信息的过程中所产生的"自我说服"，如果说服的内容唤起了信息接收者对特定立场的正向情绪反应，那么就有可能使其趋向这一立场，从而改变态度。

（2）先肯定后劝说

我们在沟通表达时有一个不好的习惯，遇到他人不同的观点和态度，在认知失调的驱动下，会本能地先否定对方，这种下意识直接否定的模式，是自我防御的反应，但会极大地影响我们的沟通效果，降低说服的成功率。因为这种直接否定的习惯，也会让对方不舒服，没有得到预期的认可，甚至会激起对方的防御心理，于是一来二去，双方就很容易陷入谁也不服谁的论战，较上了劲。针对这个现象，社会心理学家提出了"自我肯定论"，一般情况下，人们会主动维持现有的观念，来确认他们对自己的理解，并可能会表达出来，寻求认同。所以如果说服对象接受他人的肯定，他们向外界寻求自我认同的需求得到了一定满足，那么就会更乐意倾听他人的观点，保持相对开放的心态。同时，说服者表达肯定，赞美他人，释放善意，也容易获得说服对象的喜爱，同样能提升说服效果。在人际吸引中存在相互性原则，你肯定别人，别人也喜欢你，你否定别人，也会被别人讨厌。

所以好的说服方法是一开始先肯定对方，表达善意，让对方接受你，认为你是自己人，是能理解他的人，在这个基础上再委婉地提出可能更好的想法。上文讲到的"先跟后带"这个沟通技巧，就是先接受对方的观点或态度，让对方感觉到被理解和尊重，然后再带领他从另一个角度看问题，带他走出原本的框架，这实际上就是"先肯定后否定"。

【案例】家长如何用"先肯定后否定"方式与孩子沟通

女儿说："爸爸，我长大了想当工程师。"

爸爸说："做工程师？你是女孩子，而且你数学成绩比较差……"

（爸爸的回应是他的第一反应，在他默认的观点看来，女孩子不太能成为工程师，女儿的话与他的认知不一致，于是下意识地做出了否定的回应。女儿可能会因为得不到爸爸的肯定，而受到打击，很大的可能是从此以后更不喜欢数学，工程师的梦想也很有可能被扼杀了。如果长期遭受父母的否定，可能会产生自卑心理。不幸的是，有太多人都是这种沟通方式，却并没有意识到）

转换沟通方式：

女儿说："爸爸，我长大了想当工程师。"

爸爸："你想做工程师啊，太棒了（先跟，肯定想法）。能说说为什么要做工程师吗？"（后带，引导出对方的进一步想法或论据）

女儿："做工程师可以盖房子啊，可以改善大家的居住条件，而且我想给自己盖一所漂亮的大房子。"

爸爸："这想法真好，你想改善咱们家的居住环境（先跟，肯定动机）。那么当工程师需要哪些条件呢？"（后带，引导对方继续思考或转变思路）

女儿："要会画画，数学要好，要去大学里学建筑学。"

爸爸："挺好，思考得很全面（先跟，继续肯定），你绘画能力很不错，数学是不是需要加强一些呢？"（后带，引导对方改变态度）

（案例来源：作者整理）

我们能非常明显地感觉到，后一种沟通方式让人非常舒服，先肯定对方，让对方感觉到友善与安全，放松防御，就会产生更好的沟通效果。先跟后带的肯定有三个层次，可以肯定对方的行为，或者是他的正面动机，以及他的情绪感受，这三个层次可以交替使用，全方位地让对方感受到真实而不做作的尊重和认可，这实际上也是与对方建立同理心的过程，当你能设身处地地为对方着想，理解对方的处境、想法、背后缘由，那么就会在这件事上建立起他对你的信任，有互信作为基础，沟通说服就容易得多。

（3）刻意制造认知失调

很多人不愿意被说服，是因为不同的观点造成了认知上的失调，为了减少失调带来的不适感，会采取自我防御。但如果刻意制造巧妙的认知失调，加以引导，也可能会促使说服对象改变原有的看法。最好是能让说服对象做出与他原有态度矛盾的行为或表态，并且能防止他从外部找到辩解原因。

（4）恐惧唤起

恐惧是人最本能的情绪，具有强大的能量，适当的引导恐惧情绪可以有效地改变态度。生活中有非常多的案例，如母亲经常吓唬不听话的小孩会说"你要是再不回家，就会有大灰狼把你抓走，你就再也见不到爸爸妈妈了"，或者"你要是再吃糖，牙就会长虫子了，到时候要去医院拔牙，拔牙可疼了"。民主党的政客会说"如果要让特朗普继续连任，美国的民主将不复存在，情况只会变得更糟，我们会失去医保、失去工作，甚至失去所爱人的生命，美国也会失去世界的领导力，甚至我们的邮局"。环境保护者们会说"企鹅正成群的死亡，北极熊被饿得骨瘦如柴，如果我们再不重视碳排放问题，不重视全球气候变暖，北极将彻底融化，海平面会升高淹没城市"。人们在劝说别人时，唤起恐惧是非常常用的方法，也确实能够起到一定作用，在心理治疗中，通过恐惧可以戒掉成瘾行为，例如烟瘾、网瘾。但心理学家的研究也发现，如果恐惧过于强烈，也有可能直接引起说服对象的自我防御机制，为避免恐惧的影响而拒绝相信，使说服效果适得其反。

第六章 "社工－社区"关系 中期阶段实务

一 社区志愿者的社群化运营

1. 社群运营的过程和技巧

围绕社区志愿者可以建立一个专属的社群。但很多社工并不知道该如何运营社群，虽然已经建立了社区志愿者和积极分子的线上交流群，以微信群为主，但群里并不活跃，经常死气沉沉，经常还有人发一些无关的信息和广告，社群的有效运营和管理成为一个难题。要回应这个问题，首先要对社群这个概念有一个清晰的认知。什么是社群呢？

社交是人的本能需求，按照马斯洛的需求层次理论，在生理和安全需要都满足之后，通过社会交往来获得归属感，就成为人们最大的需求。社会性是人的本能属性，人们本能的需要加入群体来获得安全感。所以我们渴望找到和自己有共同兴趣的人，渴望加入一个小团体获得归属感，渴望通过社群找到自己想要的信息，在社群里找到与我们相似的人和相似的观点，获得一种认同感，进而获得安全感。随着移动互联网的普及，移动社交软件不断涌现，成为现代人进行社交的主要方式。人与人、通过微信、朋友圈、微信群互相连接在一起，并分享自己的经历、喜好、观点、审美、社交符号、价值理念等，这种社交方式没有人能置身事外，没有人不被连接。微信作为近几年人们工作和生活的主要社交媒介，微信群也成为线上社群的主要阵地，几乎每一个拥有微信账号的人都会主动或被动的加入一些微信群。移动互联网时代的网络社群更具有便捷性和可获得性，可以更好地满足人们的社交需求。

但移动互联网时代信息过载，人们加入大量的微信群组，注意力被严重分散。在社群的运营过程中，有一种误解，认为组建了一个微信群，邀请一些人成为组员，在群里互动聊天就是做了社群运营。实际上，微信群或者 QQ 群都仅仅是社群的载体或者平台，在现阶段，微信群是社群运营最好的工具之一，但如果建立了微信群而不去运营，实际上我们就不能称之为社群。很多人都会加入几十个甚至上百个微信群，但想想看，你经常翻阅的、比较在意的微信群有多少呢？事实上，很多微信群都成了摆设，被设置了消息免打扰，真正经常关注的微信群可能很少，其中有一部分微信群主要起到接收通知的作用，例如现在绝大多数社区居民微信群起到的主要作用就是发通知，缺少活跃度，有人偶尔发一下推文和广告，偏偏这种微信群退了感觉又不太好，大部分人只能将之屏蔽掉。

所以微信群不是社群，只是社群的工具，建立一个好的社群，需要具备以下几个条件：第一，有稳定的群体结构和行为规范，比如谁是群主，谁是管理员，进群之后有哪些规则要遵守，如最基本的就是不发广告不做商业推广；第二，成员之间有持续的互动关系，具有一致行动的能力，成员之间的互动关系需要有共同的行动作为基础，比如共同的兴趣爱好，基于共同价值的行动，如志愿服务、帮助社区老人等，要落实到具体的事情上；第三，形成一定的群体意识、价值认同和情感共鸣，通过持续的共同行动和互动，自然而然的产生对群体的认同感。社群需要经常明确一些价值理念，例如开放、共享、志愿、利他、和谐、奉献等，也会增强成员对社群的认同感，产生情感和价值上的共鸣。所以，社群的价值在于运营，所谓社群运营，就是通过一定的纽带将群体成员联系起来，成员之间有共同的目标和持续的交往，群体成员有共同的群体意识和规范。社群运营主要包括管理社群、制定群内规则、维护社群交流环境、组织成员活动、提高社群活跃度和成员的黏性、发展壮大社群等工作。在社区居民组成的社群里，同样需要建立社群运营的意识和方法。

做社群运营需要标准化的操作流程，那么运营一个社群到底该如何下手呢？可以分为三个环节。

第一是准备期。在建立社群之前，需要做好相应的准备工作，例如成立社群的目的，加入社群的目标对象，如何让目标对象加入社群，社群的管理规范，社群由谁来主要运营，明确社群管理员们的职责和分工。

第二是建群期。在做好充分的预备工作之后，就要开始着手建立社群，按照事先的规划，通过一定的方式让社区中的目标对象加入群里，在这个过程中不断调整宣传方式，并及时发布社群规范，营造入群的仪式感。

第三是线上运营期。在社群建立好之后，如何进行高效的线上运营？怎么维持社群的活跃度、提高社群成员的黏性？这是线上运营的关键问题。

这其中的每个环节都有具体的操作技巧，而且是互相关联的，在做好上一个环节的基础上，确保下个环节顺利进行。

（1）准备期

建立一个社群，需要考虑以下几个方面的内容。

第一，定位目标人群。做社群首先要明确，到底要做哪一部分人的社群，先分析这一部分人的特征，社群的目标人群不能太泛，需要定位足够精准。例如进行社区新冠肺炎疫情防控，定位的目标人群就是整个社区居民；为社区内残障人士开展服务建立社群，目标人群就是社区内的残障人士、服务人员和爱心人士；还可以专门建立社区志愿者群，或者根据兴趣建立社群。但如果目标人群的定位不清晰，男女老少各种人都有，社群就很容易成为一盘散沙，很难开展运营。事实上，国内目前大多数针对社区居民建立的社群，很难做运营，只能当成一个通知群，通知社区的相关事务。但志愿者群和各种兴趣社群就很容易将群内气氛活跃起来，做出很好的社群氛围。

第二，要让社群持续输出价值。要想一个社群长期活跃，留存度高，就要为社群成员提供价值。通常来说，维持社群的活跃度，有一些小技巧可以参考，例如聊八卦、闲聊灌水、玩接龙游戏等，还有一些群为保证成员不退出，会不定时地发红包，但这都不是最好的方式，社群运营重在价值运营，最重要的是让群成员感受到社群带来的价值。

什么东西是对社群成员有价值的呢？要根据社群成员的特点来设计，每个社群的需求不一样。疫情管理志愿者的社群，对疫情防控和个人防范的一系列知识有比较大的需求，包括新冠病毒的预防、传播、病症、后遗症等方面的知识，同时也需要情感上的支持、理解和陪伴。社区老年积极分子的社群，尤其是女性老年人比较多的群，可能非常需要拍照、修图的技巧，或一些APP的使用方法，可以为她们推荐一些好用的工具，养生保健方面的知识也很容易受她们关注。此外，在群内互动过程中，可以在群里设定答疑时间，帮助群成员解决疑问。只有把社群的目的、人群、规范、责任人都明确，才能真正地开始建立社群，不然很容易出现一种情况：群建起来了，居民进来了，但没过几天就成了一个"死群"，除了通知信息，就只剩下各种小广告。

（2）建群

最重要的是设定社群规则，无规矩不成方圆，要建立一个优秀的社群，规章和制度必不可少，社群规范并不是要限制群成员的行为，而是有助于社群的规范化运营，并产生社群文化，社群的规则本质上是社群文化的体现。社群规则一般可以分为以下三种：加入规则、入群规则和交流规则。社群需要有加入的门槛，社工要明确哪些人可以被邀请入群。入群规则非常重要，是让社群成员感受到仪式感的最好方式，能够让新成员快速融入社群，提高社群的黏性。

建群时的准备工作包括：统一群名称的格式，设置好进群欢迎语，引导新入群的成员进行自我介绍，自我介绍需要制定一个框架，也可以增加发红包的环节，会"炸"出来更多的人，活跃气氛。在群成员达到一定数量的时候，可以做一个破冰仪式，让群内成员在某个时间一起做自我介绍。入群的仪式可以快速帮助新成员消除陌生感，快速融入社群，建立与群内成员的互动关系。每个社群都会设置一般的互动规则，例如不骂人、不吵架，不发布违法乱纪、不堪入目的信息，不得擅自发布小广告等。另外每个群都有不同的结构，有群主，有管理员，有意见领袖，还有活跃分子，社工可以发展志愿者成为社群的管理员，管理员可以轮值，增加大家的参与度。

（3）线上运营

社群建好之后，就要马上开始运营，一般最开始的几天是大家最有好奇心的时候，这时就要让社群成员知道社群的功能和价值，形成经常看群和互动的习惯。线上的运营可以分成两类，一类是日常运营，第二类是活动运营。

日常运营是社群里每天都固定进行的环节。有效的日常运营可以把握一天中的几个时间段。首先是早晨，早上刚醒过来的这一小段时间，很容易形成一些习惯，例如有的人每天早起第一件事就是刷朋友圈、看微博，或者会打开一些音频类的APP，如得到、喜马拉雅，听一些自己喜欢的课程或节目，甚至是去蚂蚁森林偷能量。那我们的社群也可以在每天早上做一个打卡的小仪式，需要由管理员来主动引导，每天早上一醒过来，就可以在群里发一个"早上好"的表情包，不用太刻意，其他社群成员看到之后很可能也会跟着一起发早上好，长时间坚持下来，这个很小的行动会维持社群氛围，让社群成员逐渐有一种归属感，哪怕不说话，每天都看到群里其他人在打卡，养成习惯，感觉也会不一样。另外群管理员可以每天早上发布一个简短的早间新闻资讯，不要太长，10条左右，简明扼要，让大家很快地了解昨天国内外发生了什么比较重要的事情，这种早间新闻很多社群都会发，可以直接复制过来。如果社区或周边发生了一些值得关注的事情，也可以放到新闻里，比如今天哪个公园里会举办一个什么样的活动，周边有哪家店新开业有优惠等，这些信息都能够给社群成员提供价值。在午饭时间，大家一般都比较放松，这个时候可以在群里晒午餐的图片，讨论美食，或者做美食推荐，引导大家围绕午餐美食讨论起来，这个主题很有参与度，能有效地促进社群成员的互动。下午是比较犯困的时间，可以偶尔发一些有趣的图片和文字，活跃一下群里的气氛。晚饭之后，一般是休息和闲暇的时间，对社群来说是开展互动交流的最佳时机。可以分享活动图片，围绕活动展开互动；可以通知下一场活动，在群里做活动报名的接龙，可以就某个话题进行讨论。

活动运营是在社群里正式开展某个活动，最常见的是讲座分享，还可以在节假日举行一些娱乐活动，例如红包接龙。社群里的线上活动相对较少，一般配合线下活动，起到锦上添花的作用，对于活跃社群气氛非常有帮助。

如果按照活跃程度来划分群成员，可以有两类，第一类是"万年潜水型"，他可能也会看群里的内容，但基本上不在群里说话。第二类是比较积极的人，经常在群里发言，这一类成员需要给予适当关注，管理员可以跟他进行互动，但也要防止群里总是那几个人在发言，所以需要调动中间类型，也就是偶尔在群里发言的那些人，群管理员需要敏锐地抓住一些信号，主动点名跟他互动。有时候社工也需要申请一个备用的微信号，我们俗称"小号"，扮演居民，用"小号"和"大号"一唱一和地在群里聊天，很多时候就会吸引到其他成员的参与。现在很多社区都有居民群，但居民群比较难开展运营，需要建立更小更垂直的群，例如跑步群、羽毛球群、志愿者群。可以直接在居民群里发新群的二维码招募，也可以让居民直接扫码加入。

此外，一个优质的社区社群，还要做到线下线上高效配合，当线上运营做起来之后，要与线下活动进行有机的结合。

2. 社工"个人 IP"塑造

在社群运营的基础上，社工还要做一件更重要的事，那就是打造自己的"个人 IP"。

社会工作是一个新兴的职业，居民对社工的工作内容和工作能力都不熟悉，很多人会把社工等同于社区居委会的工作人员，或者是社区志愿者、义工的角色，并不知道社工是一个专门助人的专业和职业。

在这种情况下，社工需要打造一个属于自己的"个人 IP"，在社区居民中建立影响力，发展自己的支持者即"粉丝"。"社工－社区"进入中期阶段，社工在社区有多大的影响力？判断的标准就是社工在社区里有多少个"铁杆粉丝"，也即"铁粉"，只要有时间他们就会来捧场，哪怕是一些任务型的讲座活动，他们也会来支持，这说明双方有充分的信任作为基础。事实上，社工在社区里拥有"铁粉"的数量，决定了他在这个社区能开展什么层次、什么质量的服务。所以社工要有主动建立"个人 IP"的意识。

那什么是"个人 IP"呢？"IP"这个概念近几年非常火，一开始主要用来解释知识产权。一部作品就是一个 IP，有人写了一本小说，拍成了影视剧，有很多粉丝和受众，那这个 IP 就有比较大的商业价值。后来娱乐明星、商业领袖、网络红人，都成为"个人 IP"，也就是说，凡是有知名度的、有粉丝、有受众的，不管是什么东西，都可以叫作 IP。如果这个 IP 是人，那么就是"个人 IP"。"个人 IP"对于拥有者来说是一种能够更容易与周围的人产生链接、建立信任、带来溢价、产生增值的无形资产。近期在直播平台上非常火的健身教练刘畊宏，曾经在国际社交平台"代表"中国文化的李子柒，都是非常有影响力的"个人IP"。那么在社区里，对居民有一定影响力和号召力，居民比较认可和信任的人，也是一个IP，我们可以称之为"社区IP"。实际上我们所说的社区领袖、社区骨干、社区能人，多多少少都带有"个人IP"的特点，只不过他们没有清楚意识到这件事，不知道社区的IP能带来什么，也没有很好地去运营这个IP。

所以社工要把自己打造成一个具有社区影响力的人物，不仅仅是与社区居民熟悉，更要让居民喜欢你、支持你、拥护你，这种感觉是完全不一样的。它超过了一般的专业关系，上升为一种情绪和情感上的链接。让"铁粉"居民们一想起社区活动，就能立刻想到社工，主动询问咱们社工最近要举办什么活动，参与得非常积极。如果社会工作者在社区里能发展出50个"铁粉"，在这个基础上滚动起来，开展社区营造的活动就会非常容易，后期开展专业的个案和小组也就有了基础。如果跟居民的关系不到位，没有"铁粉"式的支持者，那么无论是做社区活动还是开展个案、小组，都会比较艰难。

那怎么打造社工的"个人IP"？其实之前的很多方法都与打造社工"个人IP"有关联。总的来说，不断地开展社区漫步，与居民建立熟悉感，开展好玩有趣的活动，在活动中发现社区积极分子和志愿者，不断地进行互动，让居民产生认同，这些都是社工建立"个人IP"的必经之路。除此之外，还有一个重要的方法，就是要跟一部分重点居民有比较深入的沟通和了解，逐渐产生情感链接。只有产生了情感上的互动，才能真正地建立IP。因此，社工建立"个人IP"的过程，打破了传统社工的专业关系，发展出一种新的多重融合关系，这是社会工作本土化重要的探索和尝试。

具体到操作技巧上，"个人IP"的打造需要进行私域运营。私域是近几年互联网商业营销中非常热的一个概念，本质是把用户从抖音、快手、知乎等公域流量平台导入微信好友和公众号这样的私域平台里，通过较长一段时间的互动和恰到好处的展示，逐渐与用户建立信任关系，最后实现商业交易。相信读者朋友们都见过很多1元听课的培训，这其实就是一种私域引流，花1元钱购买一个比较有价值的课程，但你要加微信才能领取课程，听完 1 元的课程之后，会发现原来更多更深入的知识和方法还需要购买一个价格更高的课，哪怕你暂时不买，你也已经加了卖方的微信，对方也会适时地跟你互动，询问你的需求，经常在朋友圈发一些其他人的案例旁敲侧击，经过一段时间之后，只要你真的有需求，就比较容易购买他们的产品。

作为社会工作者，我们也完全可以借用互联网私域运营的方法。现在各种微信群越来越杂乱，很多人都不太看微信群的内容。那么可以注册一个新的个人微信号，最好不要用以前的账号，需要进行区分。用新的微信号有选择地添加社区居民，主要是社区志愿者和积极分子，以及一些潜在的对象，可以进行一对一的单独联系。社区要举办活动的时候，就可以一对一群发信息，问他们是否有时间参加，愿不愿意报名，如果这次不参加，那么下次会不会参加，或者可以询问他接下来社区会举办的活动中他对哪些活动感兴趣。这样就算他这次参加不了，之后来参加活动的可能性也大大提高了。可以在活动结束之后，单独发 2 张活动图片给他，简单讲讲活动的情况，表达出他没来参加很遗憾的感受，如果他对活动感兴趣，下次可以给他预留名额。如果他参加了活动，那就可以给他发活动照片，感谢他的积极参与，并预告下一次活动，进行邀约，或者询问活动改进意见。这种一对一的沟通很容易能建立信任，让居民感受到社工对他的尊重和重视，很自然的就会产生认同感，情感链接就建立起来了。通过这样一对一的沟通，进行私域运营，就可以很快的通过几次活动，高效的发展一批社区志愿者和积极分子，并且让他们成为社工的"铁粉"，让他们认可社工，支持社工的工作，积极参加活动，社工就能够在社区里获得影响力。一对一沟通可以模仿互联网营销的标准话术，事先设计不同情境的 FAQ 模板，能够显著提高沟通效率。

通常社工用来进行私域运营的微信号还需要进行朋友圈的设计，朋友圈的发布不能太随意，每一条朋友圈都是在向居民做一个展示，展示活动有多么精彩，照片一定要美观好看，具有审美性，不能很随便地拍一些活动场景图，显得很杂乱，一定要注意细节方面。朋友圈展示完活动之后，还要设置一些互动，埋下一些"诱饵"，比如故意在朋友圈说，"今天的活动有一个神秘礼品，领到的小伙伴评论区扣 1"，那么很多没领到神秘礼品的人就会非常好奇，很容易拉动气氛。或者在朋友圈展示完活动，立刻开始下一次活动的预告，可以制造稀缺性，限制主要参加者的名额，如"名额有限，报名请在评论区扣1，第6个、第16个、第26个报名的小伙伴将会在下次活动现场领取盲盒礼品"。同时，朋友圈也可以适当发布一些个人生活的内容，例如风景、美食等，让居民对社工产生一种真实感，也有助于增加信任。

总之，作为社会工作者开展社区工作、进行社区营造，最好的方法是打造社工在社区中的"个人IP"，让居民成为我们的粉丝，成为朋友，我们要关注居民的喜好、兴趣和需求，真正的关注、关怀居民，跟他们建立情感链接，让他们对社工产生认同感、信任感。如果社工在社区里开展了很好的社群运营，在这基础上同时开展私域运营，建立"个人IP"，也就意味着社工在社区拥有了比较强的影响力和号召力，那么不论在社区开展专业服务还是大型活动，社工都能游刃有余。

二 社区特色活动与项目化设计

（一）为什么社区需要特色活动？

社会工作强调服务的专业性和服务对象优先，但社工在社区工作开展的过程中往往会接到基层政府（资方）对于特色项目或品牌活动的要求，社工常常会"摸不着头脑"，首先不清楚为什么一定要"特色"？似乎社工教育中并没有涉及，接着就会开始"头疼"什么算是"特色"？在当下的社区和项目中该怎么做出"特色"？

第三章已经分析了社会工作要在"嵌入式"发展的背景中理解基层政府的治理文化，积极与"行政性社会工作"展开合作，基于共同的社区服务目标，在坚持专业性、独立性和基层治理逻辑之间找到结合的路径。在这种客观环境中，社会工作者们需要适应基层政府的工作思路，在其中找到"两全其美"的平衡点。基层政府官员确实需要社会工作项目做出特色，并以此作为"政绩"，这是客观存在的现实。对于这种情况，笔者也访谈了几位社工。

实用参考 ≫ **资深社工们如何去适应基层政府的工作思路**

社工小 Y：我们现在做社区服务项目，从我们社工的角度来说，肯定考虑更多的是我怎样利用既有的资源去做好服务，使服务对象获得最大的改善。包括面上和实际程度上的。但是街道（官员）要的是面上的和谐稳定，更想要一些拿得出手的东西，其实也就是更需要社工做的工作本身有一些非常亮点的突出的，能让其他人看得到、感受到的东西。从根本上说，因为他需要政绩啊，他花钱买了你的服务，要看到实在的效果，他希望社工能给他"争脸"。

社工小 M：关于社工项目和活动的新闻报道，其实呢有些不见得是新的东西，本身也不见得做得有多好，咱们行业内的人是知道的。但是，好像现在有一种感觉，就是媒体一旦报道了、聚焦了，这个事好像就是做得很好的、很出彩的。但其实未必，可是街道非常需要这样的报道。所以社工也需要去帮着做"包装"。但反过来也有一个问题，我们这个项目本身究竟需不需要，或在多大程度上需要做包装宣传，提高公众对这个项目的知晓度和影响力，是不是知道的人越多越好？可能有些社工服务项目，比如针对社区特殊群体的，并不需要这些"大张旗鼓"的宣传，对服务对象不一定是好事。这就需要社工去平衡了，怎么把握这个"火候"。

社工大强：政府也是希望能够做出成绩的，能够出现一些亮点的。如果说我们社工能帮助他们把这个亮点做出来，他们是很高兴的，会很认可我们，而且 S 市这边政府真的很不差钱，所以他们很多时候就会说你们社工就去做吧。那我们社工缺的是那种包装的思维，因为很多时候政府要的是大的东西，或者是概念性的东西，能够比较特色比较亮点的，我们社工可能就是在搞一个活动、做几个个案。但是你如果说能够把它提炼到稍微有一个高度出来，它是比较有亮点的。工作站的领导在街道、在区里面也有成绩，他就会很高兴，那对于他的升迁可能是有用的，所以你要把握准领导的需求，他想要的是什么。

事实上不只是基层政府需要特色项目，社会工作也需要通过特色项目和亮点活动的宣传来提升自身的影响力，这对于社会认知度、认同度尚且不高的社会工作专业者来说，也是一个宣传自己的途径和窗口。同时，特色项目对居民一定更有吸引力，通过"特色"的宣传，更多的居民愿意主动积极地参与进来，也有助于提升社区项目和活动的参与度，提高居民的主动性。因此，社区社会工作需要打造特色项目，挖掘出真正吸引居民参与的"特色"，打造社区特色项目亦是社区社会工作专业方法体系的重要一环，真正的"特色"亦是专业性的体现。

（二）如何打造特色项目

什么是"特色"？可以理解为独特的、特殊的、与众不同的、有影响力的、高级的、符合美和艺术的，具有以上某些特点的社区项目，通过合理、精妙的方案设计，最终让人眼前一亮，值得做推广或被报道。但在实际工作中，找到"特色"并一定很容易，社区的服务对象都很类似，集中于"一老一小"和困难群体，服务对象的需求不会相差很大，怎样才能与众不同呢？上一章呈现了一个"社区市集"经典案例，这是一个特色活动，更大的作用是活跃社区氛围，也是一个"质变性"社区活动。但每个社区都需要有自己的特色活动，不能都做"社区市集"，接下来对如何设计社区的"特色"活动做一个具体分析。

第一，紧跟时事热点，了解政策动向，掌握政府和媒体关注的方向，发现基层政府工作中迫切需要解决和关注的问题。"共建共治共享"是基层社会治理的重要理念和目标，近年来，基层政府非常重视社会协同和公众参与。例如 S 市最近就有一个社工团队以"社区营造"为概念结合"共建共治共享"做了一个社区项目，当地政府非常认可，后来成了全 S 市的一个典型项目。这个其实并没有做很多专业服务，主题是促进社区社会组织参与社区治理，实际上更多的是做了一个整合，把社区已有的跳舞、合唱、乐器弹奏、运动等方面的自组织从兴趣组织转变成备案的社区服务组织，实现公益转型。具体的方法是，先开展几场头脑风暴的讨论会，做几次公益组织和项目的培训，在街道不同的社区开展一轮，挑选了其中比较活跃的三个社区，重点培育了几个社区自组织转向社区公益领域，在社区中为居民开展各类志愿服务，实现"社区社会组织公益转型"，同样结合"社会协同、公众参与"的治理理念，做成了知名的品牌项目。事实上这些自组织的公益服务很多社区都在做，只是并没有进行统筹。S 市 N 区在这个特色项目的带动下，各个社区的自组织变得非常活跃，大量兴趣团体类的自组织开始积极参与社区服务和社区治理事务，社会组织参与治理的水平确实得到了提升。从这个角度来看，这个项目不仅仅只是做了"包装"，其效果也体现出社会工作的专业优势。此外，社工还要能总结提炼出比较宏观的概念或路径，例如在民政系统有很大影响力的"三社联动"，一开始就是地方上提炼的概念，后来还有人提出"四社联动""五社联动"。还有例如"1231社区工作法""三个三工作法"之类名称，都是在已有做法的基础上进行有机整合与总结。

第二，结合当地的特殊资源或人群，或较突出的特殊困难群体，提炼挖掘特色。Z市的K社区位于老城区，社区内没有公共活动场地，条件非常艰苦，且以老人居多，初入社区时社工在户外很难开展活动，一时非常"头疼"。后来深入盘点社区资源后发现，K社区有一个非常大的优势，辖区内有三家医院，包括省肿瘤医院、某医科大学的附属医院以及一所老干部康复医院，另外还有其他两家医院的分部，有接近一半的居民与医院都有联系，很多小区以前就是医院的家属院，而且还有1000余名医学类的研究生居住在此。利用这个特殊的资源优势和人力优势，K社区的社工组织了一个以"健康养生"为主题的志愿者服务团体，专门开展各类与医疗健康相关的志愿服务，包括比较简单的路演义诊、为困难群体做诊疗、上门为孤寡老人做探访、社区健康大讲堂等活动，并结合"精准扶贫"的政策热点，为整个街道的贫困户上门做健康检查、赠送药箱。志愿团队以"健康"为纽带，以"医疗"为切入口，依托医院的资源和积累的影响力，不断吸引更多的居民参与，形成了一个非常有特色的项目。

除此以外，可以观察社区中有哪些困难群体，如果社区中有一定数量的残疾人，可以针对残疾人开发"特色"项目。成立残疾人支持小组，对他们进行充分的赋能和心理建设，发掘潜能，提升他们的自信；在获得同类群体支持的基础上，可以鼓励他们在社区里联合其他自组织和志愿者，开展社区共融的倡导性残障活动，例如残疾人社区运动会等。让居民更好的认识、关注到残疾人群体，营造一种"互助共融"的社区氛围。另外可以链接资源，联合其他社区、街道的残疾人自组织、残疾人协会，坚持做残疾人的"全领域监护"，这样就会越做越大，越做越多，整合起来就能够形成特色品牌项目。其他类似的特殊群体还有很多，例如城市留守儿童、单亲妈妈、随迁老人、社区矫正人员等。但特殊人群一开始并不容易接触，而且往往是封闭的、分散的，需要社工主动发现他们，以个案探访、熟人介绍的方式，与他们单独建立信任关系，再成立小组做同群体的社会支持建设，最后才能走向社区，中间需要较长时间的培育过程。

概括来说，要与社区参与做结合，发挥服务对象的主动性和自主性，吸引更多的人参与，产生某种融合与集聚效应，具有这些特征，再做一些名称和理念上的"包装"，形成一定影响力之后，经过媒体较正面的宣传，就能够成为较有"特色"的项目。

第三，利用社区独特的历史文化资源或社区文化景观。有些老旧社区虽然居住条件较差，但却有丰富的历史文化资源，可以发动对历史文化感兴趣的居民，探寻社区的历史发展变迁，呈现社区的文化风貌和传统习俗，例如开展社区的"五老寻访"，撰写社区的"地区志""口述史"。有些社区有名人的故居，或者其他文化景点，都可以以此为链接点，带动居民去挖掘文化资源，提高居民对社区的认同感。还可以关注社区中保留下来的传统文化风俗和非物质文化遗产，让居民参与进来。例如 G 市某社工机构做过一个结合本土文化的项目，主题是本土文化，链接的主体则是外来务工子女，将二者结合起来做社区融合。社工给项目中的外来务工子女起名为"小候鸟"，这些"小候鸟"们从北部、中部地区来到南方，对这里的生活习俗、文化观念、衣食住行都不熟悉，也不适应，通过项目，带着他们去熟悉社区，熟悉社区的人文历史，讲解社区的发展变化，熟悉社区周边的衣食住行，增加对社区的认识和认同。同时，这些"小候鸟"们也存在语言上的障碍，在项目过程中学习当地方言。之后，组织他们参与社区的志愿活动，与本地居民增进互动，与当地的小朋友也建立联系。等到他们熟悉了社区的景点和历史文化，下一步培养他们成为"小导游"，向其他社区居民尤其是外来务工人员宣传社区的景点和文化，作为讲解员，进一步增强外来务工者这个群体对城市和社区的认同感和归属感。这个项目的效果非常好，也非常有特色，获得了各方一致认可。因此，此类特色活动得以成功的关键在于社工发现社区中的某种文化、历史、景观和民间习俗，以此为契机带动居民参与，广泛地链接不同的群体和资源。

第四，抓住"有趣"这个关键词。有趣的活动才能吸引居民，才能有更多的人愿意参加,尤其是年轻群体和青少年,更容易因为有趣而参加活动,有趣本身就是一种很好的"包装"。"有趣"包括两个方面,首先是活动名字有趣,其次是活动的内容和设计有趣,这两个方面都非常重要。X社区的社工开展了一个项目,叫作"极限挑战——亲子城市猎奇赛",用比较火的综艺节目《极限挑战》作为宣传噱头,"城市猎奇"听起来也很新颖,另外还有"亲子"的概念,加上非常有艺术设计感的宣传海报和喷绘,一下子就抓住了居民的注意力。居民就想去看看这个活动到底是什么情况,"猎奇"活动怎么玩,赛制是什么样,与"极限挑战"这个综艺节目的环节有什么相似之处。这样的活动在设计上也一定要"有趣",比如X社区的社工划定了一片城区,在某些路标、地标的地方设置几个定向点,参加的居民需要按照顺序逐步探索,完成任务,到达点位后需要打卡,并招募志愿者和观战居民嘉宾,加上媒体的全程跟踪摄像,活动的影响力非常大。

另外,在活动的设计上要有趣好玩,有新鲜感,有参与性,有新体验,同时要把这些元素进行包装。例如C社区组织了一个活动,叫作"大爱里的小梦想",其实是针对弱势群体的服务,原来的服务方式更多是探访和慰问。经过活动设计后,稍微改变了形式,在探访时询问社区困难群体的心愿,尤其是孩子和老人,比如想买一把小吉他、想有个篮球、想找到几十年前报纸上刊登过的自己的照片等。将这些"小心愿"交由社区自组织和志愿者共同努力来实现,并包装成社区居民共同参与的"精准扶贫"项目,"扶贫"的过程中强调社会参与、居民自主,而且满足的"小心愿"大多与"精神"层面相关联,又可以成为"精神扶贫"。还有一个比较有趣的项目叫"笨爸爸",是H省某市社区服务的一个品牌项目,主打的是"父亲参与、父性教育",社工发现父亲们常常缺少对孩子的陪伴,主要精力放在工作上,家庭生活参与的比较少,生活技能也往往比较弱,所以举办了由父亲们带着孩子参与的亲子活动,做了很多有趣的活动设计,名字也很有趣,并且做成了持续性的亲子活动。现在这个项目在当地很有影响力,已经开始大力推广。

第五,结合近期的热点,新奇、潮流的概念或制造一种"高大上"的感觉。比如S市的一个街道有一个国际化程度很高的社区,其中有60%的住户都是外国人,很多机构不愿意去做这个社区的服务项目,担心做不了。但实际上国外的社工远比国内发达,所以这些外国人居民对社工的认知度很高。M 机构接下这个项目，利用外国留学生成功进入社区，建立初步关系，在社区中招募了多名外国志愿者，在打好关系的基础上，找到了社区中有资源的两位法国友人，链接资源，做了数场大型巡回的"中法艺术交流演出"活动，借国际交流的高端平台，短时间内极大地提升了项目的档次，"国际范"实足，当地政府非常满意。

还有一个非常经典的项目"包装"案例叫作"柚子邻里节"。在 H 市，有一个高档小区，但社区治理就非常难，因为居民经济条件好，看不上社区给他们提供服务，对社区的关注较少。后来社工大强的团队进入这个社区，发现社区里有一大片观赏柚子树，但是，这些柚子虽然好看，却也惹出一个麻烦，有时可能会掉下来砸到居民，一直有居民向物业投诉，要把柚子清理掉。社工大强以优势视角来看这个问题，发现这是社区的优势，因为柚子有很多谐音，"保佑""佑福""佑宝"，都有很好的寓意，柚子也可以打造成一个寓意幸福吉祥的社区标志物，以此作为出发点链接更多的人。后来社工大强的团队通过一系列努力，建立与社区居民的信任关系，围绕柚子策划了一系列有趣、好玩的社区活动，以小孩、老人为突破口，链接家庭，最后做成社区的"柚子节"，形成了具有高度社区认同感的"潮流"品牌，活动持续举办了 5 年，发展到近千人参加，打造成了一个非常有特色的品牌活动。因此，结合热点和潮流，结合社区参与进行"包装"升级，完全可以打造出具有"特色"的社区活动。

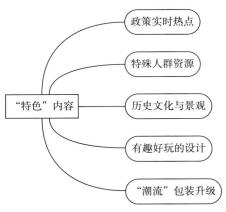

图 6 - 1　社区活动的"特色"内容

实用参考 》》 **社区活动"新点子"**

◆ 社区私房菜

◆ 一人一故事剧场

◆ 汉服飨宴（儿童、亲子、采风、古风、古语）

◆ 70 后 80 后动漫怀旧展

◆ 儿时游戏大比拼（踢毽子、玩沙袋、跳皮筋、"拾老磨"、跳方格）

◆ 亲子风筝节

◆ 社区纪录片

◆ 采风小记者

◆ 萌宠模特大赛

◆ 跳箱运动

◆ 冰桶挑战

◆ Plogging Run

◆ 巴西柔术

◆ 香水节

◆ 创意 T 恤 DIY

◆ 陶品 DIY

◆ 跳蚤市场

◆ 魔术零距离

◆ 冰品 DIY 比拼

◆ 社区涂鸦

◆ 盆景艺术

◆ 流动图书馆

◆ 社区车友会

◆ 社区驴友会

◆ 茶文化节

◆ 中元节面具舞会

　　这些活动仅仅是提供参考，不一定适用于所有社区，需要根据所服务社区的具体特点、客观环境来进行选择。另外还有一个重要的条件是社工与社区建立信任关系的程度，有些活动不太适用于初期关系阶段，需要一定的居民关系做基础，需要较多的社区志愿者和积极分子来推动。

　　总体来看，打造社区"特色活动"的方法和路径（见图6－2）包括下面几个方面：首先是了解热点，政策方面的热点，社会生活中的热点，时尚潮流中的热点；其次，充分了解你的社区，找到社区中特殊的、与众不同的"人、文、地、产、景"；再次，设计活动的名称和方案，一定要有趣、要有吸引力，注意最重要的原则是居民的"参与感"，一定要让居民参与进来；下一步是宣传与执行，宣传至关重要，包括活动前的宣传和活动后的报道两方面，执行需要在细节上做把控；最后就是包装、提炼和总结，需要结合热点，提升档次，有大局观，做更广泛的连结，以及注意向基层政府做汇报，听取改进意见。

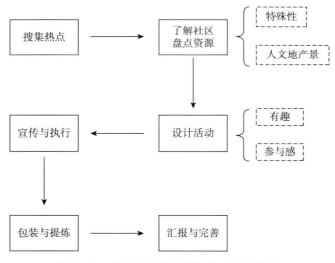

图6－2　社区"特色活动"的方法和路径

　　在这个过程中，需要充足的支持条件，首要的条件就是社工与社区的信任关系，包括是否有足够的社区志愿者与社区积极分子作为支持，与社区居委会是不是能够有较好的合作，劲往一处使。其次是基层政府的支持，社工可以从政府那里获得丰富的资源。再次是媒体，尤其是层次较高、影响力较大的媒体资源。最后则是企业，很多特色活动只靠社工的项目经费支撑不起来，需要有企业资源的注入，事实上如果有合适的项目，企业也很愿意参与。

作为社工，在开展这些特色活动时，一定要明确目标，不是为了特色活动而去打造特色活动，而是为了增强居民的积极性、自主性和能动性，让更多的人成为社区的志愿者和积极分子，让社区变得更活跃，社区的凝聚力变得更强，特色活动能够起到非常好的引领作用。在举办活动时要注意发掘社区骨干，培育社区能人，以特色活动为契机，发展社区的自组织。

（三）项目化：社区服务与活动的统筹

项目化是一种将社区零散的活动和服务统筹起来的过程，也是社会工作专业性的体现。项目化的方式与零散的、"流水线"式的节日活动和兴趣小组完全不同。目前大多数社区的活动虽然丰富基本上是散乱的，前后没有太多的关联，一会做老人的服务，一会又开始做儿童的小组，活动过后，拍个照写个宣传稿，就可以交差了，下次需要什么活动再重新组织。这种没有系统性的社区服务很难体现出社会工作专业性。社会工作的社区服务和活动应该是一种项目化的形式，有一个统筹的、统领的目标，在大目标之下，活动与活动之间互相关联，前一次活动为后一场活动做铺垫，后一次活动在前一场活动的基础上有进一步的提升，总体上能够有一个进度条和时间上的规划，随着活动的不断开展，离最后的大目标越来越近。就像前言中提到的跆拳道小组和丝网花小组，目标只是让参加小组的服务对象学会某种技能吗？或者觉得他们参加这样的兴趣小组就能提升沟通能力和自信水平了吗？严格来讲这只是兴趣小组而已，根本就不是社会工作的专业性小组，如果严格地开展评估，大部分社区项目在小组方面的得分都是不及格的，都把兴趣小组错误地当成了社会工作的专业小组。当然，也并不是说这样的兴趣小组就完全没有意义，它的意义在于通过兴趣小组将一部分比较积极的居民聚集在一起，与社工建立较好的信任关系，有了这样的关系做铺垫，后续可以开展更丰富、更深入的社区活动，或者从中找到某个主题，做一个专业性的小组。像这样的兴趣小组只是手段。类似的，社区前期零散的节日庆典类活动，也是为后续的活动做铺垫，社工可以认识更多的居民，挑选出社区积极分子，发展出社区志愿者，为后续的社区活动以及打造社区特色活动做基础。

而当前很多社区的项目书以及评估都把兴趣小组和社区节日类活动当作社区项目的指标甚至目标，而在项目书和评估中对目标的前后关联性、服务及活动的前后逻辑性并不关注。事实上，把社区的服务和活动项目化，本身就是一种特色，而且也更具有专业性。

那么如何将社区的零散活动和兴趣小组"项目化"呢？首先要有明确的服务目标，项目是为哪些人群服务的，做到什么程度，达到什么效果，总体目标是清晰的。之后在设计活动时，每个活动不是单独的割裂的，而是具有前后的关联性。例如项目关注老年人服务，首先就要明确通过一年或几年的服务，能够达成什么样的服务目标，目标需要是具体的，最好是可量化的，哪些是身体方面，哪些是心理健康层面，哪些是精神娱乐方面，哪些是自组织层面，哪些是社会支持层面，需要建构一个系统的目标框架。那么每一个针对老年人的活动都在这个系统之中，联系企业为老年人送餐、老年人义诊是身体层次的照顾；老年人的个案访视、个案工作以及治疗性小组，则是针对老年人心理健康的服务；老年人的手工兴趣小组、茶话会、电影展则关注老年人的精神娱乐生活，以及获得同辈群体的支持；组织老年人舞蹈团、合唱团、太极拳社就是在社区自组织层面针对老年人的服务，调动老年人的积极性、主动性；引导社会爱心人士、爱心企业及志愿者为孤寡老人开展多种支持性服务，例如卫生清洁、"免费修"活动，或引导随迁老人参与社区活动增进融入感，这就属于社会支持层面的服务。这些服务是一个系统，有着清晰的结构框架和体系，围绕着大的目标，一环一环逐步推进。现在很多社区的活动，很丰富，很热闹，但却是一盘散沙。社工需要通过项目化的方式，以目标为指引，将"沙子"变成"水泥"。

再举一个更细的例子，看其是怎么通过项目化的方式不断扩展项目、创新特色的。社区中经常有服务儿童青少年的"微课堂"或"爱阅读"活动，做这类活动不能只是让孩子们去做阅读，时间一长就变成兴趣辅导班了，这是传统的思路，只把活动本身作为目标。事实上，这个课可以搭建一个平台，例如把"亲子"概念放进来，可以组织几期亲子阅读活动。在活动中可以向家长和居民表达需求，招募一些与阅读相关的、有某种特长或资源的热心居民及志愿者进来。其中特长可以是朗诵、演讲、吟唱、精通诗词等，资源可以是企业资源，比如企业捐赠图书做一个社区流动图书馆，让孩子们成为这个图书馆的管理员，同时他们也就成了社区的志愿者，甚至还可以联系录音棚，为孩子们的吟唱和朗诵免费出一个专辑，等等。只要能通过这个活动打动一些居民，跟他们链接资源，一定有无数的，甚至想象不到的结合点，不断地扩展项目边界。这时候，最初的项目化的目标，可能会随之调整，这种调整是允许的，因为这些调整的活动也都在同一个框架之中，多个延展的服务和活动组成了一个连续的、有逻辑性的项目。

社区的兴趣小组，也是可以逐步递进的。就拿丝网花小组来说，可以借助做丝网花这个媒介，思考可以促进服务对象更进一步希望达到的目标。做丝网花是让居民聚到一起的开始，后面可以逐渐演变成其他活动，例如可以做一次茶话会，分享一些生活中的喜怒哀乐，这样小组成员就有了交流，就熟悉起来。社工接着可能发现有几个组员存在自我价值感较低的问题，负面情绪比较多，容易情绪化，那么下一次就可以设计一个提升自我效能感，或提升自信心，或情绪调节为主题的小组活动，引导组员通过小组游戏和分享。这个过程中，也要注意到，有时候社工不能直接告诉组员要做一个如何专业性的小组，只是带着他们做根据目标设定好的小游戏、小活动和分享，几次之后通过具体的事情来评估组员的状况，例如最近是不是负面情绪变少了，是不是感觉自己没那么不自信了，等等。需要以他们能接受的方式开展专业小组，而丝网花小组是我们最初与这部分居民建立关系的纽带，只是一个开始。

项目化的方式要求我们在做项目书和年度计划的时候，就要明确社区的长期目标，针对哪几个领域或人群。例如当年党群服务中心的重点是妇女儿童、老年人和外来务工人员，那么就可以根据这三个领域分成三个模块，每个模块的服务要实现什么总体目标，围绕总体目标做一个分目标的框架，基础性的活动要开展哪些，大概的时间节点到哪里，中期质变性的活动有哪些，以及专业性的服务如何开展。在目标的指引下，各个相关的活动、小组、个案是按照一定的逻辑顺序打包在一起的，是环环相扣的，这样才是社会工作专业性的真正体现。如果评估时各个活动、小组还是零散混乱的状态，或者做来做去，发现都是基础性的节日活动和兴趣小组，没有服务的提升和专业方面的跟进，那么这个项目严格来说是不合格的。事实上，"特色活动"也是项目化过程中的一个重要环节。

三　社区工作的资源链接

1. 何为可链接资源

社会工作实务非常重视链接资源，那么在社区工作中，什么是社工可以链接的资源呢？

社区的资源非常丰富，无论是政府、各类事业单位、企业和社会组织，都需要有在地的实体场所，这些单位的办公地点一定脱离不了社区。所以社区资源的数量非常多，以社区为中心的资源系统潜力巨大，无论是辖区内的个人还是组织，或者跟社区内个人、组织相联系的其他主体，都可以成为社区营造资源的一部分。只要深挖社区资源，几乎能为解决所有的社区问题提供帮助，涉及各类社区事务，涵盖社区服务需求的方方面面。但社区资源又很松散，而且独立，大多数时候跟社区没太大的关联，也完全不是社区工作者能够调动的，需要有具体的方法，根据具体的社区需要，有选择性地链接资源。

社区所拥有的资源极其丰富，需要划分资源的种类，从不同的角度和划分方式来进行思考和梳理。社区中的单位和组织可以划分为硬性资源和软性资源，硬性资源包括党群服务中心、医院、银行、学校、商店等依靠制度和资本成立的组织；文化团体、兴趣团体、民间组织、志愿团体等主要依靠兴趣和公益成立的组织可以被称为软性资源。再具体一点来说，可以分为：行政资源，主要是党群服务中心和便民服务大厅；商业资源，包括社区中的门店、底商、电商站点等为居民提供商业服务的群体或组织；福利性资源，指医院、学校、居民议事厅、社区广场等具有社会福利和公共服务属性的资源；非营利性资源，主要包括群团组织、社会组织、各类行业协会、公益慈善组织、群众互助组织等。

除了各类组织之外，社区资源可以分为"人""文""地""产""景"五大的部分。

"人"指的是社区人口特征，例如社区内男女比例、老年人和儿童的数量和比例等，还包括社工需要了解的社区历史故事、故事中的人物。社区里从事艺术行业、热爱文化艺术或者在某方面有特长的居民，也是很重要的资源，例如书画协会的某位师傅，会唱歌的某位阿姨，手工编织"高手"阿姨，烹饪"大师"叔叔等，了解他们的特长是什么，跟他们建立联系，并且询问他们是否愿意为社区居民开展分享活动。社区居委会的工作人员、社区网格员、楼栋长、社区党员、物业工作人员，这些人同样是社区的资源链接入口。了解到社区居民的特点，了解他们的兴趣爱好、职业情况和家庭结构，可以不断挖掘出新的资源。

"文"指的是社区的文化、社区的历史、社区的变迁、社区的教育、娱乐休闲资源等。社区的文化特色，是增进人们对社区认同感的重要方式。社区文化与社区成立的时间没有直接关系，并不是说只有老旧小区才有社区文化，只要有人的小区就有文化特色。有些成立时间长的社区可能会有古迹或文物，而一些新成立的小区，文化娱乐设施和公共场地可能更多，年轻人多的社区可能居民自组织更活跃。了解社区文化，熟悉社区的传统特色，了解居民文化情怀，这都是社区的资源。

"地"主要指的是社区的地理环境。每个社区都有自己独特的自然景观、地理环境，有的社区交通便利，有的社区偏远一些，但可能紧挨着湿地公园，有很多户外活动场地，有些社区拥有条件较好的室内活动空间，而有的社区可能缺少公共空间。社工需要了解这个社区的活动场地，居民一般休闲娱乐的地方是那里？附近有没有户外场地？一定要走进居民的生活环境中，了解居民的想法与需求。

"产"指的是社区的产业，主要是与市场相关的商业、服务业，社工需要了解社区周边的产业环境，例如商场、超市、餐饮店、医疗机构、教育机构等的状况。有些城市的社区内可能有一些单位的工作地点或者写字楼，尽可能掌握社区内企业的名录。

"景"指的是社区的景观，包括公园、公共空间、纪念馆、体育馆以及重要的公交地铁站点等。有些社区内或周边可能有在当地比较著名的景点，这都是可以利用的资源。

根据这些社区资源的分类，社工就可以系统地梳理社区资源，与需求相匹配，找到可以利用的资源点。

2. 发现并利用资源

那怎么发现这些资源，怎么能让这些资源为社工所用呢？

第一，资源就在身边，社工在开展活动中会接触到不同的居民，与服务对象建立良好的关系之后，可以了解到他们的特长和兴趣爱好，会发现社区的能人很多，比如：有人擅长唱歌乐器、有人善于烘焙做蛋糕、有人是运动健将，还有舞蹈瑜伽达人等。邻里关系是最便捷可靠的社区资源，作为本社区居民，社区能人对社区、居民更为熟悉，通过他们调动人力资源、实现邻里互助往往事半功倍。社工可以借助社区能人组织更多的居民参与社区活动，在活动中发现有资源的居民。同时多进行"社区漫步"，社会工作者的社区走访一定要去的次数多，只有走进居民的生活区，实地观察各个角落，才能对社区资源及分布有更深的了解。例如哪里有一个小公园，面积多大，有什么设施，什么人会去那里聚集，做什么，什么时候人最多等，这些信息都可以通过"社区漫步"真真切切地了解到。如果没有实地走访，社工可能只是知道哪里有一个小公园，但这还远远不够，要真正利用起来这个资源，必须要掌握确切的信息。同时，在社区走访时，也可以通过与居民交谈，从不同层面收集社区资源。在掌握足够的社区资源及熟知社区地理位置之后，可以开始绘制社区资源地图，也可以画思维导图，都能够帮助社会工作者直观地了解社区什么位置有什么可用的资源或待挖掘资源，起到引导的作用。

社工还要与居委会工作人员、社区网格员等正式的社区工作者建立良好的合作关系，通过他们深入了解社区目前现有的资源、资源的使用情况、存在的问题以及潜在的待开发资源。社区居委会管理社区的相关事务性工作，掌握着一定的社区资源，对社区的公共服务空间有管理权和使用权。此外，利用互联网社群，也是获取资源的有效途径，社区一般都建有居务群、通知群、物业群等不同的微信群，社工可以加入这些微信群，在群里与居民沟通交流，不断观察，也能发现一些拥有资源的社区居民，可以通过网络先建立关系。

第二，与社区周边的单位或组织建立合作关系。社区周边的单位，如各政府部门、医院、银行、学校、群团组织、企业、商铺等，这些都是可以链接的资源。很多社工在做社区工作的时候，往往局限于社区内部，其实这些单位都有一些可以在社区得到满足的需求，有些需求是公益性的，有些是带有一定商业推广的属性。社工链接资源的本质是以资源换资源，想获得别人的资源，无论是资金、人力、场地还是直接的参与，一定是社工能够提供一些东西，满足对方的需求或预期，社工拥有的资源是什么呢？关键就是扎根社区、深入社区的优势，对社区居民的影响力和动员能力，以及组织社区公益活动所具备的社会影响力。

3. 把握资源提供方需求

链接资源要学会用营销的方法来建立关系，准确把握资源提供方的需求。一些国企和大型企业有履行企业社会责任的需求，每年都需要做一些公益活动，这是企业的评估指标，政府也要开展相关宣传活动，社区更是企业的直接获客渠道，但因为社区里存在行政力量的约束，商业化的活动很难直接进到社区里面，而且也很难获得居民的信任。但如果企业跟社工进行合作，可能就不一样了。接下来呈现几个案例。

A社区请了该市第五人民医院营养科的医生到社区做讲座。讲课老师讲完之后，社工就跟他聊天，说我们社区这里有很多项目，如果你们愿意的话可以来参与，联合开展活动或者做志愿者都可以。当时五院每年都有评选优秀志愿者，是评选先进个人的一个条件，营养科就非常愿意跟社区一起办活动。而且社工做了一个很有意义的活动设计，针对社区的弱势困难群体，开展了一个长期的医疗援助项目，有残疾人、脑卒中患者的康复，有独居半失能老人的康养，这个系列活动做下来，让医院感觉非常有社会意义，而且社工也请了媒体做了宣传报道，整个活动下来，让医院的领导非常满意，后来形成了系列的合作项目。

Z集团经常有进社区做宣传的活动，会带有一定的销售目的，B社区跟Z集团合作，做了一个"肉类拼盘"展示活动，并请了专业营养师讲解肉制品的做法和吃法，与营养健康的主题进行结合。Z集团会给到社工一部分资金，社工用这笔钱成立了一个社区基金，社区服务项目和社区自组织开展活动如果需要经费，就可以从这个基金里出钱。社工跟Z集团当地营销部门的负责人建立了信任关系，对于Z集团来说，通过社工进社区做活动效果好，价格也不高，没有额外收费，活动还有一定的公益价值，比其他的广告形式更好。后来这个机构用同样的方式在其他5个社区都跟Z集团合作开展活动，效果也都很好。

与国企和一些大企业的合作，还有一个很好的方式，就是党建项目的合作。党建工作一直非常受到国企单位的重视，有严格的考核机制。党建工作不能流于形式，而结合社区的公益服务就是非常好的方式，党员深入社区基层开展公共服务，是非常好的党建活动。所以在七一建党节前一个月左右联系国企的党支部，就很容易达成党建服务方面的合作。此外，银行也是社工可以开展合作的单位。银行有很多任务指标，社工可以请银行工作人员来社区做财商培训，或者做一个理财培训营，培训理财知识，也能适度推广银行的产品。

还有 C 社区，其社工是跟 H 公司进行合作的。H 公司一直有一个免费清洗空调的项目，会派出维修队进社区，维修队一开始进社区是通过社区居委会，但社区的行政工作非常繁忙，居委会主任或书记未必能很好的配合这件事情的开展，毕竟不是行政性的工作，很多社区书记并不关注这项服务。C 社区的社工知道之后，就主动跟 H 公司的维修队联系，把 H 公司维修队的服务做成一个社区便民服务的项目，跟社工本来就有的老年乐园项目进行结合，主要帮助老年人进行空调等电器的维修、检修服务，并且定期给老年人举办电器使用的知识分享会，效果非常好，社区、企业、居民都很满意。

对于小型的企业和商铺，合作的方式可能更加灵活，例如社区开展儿童之家活动，其中一个小区里面开办了一家私立幼儿园，这个时候，社会工作者就可以与幼儿园合作，让幼儿园老师定期在儿童之家开展活动。对于社工来说，专业的幼儿教师来带活动，质量肯定是有保证的，并且可以做成系列的儿童项目。对于幼儿园来说，每次举办活动都可以扩大幼儿园的知名度与影响力，让附近居民越来越认可他们。社区周边常有理发店，社工可以跟理发店合作，开展针对社区老人的义剪活动，提高理发店的知名度。社区的老年大学，可以请社区里的居民来讲课，比如有会摄影的、有会乐器的、有会剪视频的居民等，不需要有很专业的技能，只要愿意上台分享都可以，大家互相学习，氛围和认同感就建立起来了。还有一些读书会活动，可以与阅读类的 APP 合作，获取一些阅读卡，作为社区志愿者的福利。

还有很多政府机构或事业单位都可以进行合作，妇女儿童社工对接妇联和计生委、老年社工对接关工委和老年协会、青少年社工对接团委等。社工需要了解到各个单位的工作内容和职责，结合一些特殊的时间节点，例如春节、端午节、中秋节、妇女节、儿童节、重阳节等开展相关的合作。还可以联合相关单位开展社区健康、社区普法、社区防骗/安全知识宣传、社区育儿等主题活动。

4. 资源联想

社会工作者在做资源链接的时候，需要进行资源联想的练习，对潜在的资源可以如何利用做一个联想。比如，社工在社区走访过程中看到了一家药店，可以思考这个药店资源如何在社区工作中使用。这时可以进行头脑风暴，以药店作为例子，先盘点药店的资源，第一是药店里的药品可以怎么利用？第二是药店里的医生可以提供什么帮助？第三是药店内摆放的血压计可以怎么使用？接下来进行思考，这些资源在社区可能的利用方式，药店的医生是否可以提供义诊服务或者上门服务？是否可以做各种卫生保健养生主题的知识普及讲座？药店内的部分药品是否可以以免费提供的方式进行一些日常服务或者作为爱心物资？是否可以为社区居民或特困人群提供相应折扣？是否可以用血压计免费为社区居民测量血压？

资源联想的练习是从资源供给的角度来切入的，社工还需要注意社区居民的需求，以需求为导向寻找资源。例如某个社区开展老年人活动，老年队伍以女性老年人为主，她们对瑜伽很感兴趣，这个时候社工就可以尝试联系社区周边的瑜伽培训机构，联合组织活动。还有一些老年人，尤其是机关事业单位担任领导职务的，退休之后会感到很不适应，心理落差比较大。可以针对这部分老人，了解他们的兴趣爱好，帮助他们链接感兴趣的资源，同时，也可以了解这些老干部有什么特长，尤其可以发挥老党员的积极性，把他们组织起来开展社区志愿服务，在志愿活动和公益事务中，找到自身的价值和成就感。

5. 建立资源库

社工可以将合作过的资源和潜在的资源建立一个资源库，因为资源是不断变化的，所以定期梳理和更新资源显得尤为重要。同时可以跟其他社区领域的同事一起进行资源整合，把资源库做一个汇总和定期共享，让大家获取更多的资源，提高资源利用效率。资源库需要做一个分类和说明，可以划分人、组织、场地、物资、赞助、媒体等不同的方面。

挖掘社区资源是一个动态的过程，社会工作者在开展服务时，要有资源整合的意识和敏锐性，及时洞察周边资源，不断增加社区资源的存储量，资源库才能像滚雪球一样越滚越大。资源链接中最重要的是与掌握资源的关键人物建立信任关系。此过程最好有人推荐介绍，比如某社区中的居民，本身在医院上班，是一位中层管理人员，她在社区里积极参加了社工组织的活动，对社工有一定的信任，这个时候请她帮忙链接医院的资源，成功的可能性就大很多。

6. 社会工作者需要建立维持资源和经营资源的意识和方法

第一，要对已经链接到的资源进行反思，社工在进行第一次合作之后，要复盘整个合作的过程，并对资源进行新的评估。比如说，这个资源是否适合继续合作？那么是否合作就需要考虑双方的意愿、双方在合作过程中是否可以很好地遵守承诺、实现共赢，是否达到预期效果。有时候在合作过程中，服务对象的利益可能会受损，尤其是资源提供方的目的不纯，在这种情况下，社工就需要认真进行评估，决定是否继续进行合作。

第二，社会工作者需要妥善维护双方之间的合作关系，如果双方的合作效果很好，可以继续进行合作，社会工作者需要考虑如何与资源提供方建立稳定的、制度化的、长期的关系，或者可以拓展合作的宽度，形成系列的合作项目，可以制定一个长期的合作计划。需要注意的是，与商业性机构的合作，不能过于商业化，首先保证社区服务的公益性，可以进行品牌的推广，但是不能直接向居民推销产品。与商业机构的合作要重点考察对方的诚信状况。社工主要满足商业机构的品牌口碑诉求，丰富企业文化，开展企业社会责任。

第三，社群运营，更准确地说是"私域运营"的过程中，可以先建一个社群，把有意向进入社区开展社区服务的资源提供方邀请进群，引导大家修改群名片，定期在群里分享社区的相关活动，分享资源提供方感兴趣的信息，可以把与某个资源提供方合作的新闻宣传稿和活动图片发到群里，引起其他资源方的兴趣。

第四，定期问候。群的运营是一方面，但与个人之间的交流更有诚意。社区资源需要进行长期维护，尤其是已经合作过的资源提供方，要主动维持好关系，资源维护与更新的对象主要是掌握资源的关键人物。常见的问候方式包括线上互动，如节假日的祝福信息、生日问候、活动交流、合适的话题/资讯分享、邀请对方参加大型活动、适当的场合表达感谢；此外，还可以上门拜访，甚至建立更加深厚的私人友谊。良好的互动关系，对资源的维系和管理起到决定性作用。

第五，可以进行适当的荣誉表彰。仪式感可以起到非常大作用，可以在社区工作者的办公墙、社区的宣传栏中专门设置荣誉表彰区，定期将积极参与社区服务的资源提供方的名字点出来，可以为资源提供方定制锦旗，或共同挂牌成立一个志愿服务实践基地，亦或在社区年终表彰大会上邀请资源提供方作为特邀嘉宾等，这些形式都很有仪式感。

关于资源链接，关键是要去发现资源，善于观察，勇于沟通，熟人介绍的方式非常有效，有些关键资源需要通过关系媒介作为突破口。在建立关系的过程中，有两个需要注意的关键点，一是要有明确的目标，目标与资源提供方的需求直接契合；二是实施计划，在制定实施计划过程中，要注意实施步骤的安排，让资源提供方觉得这个计划能够达到其预期，计划的实施是靠谱的。

第七章 走向成熟期阶段

当社工与社区的关系进入成熟期阶段，意味着已经在社区发展出了一批志愿者和积极分子，此时社工开展社区工作的主要目标和方向是社区自治，打造共建共治共享的社区治理共同体。因此在这个阶段，最核心的任务是以组织化的方式发动居民，引导居民成立社区自组织，并在大量自组织的基础上，开展更进一步的专业服务，深化社区营造。

一　挖掘与培育社区骨干

成立社区居民自组织，核心是让居民自己组织起来，社工仅仅是推动者、使能者。最重要的是找到社区中的关键人物，也就是社区骨干，让他们成为居民自组织的发起人和领导者。什么是社区骨干呢？他们是参与社区居民活动的骨干居民，是社区居民活动中的积极分子，是可以帮助社工想办法、出主意、有行动力和凝聚力的居民。他们在社区中往往有很强的号召力和影响力，并且愿意积极奉献自己的一份力量促进社区的发展。很多社区骨干已经在社区里通过各种方式组织起来了一部分居民，比如组织跳广场舞的阿姨；也有一些很积极参与社区事务的居民志愿者，他们具有成为社区骨干的潜质，但还没有完全开发出来，还没有觉醒，需要社工去发现、去唤醒。社工需要通过一定的方法寻找社区中主动参与社区事务、积极关注社区议题的居民，对这些人进行鼓励、支持、引导、增能，让他们愿意走出来，发动身边的居民，形成自组织，在社区治理中发挥作用。

那社区骨干具备什么样的特征？哪些人比较适合成为社区骨干，成为社区自组织的带头人呢？

社区骨干可能是在社区里有一定身份的人，比如楼门长，社区党员，业委会成员等，也可能是在社区人缘非常好、认识的人多、爱热闹、比较喜欢组织一些活动的人，经常带领大家跳舞、健身、打牌、喝茶的那些活跃居民，也可能是经常参与社区活动的志愿者，愿意为社区做贡献，具有很强的服务意识和志愿精神。他们一开始可能局限于自己的认知，还没有想到可以成为社区"领袖"，可以带领一些居民，共同开展社区参与活动。

能成为社区自组织带头人的社区骨干，一般具备以下的品质：

第一，有利他主义精神，能主动为他人着想，有公心，有奉献意识，能够在为他人服务的过程中收获一种成就感，这是一个社区自组织带头人的必备特征，如果一个人愿意做事，但动机更多的是谋取个人利益，那么他很难组织起来一个志愿性很强的自组织，他可能更适合去做企业。在这有一个非常重要的细节，就是看这个人会不会在做公共服务的时候，产生很强的成就感，这种成就感是很重要的动力。

第二，具有参与社区事务的积极性，认同社区参与的价值，愿意主动付出，让社区变得更美好。如果一个人热心公益，愿意帮助别人，但他不认可社区参与，认为社区事务都是鸡毛蒜皮的事情，没有那么重要，也很少主动参与社区活动，那么哪怕他能力再强，在破除对社区的负面认知之前，他都很难成为社区骨干。

第三，有责任心，不会"三分钟热度""三天打鱼两天晒网"。很多社区骨干会有这样的想法："这件事，如果我不来做，可能就做不起来，这样的话，我会很愧疚；而且既然答应做，那就要做好。"有责任心的人更加主动，且勇于承担，如果是自己的原因，可能给社区或邻居们带来一些麻烦，心里会过意不去，产生愧疚的情绪。

此外，社区骨干还需要具备一些能力，比如管理能力、领导能力、沟通能力等，但这些能力都可以在实践中逐步培养。当然还有一个必要条件，那就是时间要充足，再有想法和能力，没时间去做也不行。

当社工发现一个合适的社区骨干，想动员他链接更多的人，建立社区自组织的时候，这个社区骨干一定会有很多疑问，这件事需要占用我多少时间呢？需要天天都做吗？我的身份是什么？为什么社区和社工要做这样的一件事？让居民自我组织起来的目的和意义是什么呢？这些疑问都需要进行充分的沟通，进行思想上的同步，此外他们还可能有一些疑虑，比如担心会不会影响家庭，家里的人是不是支持，社区其他居民、邻居们是什么态度。其中一定有一个反复澄清的过程，不是一蹴而就的。社工需要和社区骨干不断磨合、共同成长。

那怎么去发现、寻找社区骨干呢？

第一，在开展社区活动的时候，要做个有心人。当社工开展社区服务、组织活动时，那些经常积极参与，积极回应，并且能够发挥一定带动作用的人，就可以重点关注，了解他/她对社区事务参与的意愿程度和参与经历。如果你发现他/她做事情很认真，有责任心，认同社区的理念和价值，那么就很可能是一个"潜力股"，这个时候不要着急，先做好关系维护，在时机成熟的时候可以把他/她发展成为社区骨干。

第二，可以在跟居民访谈的过程中，发现合适的社区骨干人选。很多社工机构都承接了社区党群服务中心，党群服务中心是集合了多个部门的社区综合服务场所，居民平时可能会有一些事务需要前往服务中心办理，这个时候社工就可以主动与居民开展沟通，宣传社区的活动和服务，建立良好的关系。在聊天过程中可以了解他们所接触的有影响力的社区居民，收集信息。也可以在开展社区入户拜访的时候，了解更多的相关信息，不断在居民中间"滚雪球"，社工不断扩大对更多居民的了解，从中挖掘出合适的居民成为社区骨干的种子选手。同时社区中的服务后勤人员可能对社区有独特的了解，如保安，保洁阿姨，社区的派送员（送水服务、快递服务、房产中介等）。以保洁阿姨为例来说，她们对自己负责的这一栋楼的情况肯定有所了解，比如哪家居民经常在楼道堆积杂物，垃圾经常放在门口长时间不扔，而哪家居民从来不这样干，素质较高，有比较强的公共意识，还有平时哪一户的居民经常跟她们打招呼，很热情、很有活力。

第三，在社区已经有的社团或者松散的组织里寻找。自发组织社区活动的人（广场舞、棋牌活动等），以及社区团购的团长，他们更有可能成为社区骨干，而且他们对社区更加了解，也能通过他们了解到平时热心社区事务的居民。所以社工需要发现这些社区中的松散组织或社团，拜访社区里已有的松散组织的领头人。

第四，从社区半正式的体系中寻找，比如楼门长、社区的网格员、社区的党员，他们在社区中有一定身份，承担一定的社区服务职责，并且对社区更加了解，因而具有成为社区骨干的潜力。另外，还可以从体制内退休的人群中寻找。根据社区实践的经验，从体制内刚退休的老人，是天然的社区骨干候选人。他们在政治上是可靠的，从身份上来说有一定的威望，能主动为政府和居委会分担工作，体制内的工作经历也让他们在参与社区治理时更有经验。

在选人的时候，社工会发现一个问题，那就是社区骨干可能以老年人居多，甚至很多社区几乎都是老年人，因为退休之后自由时间比较多。但中青年群体也一定要关注，尽量发掘以中青年群体为主的自组织，这其中的宝妈群体，是一个相对比较容易的突破口，可以通过社区亲子活动来招募。

当社工发现了潜在社区骨干的好苗子、好种子，要想把他/她真正培育出来，开花结果，无法一蹴而就。很多人都特别讨厌相识之初就被"推销"的行为，如果一开始就用力地推动他们，无疑是拔苗助长。社工需要与之不断地深入交流，逐渐建立信任关系，在一次次实践中使他/她建立社区公共意识，社区骨干的培育是一个系统的过程，有以下五个方面。

第一步，在明确了目标对象之后，要先建立长期联系。结合目标对象的特点及特长，有效利用社区的平台，尽可能地为他/她提供发光发热的机会。通过各类活动邀请，与目标人物建立联系，通过线上沟通，加强互动或进行活动回访，制造存在感和熟悉感，逐步建立基本的信任关系，并且让他/她习惯到社区参与活动，让参与成为一种常态。

第二步，建立队伍，形成影响力。把有共同兴趣和爱好的目标骨干对象组织起来，根据具体的活动建立队伍，形成群体的黏性和认同感。比如，喜欢舞蹈的可以成立舞蹈队，喜欢唱歌的可以成立一个合唱团，喜欢书画的可以形成书画社团，喜欢手工的可以成立一个手工小组等。队伍需要有一定的规则和组织性，围绕兴趣定期组织活动，不断熟悉，建立归属感。在初期，大家可以借由这些兴趣队伍走出家门，经常聚在一起，一方面丰富精神文化生活，另一方面借助这些简单的活动，帮助社工发掘和逐渐培育团体带头人，为社区骨干的目标对象提供施展平台。需要注意的是，举办这些活动绝对不是目的，只是一种手段或方式，社区工作的目标是带动更多的社区居民参与到社区服务和社区建设中来，逐步提升社区居民的主人翁意识，向实现共建共治共享的社区治理目标迈进，这也是开展社区社会工作的出发点和落脚点。但现在很多社区把开展活动当成是一种任务和目标，活动开展完了，任务就完成了，项目指标就达成了，后续的工作接不起来，留不住人，这是典型的"丢了西瓜拣芝麻"。在这个过程中，要有意识地培养社区骨干的目标对象，可以适当地把一些活动的组织工作交给他们，逐渐让他们对团队产生认同感，愿意为大家付出，愿意承担组织或统筹工作，在适当的时候以一种正式的方式确认他们在团队中的领导者身份，比如可以大家投票选队长，签订契约，形成规范。

第三步，在开展活动时，要为目标对象增权赋能，建立激励机制。虽然社区骨干最初是基于社区认同和个人能力被动员和组织起来的，但持续性的社区参与必须建立在能力建设与激励机制的基础上。在开展活动时，社工需要根据目标对象的不同特点做好分工，从各方面培养他们的组织领导能力，并对培养对象进行赋权，活动的策划、宣传、组织、实施等不同环节，都可以交由他们来具体主导，给予充分的信任。在组织活动的过程中，要充分发挥目标对象的内部动力，给他们更多的机会进行实践，提升其综合能力和参与的积极性，在社区活动中获得成就感和价值感。也就是说，培养社区骨干，不仅仅需要外部力量的助推，更需要内生力量的驱动，内在动力的激发也需要外部的激励。在初期，目标对象可能存在不自信的问题，一方面，社工一定要给到充分的肯定和支持，要有指向性的夸奖，对目标对象所做的具体事情或细节进行赞扬，而不是泛泛的夸赞；另一方面，需要建立正式的表彰奖励制度，营造一种仪式感。这样实现非正式的和正式的激励互相结合。

第四步，开展社区骨干的培训。当社工与社区骨干目标对象建立了一定的关系，他们也经常参加社区的活动，并且已经成为他们所在活动团队的组织者和管理者时，社工就可以开始强化社区骨干的公共意识，明确他们作为社区骨干的身份，定期为他们开展培训，组织社区骨干的讨论会。一开始可以是非正式的，大家作为组织者定期开个茶话会，沟通一下活动的情况，交流活动心得和接下来的计划，也可以开展素质拓展类的团队建设。在这个过程中社工一方面要为他们提供心理上的支持，帮助他们解决组织管理上的问题，另一方面要潜移默化地引导公共志愿精神和社区主人翁观念，以及共建共治共享的社区发展理念。到了比较成熟的阶段，可以旗帜鲜明地成立一个社区骨干培训班，变成正式的项目。培训班要设置规则和门槛，通过培训的人要颁发证书，建立充足的仪式感。在开展社区骨干培训的过程中，要坚持需求导向、问题导向和结果导向。可以开展多种形式的活动，例如红色之旅、参访交流、应急演练、社区发展创新思维研讨会等，提升社区骨干的服务理念与工作技能，增强培训的针对性、实用性和有效性。最后，在培训结业的时候，可以开展一个"我是社区引领人"的演讲亮相比赛，选拔出一批社区治理经验丰富、有较强的演讲表现力的社区骨干，极大地提高他们的身份认同感和开展社区事务的自信心，同时也向广大社区居民做一个很好的宣传，吸引更多的人参与社区骨干培训的后续进阶活动，扩大社区骨干队伍。

第五步，多元化渠道支持，搭建学习交流和展示的平台。

其一，可以举办线下的持续性研修活动。引入社区治理相关政策、社区需求解读、公益活动策划组织与实施等专业的研修内容，提升社区骨干的知识水平和综合能力。每月开展社区骨干月度交流会，促进大家相互学习交流；定期组织志愿者及居民骨干外出考察交流，拓宽视野，开阔思维，积累经验。比如为了推动社区居民参与垃圾分类项目，落实社区垃圾分类投放，可以组织社区骨干走进垃圾分类体验馆，开展"垃圾分类，你我同行"互访学习活动。在体验馆，垃圾分类讲解员通过播放相关视频，向社区骨干们讲解垃圾分类政策、垃圾分类模式，改变他们对垃圾分类的认知，引领社区骨干带领社区其他居民正确投放垃圾，指导居民开展垃圾分类。同时，可以在研修活动中加入社区历史文化的相关内容，增强社区骨干对社区的认同感。

其二，建立线上交流平台。以新媒体作为依托，可以建立社区骨干的微信群，发动社区骨干运营社区公众号，或者抖音、快手等短视频平台的账号。公众号编辑图文花费的时间比较多，可以在社区层面设置一个公众号，可以每个自组织开设一个短视频账号，平时随手拍随手发，社区也可以设置一个总的短视频账号，形成自媒体矩阵。可以在社区开展活动或者线上培训的时候采用直播的形式，能够吸引周边的流量，让居民也通过线上的方式参与进来，使培训吸引更多的关注，更有传播力和影响力，非本社区居民的关注会进一步让社区骨干和参与的居民增进对社区的认同感、提升凝聚力。

浙江有一个社区，社工开展了线上的社区骨干培训活动，把内部培训变成直播活动，取得了非常好的效果。

【案例】浙江某社区线上社区骨干培训活动

第一期培训以"社区参与"为主题，通过具体案例的讲解，展现优秀的社区参与案例，为社区骨干参与社区治理拓展思路，让他们了解到更加多元化的社区治理方法，同时也看到团队建设、组织化建设的重要性，为后续社区骨干团队的建设奠定思想基础。第二期培训以"认识社区"为主题，主要讲述了构成社区的要素及社区中的资源等，通过具体的分类方法，让社区骨干用不同于以往的角度来看待社区，关注到全面真实的社区，从了解社区资源开始，进而学会链接和运用资源。第三期培训以"活动与项目"为主题，了解活动与项目的联系与区别，知道两种类型的社区参与其背后的意义，让社区骨干逐渐学会系统化开展活动设计，制定长期、整体的目标。这三期培训，也吸引了很多社区居民围观，大家都很好奇，社区骨干的培训是干什么的，在培训的时候也同时进行了自组织的宣传，居民在直播之后也能看到自组织在社区活动的身影，线上和线下形成联动，三期培训之后，很多居民自发的加入社区自组织或者自己成立了自组织，社区突然变得非常活跃。同时活动吸引了非本社区的人围观，有相当一部分围观的人也参与直播留言互动和讨论，也表达了对这个社区开展丰富多彩项目活动的羡慕，让社区骨干很受鼓舞，也让一部分居民很自豪，可能这些居民从来没参加过社区活动，但经过直播互动，对社区和社区工作的认知变得不一样了。甚至在直播的时候社工还可以进行公益带货，为一些残疾人或特殊人群代言。

（案例来源：根据作者调研资料整理）

其三，可以筹划集中展示性的活动。例如在年终的时候，邀请社区自组织和社区骨干们共聚一堂，组织总结表彰大会，如果条件不允许，也可以开展线上的远程聚会，在活动设计上可以有趣一些，表演性强一些，多穿插文艺活动，鼓励大家分享感受，再颁发荣誉奖励。同时可以链接媒体资源，制作社区治理骨干典型事迹宣传片，以群体性画像集中展现他们深耕社区、服务居民、引领自治共治的风采。

其四，开办社区大学。当社区活跃度达到成熟期的标准，社区中建立多个居民自组织之后，可以进一步开办社区大学。社区大学与社会治理存在很强的契合性。老年人希望通过文化学习和艺术活动丰富老年生活；青少年群体可以开展素质拓展类培训和各类成长活动，在"双减"政策的背景下，对学校教育和家庭教育做补充，并承接"四点半课堂"；有职业发展需求的居民希望提升职业技能；有育儿需求的父母希望学习家庭教育方面的知识。社区大学可以成为社区范围内动员居民参与的重要服务载体，居民作为社区治理的主角，通过社区大学的带动也就能逐渐加入社区治理的体系中。在社区大学，居民不仅可以接受教育，还可以发挥专业特长担任课程教师，不仅参与社区大学的课程，还能以课程为契机，参加各种汇报演出等社区活动，成为社区骨干。

综上所述，有效激发居民参与社区治理是衡量社区建设成败的关键指标。社区骨干在居民参与式治理中的引导和支持作用非常重要。在培育社区骨干的过程中，需要循序渐进，不能急于求成，培养社区骨干需要耗费较多的时间和精力，是一个漫长的过程，需要保持足够的信心和耐心。在动员骨干时，中国社会传统的人情、面子和信任等要素是非常重要的资源，各种象征性的荣誉与人文关怀是促使社区骨干持续参与的重要动力。社区工作讲究循序渐进和陪伴式成长，要相信居民有自己解决问题的能力，要通过社区里的一件件小事来锻炼社区骨干的能力。作为社工要坚信，随着社会的发展，社区意识将不断觉醒，一定会有越来越多的居民骨干涌现。

二　社区自组织的孵化与发展

社区居民自组织的大量涌现，是社区营造渐趋成熟的主要标志。《民政部关于大力培育发展社区社会组织的意见》对社区社会组织做了一个定义："社区社会组织是由社区居民发起成立，在城乡社区开展为民服务、公益慈善、邻里互助、文体娱乐和农村生产技术服务等活动的社会组织。"社区居民自组织是社区社会组织的一种形式，是在社区内自下而上、自发形成的居民组织，社区内的一群人基于自愿的原则主动成立一个小群体，在这个群体里他们有着平等相处的关系、共同的兴趣爱好、集体的行动目标、不成文的约定，自发聚集在一起进行自我管理、自我约束、自我协调、自我服务和自我发展。社区自组织通过调动社区居民的积极性，自主参与社区建设，是社会发展治理的重要内容，是社区工作的重要抓手，只有使居民调动起来、参与进来，才能让他们感受到一种主人翁的意识。

党和政府鼓励与支持基层社区居民自组织的建立和发展。党的十八届三中全会正式提出社会治理的命题，社会治理创新受到广泛关注，社区成为社会服务与治理的重要平台，社区建设是我国社会主义建设和发展的重要内容，社区自治是社区建设的主要目标之一。社会工作者开展社区工作，离不开与居民自组织的主体互动，培育和发展社区自组织，这对加强社区治理体系建设，推动社会治理重心向基层下移、打造共建共治共享的社会治理格局具有重要作用。

社区自组织是一个联系枢纽，是党和政府联系群众、组织群众、发动群众和服务群众的重要纽带，也是一个参与窗口，为社区居民参与社区发展和社区治理提供平台，对推动居民自治和社区自治发挥重要作用，能够增强居民对社区的认同感和归属感。2020年突如其来的新冠肺炎疫情让我们可以看到我国现行体制的效率与强大的动员能力。在疫情防控过程中，仅仅通过政府和公共部门来进行物资供应和防控管理是行不通的，一定需要社区居民的主动参与和配合。那么如何发动居民的力量，怎么有效地动员居民参与呢？社区自组织就是最便捷最高效的途径，自组织扎根社区，具有一定的组织性和志愿性，有服务社区的强烈动力，是突发事件防控的重要帮手。

培育社区居民自组织的关键，就是找到社区骨干，推动并赋能社区骨干，让他们来建立和引领自组织，上一节重点探讨发掘和培育社区骨干，本节站在自组织培育和发展的角度，以自组织过程理论为参考，呈现自组织的具体过程：

（1）进行参与式需求评估，发现社区资源

自组织成员可能是基于一定的兴趣爱好聚在一起，增添生活乐趣，也可能因为某个公共问题，聚集起来开展协商。无论是哪种原因，一定以"需求"为出发点，有需求才会有回应。社区治理和社区自治的目的是满足居民需求，回应需要，解决问题。社工可以通过社区漫步、问卷调查、社区访谈的方式，了解居民的真实需求、社区面临的迫切问题以及居民对社区发展的建议，把需求与资源进行匹配，找到未能有效回应的需求，确立社区自组织培育的方向，并在社区访谈调查中发现社区积极分子和社区骨干的潜在力量，为成立社区自组织奠定基础。

举例来说，如果在社区需求调查的清单上，大多数居民都对垃圾分类的相关服务有需求，那这个自组织就有成立的必要性，在垃圾分类活动的开展过程中，可以尝试调动一些积极参与的居民，进一步发展成为垃圾分类自组织的潜在成员。相反，如果社工主观认为社区应该有一个巡逻队，于是就打算发动居民成立一个治安相关的自组织，但并没有对居民的需求进行确认，那么居民就可能对巡逻队的认可度不高，可能就不会积极参与巡逻队的自组织。了解社区的资源也非常重要，尤其是社区已经存在的社会组织或者活跃的居民团体。事实上，大多社区都有成形的社区自组织的雏形，可以通过社区居委、物业对现有的社区社会组织进行了解，如居民已组织起来跳舞的、做广播操和健身操的、打球踢毽子的等，可以把这些已经存在的松散团体逐步发展成自组织。

（2）开展活动吸引居民，发现社区骨干

自组织建立的初期，最难的地方在于如何调动居民的积极性。从心理学上来说，改变或影响一个人的行为，有两种动力机制，一是外部动机，二是内部动机。其中内部动机更为重要，有两个着力点，一是解决"痛点"，二是制造"爽点"。想让居民愿意参与，要么针对社区中的痛点问题，解决需求，要么就是给他们带来乐趣。从这两个方面着手才能激发社区居民参与的动力，一个人态度和行为的改变，只有唤起内在的动力，才能持久；通过外在刺激而产生的行为，例如物质激励，都不是长久之计，也不符合社区公共性的特点。

社区痛点问题，举例来说，某个社区有很多孩子在社区附近的一所小学读书，但要横穿一条特别宽、红绿灯比较复杂的马路路口，居民们觉得从学校到社区存在很大的交通安全隐患，尤其是前段时间那个路口还发生过车祸，所以各位家长有非常强烈要解决安全隐患的需求，社工就刚好可以组织居民成立一个护学志愿队，社区里家长们的响应度会非常高，这个志愿队可以交替排班，更加节省时间。还有很多社区，一开始因为房地产开发商的遗留问题，居民自发组织起来针对开发商发起维权，在这个过程中成立了居民自组织，后来维权的事情告一段落，但自组织已经成立了，大家经常聚在一起，彼此熟悉建立起信任，就很难解散，会围绕新的目标持续发挥作用，而且通过这一系列的行动，居民的社区意识被激发出来，再开展社区自治就会容易很多。

成立自组织需要循序渐进，在前期可以先成立居民兴趣小组，通过兴趣和乐趣吸引居民参与。比如歌唱团、舞蹈团、跑步群、羽毛球社团等，从建立兴趣小组开始，社区居民更容易走出来，彼此之间的互动才会开始慢慢产生。趣味的兴趣活动，不仅能丰富居民的业余生活，也能提升居民的自我价值感，促进居民对社区活动的参与，为建立社区自组织奠定基础。但需要注意的是，这些活动和兴趣小组只是工具和手段，不是目的，当前社区工作专业性的缺失，主要原因就是这类活动开展过多，并被当成主要的任务和项目指标。社工在开展此类活动时，主要的目标是建立与居民的关系，发展社区志愿者和社区骨干，为后续更大的活动做铺垫，这是社工一定要非常明确的。

在小规模的兴趣活动之外，"质变性活动"更加重要，尤其在社区关系的初期阶段，"质变性活动"好比能"涨粉"的"爆款"，在短时间内迅速营造良好的社区氛围。有一些"质变性活动"在社区容易获得更好的效果，下面举几个例子。

实用参考 ≫ "质变性活动"的实现形式

①社区读书会。在现代社会，知识和信息快速更新，读书的需求非常大，社区可以营造一个促进阅读的环境。读书会的关键不是在于读了什么书，而是在于交流，创造一个人与人分享和社交的场景和平台。不同类型的人关注点、文化层次存在差异，社区读书会可以划分不同的人群，比如可以成立老年人的读书会，针对儿童的阅读分享会，也可以做亲子阅读，还可以发展一个宝妈群体的女性读书会，不同类型的读书群组可以互相交流。社工组织读书会的目的是以读书为主题，把居民组织

起来，形成稳定的群体关系之后，可开展的活动就不局限于读书。

②社区私房菜。通过厨艺和美食，把居民聚到一起，定期举办私房菜活动，每家做一道拿手菜，聚在一起分享，互相品尝，大人一起做菜交流，小孩子一起玩耍，很容易建立关系。之后可以开展厨艺的各种培训，开展社区厨艺大赛、社区美食节，形成社区的美食文化，打造社区特色品牌。以厨艺和美食为切入口，形成有黏性的自组织。

③社区市集或跳蚤市场。市集类活动是非常有趣的大型社区活动，可以把居民聚到一起，非常热闹。居民们把自己不用的东西拿出来在社区售卖或者置换其他资源，很容易建立彼此之间的关系。社区市集很容易吸引小朋友，可以针对儿童做有趣的设计，加入亲子的环节，例如可以设计一个传统游戏游园会，开展很多70后、80后、90后小时候玩的游戏，像竹蜻蜓、纸风筝、丢沙包、跳方格等，让家长与孩子一起玩。社区市集对于活跃社区的整体氛围有很好的效果。

④社区剧场。剧场类的活动可以聚集社区中的年轻群体，前期可能需要专业人士进行指导。近几年"一人一故事"的话剧舞台受到很多人的欢迎。当前年轻群体最流行剧本杀，社工也完全可以在社区以剧场的形式，自己来组织、设计一个剧本杀活动，较易把年轻人聚集起来。

在前期开展活动和兴趣小组的时候，很多社工存在一个问题，一上来就强调价值和使命，一开始就讲公益，把调子定得太高，过度的"上纲上线"，会让居民感觉到压力，可能会"吓退"相当一部分人。很多居民对于做公益做服务是有热心的，但落实到行为上就会有各种疑虑。对于大多数居民来说，很难一上来就参加价值感那么强的活动。公共意识是需要循序渐进进行培养的，先让居民没有压力地参与其中，通过运动、舞蹈、读书、电影这些兴趣链接起来，这些兴趣活动是一个起点和基础，当自组织成立之后，逐渐引导兴趣类自组织关注社区公共事务，发挥在社区治理中的作用。所以要兴趣在前，价值在后。同时注意在活动中找到社区骨干，开展一段时间的社区活动后，社工一定能观察到哪些是社区积极分子、哪些是"社区能人"、哪些是社区骨干居民、哪些已有的自组织可塑性很强，这时可以进行社区骨干的整合。在成熟期阶段的重点是培育和发展社区自组织，但培育和发展社区自组织的工作实际上在初期阶段就已经开始了。

（3）开始成立自组织

在居民持续参与、形成自组织的雏形后，就可以明确小群体活动的负责人或召集人，促进组织化的行动和建设，需要建立线上＋线下两个交流平台，让组织的活动持续运行下去。随着常态化活动的持续开展，团队成员之间形成了内在的共识和认同感，就可以正式成立自组织。此时自组织要形成一些约定俗成的规范，例如准时参加活动、自觉做好签到、主动收拾场地卫生等，把这些规范书面化、正式化。社区自组织成立之后需要明确团队负责人、名称、口号、组织管理细则等内容，通过这些正式的制度来增加团队的凝聚力，使社区自组织变得规范化。在组织规则方面可以由社会工作者提出建议，之后让自组织自发主动地去完善。组织成员需要共同讨论组织的发展目标、制定规章制度、确立组织章程、明确年度工作计划。社区自组织的建设还需要不断完善组织内部的文化，比如组织的理念、组织的沟通氛围。由于社区自组织在管理方面可能存在经验不足的问题，社工在这个过程中要及时地给予协助，协助社区自组织完善制度框架、建立规则，解决过程中出现的各种问题和矛盾，设计一个可持续发展的组织模式。

（4）自组织进入成熟期，开始公益性转变

当社工与社区关系进入成熟期之后，意味着已经培育出一定数量的正式自组织。随着居民自组织的不断发展成熟，在组织化、规范化运作的基础上，可以开始引导他们承担社区公共事务，参与志愿活动，进行公益化转变。即在自组织原有的兴趣活动基础上，尝试以团体的力量共同完成一些志愿性的社区行动，走出兴趣的小圈子。

如何促进社区自组织的公益性转变呢？有以下方法：

首先，邀请社区自组织在兴趣活动之外，参加一场精心设计的社区公益活动，在参加活动的过程中感受公益活动的乐趣和价值，活动后及时进行经验分享，帮助他们理解公益活动和志愿服务的意义与作用，对志愿活动的价值产生认同感，激发参加公益活动的积极性，逐渐激发社区自组织的公益精神和公共意识。

其次，设立激励机制推动自组织向公益性自组织转变。在举办志愿者活动时，可以向社区内的自组织招募志愿者，定期举办志愿者评审表彰大会，邀请社区自组织参加，对自组织参与过的志愿活动进行汇报总结，同时邀请社区两委及第三方作为评审员，为自组织评分。

最后，对优秀自组织进行表彰，这种氛围营造起来之后，居民自组织会主动加入社区志愿服务中。还可以参考"爱心银行"积分的制度，按照服务类型及专业程度，参照不同基数进行社区自组织公益积分计算，可以兑换公益资源或者公共服务，比如社区内大型场地的使用权等，激励社区社会组织参与公益服务。

如在 S 社区，有一个叫"摄影剧团"的自组织，成员以居住在本社区的热爱表演和摄影的退休居民为主。社工给他们设计了一个非常有意义的公益活动，发起一个微电影项目，主要呈现老年人、残障人士等弱势群体的生活故事，关注社区内被"边缘化"的人群，建立了居民对社会公益的认同感。新冠肺炎疫情发生以来，剧团成员又拍摄了社区工作人员和志愿者们执勤、巡逻的场景，完成了好几部有意义的微电影，不仅参展而且还获得了有关微电影比赛的奖项。从微电影公益活动之后，整个自组织自然而然地转向了公益领域，主动利用专业技能为社区提供服务，跳出了自娱自乐的小圈子。

在这个阶段，需要开展针对自组织专项培训。自组织团队在初期往往比较缺乏项目执行能力，中期在组织管理上容易出现问题，后期在组织正规化包括财务等方面需要专业的指导。所以培训的主题需要由浅入深，以系统性提升自组织骨干成员的活动策划、活动统筹、活动开展、人员管理、财务管理、资源链接等各方面的能力。而且对不同类型社区自组织的需求，可以有针对性开展主题培训，比如环保自组织开展环保主题的培训，做亲子活动主题的自组织可以开展儿童心理学的培训。同时还要开展团队建设活动，提升自组织成员的归属感和认同感；定期开展自组织骨干交流会，共同探讨社区参与事务，促进社区自组织自身的建设和发展。

同时，还要建立科学合理的监督与评估机制，在开展社区居民自治的过程中，对居民自组织的活动定期开展考核与评估。并且根据评估结果，建立相应的激励措施。激励的方式要突出仪式感，可以通过各个自组织间的互评或居民评价的方式，定期选出"最佳自组织""三好自组织"，对优秀的社区自组织进行表彰，开展社区自组织年终总结大会。也可以为社区自组织提供公益微创投等项目的支持，让社区自组织获得良性发展和可持续性发展。如果一个社区能有三个以上运营成熟的自组织，就会把社区的整体氛围带动起来，会大大降低培育新的社区自组织的难度。

（5）不断扩大自身影响力，走出社区

当社区自组织越做越大，吸引的人数越来越多，影响力不断扩大，一定会"破圈"，不再局限于某一个社区，可以拓展到街道或区一级，并且可以尝试正式注册成为社会组织，争取各类公益购买项目，甚至可以自我造血，向社会企业的方向发展。

当社区自组织蓬勃发展起来之后，社工可以顺势成立社区自组织联合会，改变社区自组织各自为政的状态，整合社区内多支自组织力量，形成合力，把自组织拧成一股绳助力社区的整体发展，一方面统一指导和规范社区自组织的成长发展，另一方面可以促使自组织成员更加积极高效地参与社区事务，真正地提高现代化社区治理水平。

【案例】广州 M 社区的摄影自组织由自娱自乐走向公益的过程

在广州有一个 M 社区，社工发现社区居民里有几个摄影爱好者，其中还有人获得过全国摄影比赛的奖项，而且发现社区里有很多退休的叔叔阿姨，他们对摄影很感兴趣。于是社工就组织了几场摄影活动的培训，请摄影爱好者们来给叔叔阿姨讲解怎么通过手机拍出好看的照片，如怎么布景、怎么构图，参与的人都很有收获。在几次培训之后，社工又带着大家集体到郊区的公园做了一次实地拍摄，之后就很自然地，这些爱好摄影的居民组织了一个"清源摄影之家"的兴趣团体，推选了一正两副 3 名召集人，定期举办摄影踏青活动。这 3 名社区骨干都是摄影发烧友，性格外向，跟居民关系也比较好，但他们没有运营组织的专业经验，社工在这个过程中不断地给他们赋能，提高他们的组织管理能力，给他们充分的支持。同时，也让他们有意识地给组织其他成员传递公共意识，培养凝聚力。随着活动的开展，自组织的各项制度不断完善，运作越来越正规化，开始独立举办活动，并且能拉到一些赞助，比如自组织的社区摄影大赛，就有一些企业愿意赞助，而且参与者不仅仅是本社区，还吸引了周边的社区居民参与，并有媒体进行报道。后来活动不仅仅局限于自娱自乐的摄影活动，开始逐渐转向公益领域，他们在社区做了一个照片展示墙，有一个板块中的照片全是他们拍摄的社区周边不同劳动者的双手，有菜市场菜农的，有卖肉的，有小摊贩的等；还有一个板块是展示困难群体的，有残疾人、有独居老人、有脑瘫儿童，拍的全是他们露出笑容的照片。通过摄影这项技能，该自组织在当地做了很多公益服务，塑造了良好的社区文化氛围和居民对社区的认同感，自组织的成员也非常有成就感和获得感。

（案例来源：根据作者调研资料整理）

综上所述，社区自组织培育，重点在于人的培育，挖掘社区居民的需求，培养社区居民的能力，推动社区居民参与，再通过资源整合、组织培育管理，提升自组织自我服务、自我管理、自我发展的能力，循序渐进，促进自组织的发育和成长，并逐渐转向公益领域和公共服务。

三 从自组织到社区社会企业的新路径

社工进入一个新社区开展项目服务，如果说初期建立关系、打开局面是从"0"到"1"，那么发展志愿者社群和积极分子社群，并建立一整套完善的管理机制，就是从"1"到"2"的过程，从"2"到"3"就是在社群运营的基础上，发掘社区骨干和能人，批量的建立社区自组织。当越来越多的居民自组织成立起来，社区工作和社区营造就进入了3.0时期。此时，社工一方面要充分发挥居民自组织的自主性和能动性，同时也需要更大的格局和视野，这种视野表现在应当不局限于社会工作的领域和专业，可以跨区域联动，可以结合社区商业、特色文化、物业和地产，扩展社区营造的想象空间。社区自组织可以挖掘自身的资源优势和社会资本，贴近当地居民需求，遵循市场原则，进一步发展成为社会企业。

社会企业这一概念最早由世界经济合作与发展组织（OECD）在1994年提出，该组织认为社会企业是一种具有企业精神、为实现某种社会目标而非经济利益最大化来解决社会问题的组织。管理大师彼得·德鲁克曾预言：社会企业将成为未来经济发展的重要力量，甚至可能是资本主义时代发达经济体系真正的增长力量。社会企业介于传统商业企业和非营利组织，是不以营利为最大目标、运用商业手段实现社会价值的特定企业组织。[①] 其兼具社会和经济双重属性，通过提供市场化的产品和服务获取收入，以维持自身的可持续运行，以社会公共目标为使命，将创造性地解决社会问题作为最终目标。从性质上看，社会企业不同于社会组织或慈善组织，其经济来源不依靠外部筹资，能够通过提供公共服务与产品实现自给自足，仍属于企业形态。从运作机制上看，社会企业具有营利性企业的成本核算、资源配置、内部激励等要素，不同之处在于社会企业所产生的剩余价值绝大部分不被投资方分配，而是用于社会事业再投资。因此，社会企业具有四个典型特征：第一，社会公益性，明确将社会福利目标作为企业核心使命，以提供优质社会服务为导向；第二，市场经营性，可进入市场以有偿方式进行经济交换，维持组织的长期生存；第三，广泛参与性，强调政府、市场、服务主体的多元合作共治；第四，社会创新性，以创新方式解决难以被公共部门或商业手段有效回应的社会需求。

从西方发达国家的发展经验看，其在 20 世纪末开始大量涌现的社会企业对经济和社会发展的促进作用非常显著。以英国为例，2013 年 7 万家社会企业对经济贡献达 187 亿英镑，提供近 100 万个就业岗位；2018年约 10 万家社会企业，雇员约 200 万人，产值高达 600 亿英镑，约占英国当年 GDP 的 2.8%。[②] 近年来，我国部分地区的社会企业已经取得了一定的发展成果，积累了较好的经验。北京作为全国最早在市委文件中提出鼓励社会企业发展的城市，已经逐步形成了各方支持力量共同参与的社会企业发展"北京模式"。社会企业及社会企业家群体逐渐显现，成为服务民生需求、参与社会治理、促进高质量发展的一支精锐力量。此外，成都市政府出台了社会企业相关扶持政策；上海市浦东新区政府提出探索引导影响力投资，鼓励发展社会企业等"善"经济；佛山市顺德区开展了社会企业的认证工作等。我国社会企业的生态系统正在生

---

① 陈雅丽：《我国社会企业的特征、缘起、困境与路径》，《探求》2018 年第 1 期。
② 李庆、周照兴、邱培磊：《英法美三国社会企业发展比较研究与启示》，《北方经济》2020 年第 2 期。

成。在促进共同富裕和第三次分配的政策背景下，社会企业将激活社区资源，促进社会创新，鼓励社会创业，推动社会经济发展和治理创新。

社区社会企业为什么是自组织转型发展的一个重要方向呢？社区自组织孵化出来以后，通过社会工作者的引导，逐渐发展壮大，一定会遇到一个可持续发展的问题。一方面，可以通过趣缘为纽带，获得持久存续的动力，并在社工的引导下，开展部分社区公益服务，进行一定程度上的公益转化。另一方面，可以发展成为正式的社会组织，但自组织如果要正规化，以社会组织的形式来运营，经费来源是亟待解决的问题。如果以承接政府的项目为经费来源，那必然要与专业的社会工作机构进行竞争，优势不大，获得项目经费的可能性较低，而且还存在一定的竞争性和不确定性。社区自组织最大的优势是成员来自各行各业，且了解社区、了解居民需求，可以整合资源，遵循市场机制，从市场中获得发展的资金。但社区自组织具备很强的公共属性，同时又要区别于一般的营利性企业，因此社会企业是最好的发展模式。社区自组织向社区社会企业转变和发展，具有以下几个方面的优势：首先是人力优势，自组织成员之间拥有高度的互信；其次是在当地社区有广泛的社会信任关系，有很强的社会资本优势，也非常了解当地居民的需求；再次是自组织的成员来自各行各业，通过市场盈利获得组织经济来源的过程中可以充分实现优势互补；最后是自组织转变为社会企业的目标是为当地居民开展公共服务，提供公共物品，公益精神仍然一脉相承，而且通过市场获得组织发展的经济来源，更有自主性，组织的动力也更强。

接下来介绍一个具有参考价值的案例，有助于拓宽社区社会工作的视野，社工在社区不只是"做社工"，而是要推动"社会治理创新"，引导社区居民自组织向社会企业转变。

【案例】成都"金鑫家园"社工助力社区自组织和社区社会企业的发展

成都市"金鑫家园"（化名）社区是一个新建的大型商品房小区，地理位置相距城区稍远，不过周边有地铁站点，交通出勤较为方便，社区常住居民大约 1.5 万人左右。社区里的儿童比例很高，社工最开始的突破口也正是亲子活动，通过活动建立线上的微信群，在群里发布大家共同关心的话题，如装修问题、跑步健身活动、手工活动等，来引起大家的兴趣。在微信群里发起成立兴趣社团，挖掘社区内不同人群的兴趣爱好，在建立兴趣社群之后，引导有主动性的居民自己发起活动，承担社群的组织工作。社区的第一个正式自组织社团是"即刻羽毛球社"，其负责人是一位做自由职业的宝妈，不到一个月的时间，羽毛球社迅速扩大到200多人。社工在这个过程中，发展了二三十名社区志愿者，并推动陆续成立了"悦跑团""足球俱乐部""摄影旅行社群""篮球汇""K歌梦想团""科技工坊""音乐Family""游泳俱乐部""户外俱乐部""爱烘焙""美妆妈妈俱乐部""欢乐舞之队""清源合唱团""大大厨房""古琴俱乐部"等上百个社团组织。同时在社区自组织、社团社群的共同参与下，成功组织了"金鑫"春晚、"金鑫"友邻节、国风文化节、"金鑫"公益节等大型活动，通过半年多的社区营造行动，整个社区的氛围变得非常活跃，社工与居民、居民与居民之间的信任关系建立起来，社区成立了上百个以兴趣爱好为主导的居民自组织，并开始逐步引导公益转化，有些自组织和志愿者在公益服务的过程中，找到了价值感，也发现了社区居民的需求。在社区居委会和社工的支持下，部分居民自组织开始转型成为社会企业。

"金汤勺"社区食堂（化名）就是由几位志同道合的社区居民共同成立的社区社会企业，团队成员通过社区活动和兴趣社团互相认识，在社区的助老公益活动中发现老年人的就餐需求是一个很大的问题。一方面是很多老人不方便自己做饭，外卖餐饮口味过重、过于油腻，不符合老年人的饮食习惯；另一方面是最后一公里的配送问题，由于小区管理比较严格，快递外卖只能送到小区大门口的指定位置，部分半失能、行动不便的老人取餐困难，这也是一个经常被忽视的问题。基于居民的切实需求，"金汤勺"社区食堂为附近居民尤其是出行不便或者身体不便的老年居民提供便利、实惠、健康的快餐和送餐服务，解决了部分居民的实际需求，同时也获得一定的经济收益，其中相当比例的收益将用于社区公益服务。

2020年9月，"金汤勺"社区食堂正式试营业，食堂内菜品丰富，荤素搭配，既有符合年轻人口味的地道川菜，也有适合老人和小孩的清淡饮食。同时价格也十分亲民，一份套餐13元，包含有一荤两素一道汤。"金汤勺"采用无油烟无明火的操作模式，更加健康环保，也降低了成本，更重要的是降低了食堂的安全风险，而且减少了很多审批手续，如果是正规使用燃气和明火的餐馆，需要更多的审批流程。"金汤勺"也在探索可推广的社区食堂新模式。社区的大力支持是"金汤勺"社区食堂运营模式的重要特点，社区居委会希望社会企业为居民提供持续性的优质低价服务。因此，社区为食堂提供免费的场地，不收取任何租金，社区食堂的收益将有一定比例用于社区居民的公共服务。"金汤勺"社区食堂在社区招募志愿者，由志愿者为行动不便的老人提供送餐服务，志愿者可以通过送餐兑换积分，积分可以用于餐饮折扣或社区的其他公共服务的优惠。志愿者的送餐服务不仅仅是把餐送到老人手中，还会观察老人的生活状况，与老人聊天沟通，尤其是关注独居老人的情况，还会给老人拍照发给其子女，在提供餐饮的同时，为独居老人带去了温暖。在未来的发展规划中，"金汤勺"将探索可复制的社区食堂模式，形成良好的口碑，努力扩大规模。同时通过可持续化的志愿者模式让餐饮配送的最后一公里不再成为难题，并计划与外卖平台开展后续合作。

"金汤勺"社区食堂通过社会企业创新的运营模式，进一步完善了社区的公共服务，从老年人最基本的饮食方面做起，有助于化解养老难题。以社会企业的形式嵌入社区，也帮助社区实现了自我造血，社区食堂能够兼顾公益和商业，与其他市场主体相比，由当地自组织形成的社会企业更了解居民的实际需求，也更贴合群众，真正的造福社区居民，实现多方共赢。

除此之外，还有其他的自组织或社区积极分子也成立了社会企业。由于青少年相关的各类培训机构、兴趣班的教学质量良莠不齐，且价格昂贵，通过社区活动和兴趣社团互相认识的十几位居民就自发众筹成立了青少年兴趣培训俱乐部。创始人中有英语老师，有音乐老师，有舞蹈工作者，有美术创作者，他们自己的孩子都有上兴趣班的需求，于是他们就众筹了俱乐部，也采用社会企业的运营模式，价格远低于市场价。参与众筹的家庭需要按照一定方式为俱乐部做贡献。社区有多位居民，在音体美兴趣特长方面的水平甚至高于培训机构，而且由于邻里之间的友善氛围，他们的教学的效果也都非常好。俱乐部的授课地点也由社区和物业公司免费提供，所收取的部分费用将成为社区的公共基金，用于社区的公益服务。社区还有一个烘焙坊，是由几位喜欢做烘焙的家庭主妇成立的社会企业，选用最优的食材，每天做一批烘焙食品，由于居民之间充分信任，她们完全不愁销售的问题，只需做好烘焙之后发布在朋友圈，食品就很快被居民们抢购一空。烘焙坊也会拿出部分收益用于社区的公共服务。

（案例来源：根据作者调研资料整理）

　　随着国家越来越重视共同富裕和第三次分配，社会企业的发展成为新的趋势。在成都，出现了一种新型的社会企业。2018 年 4 月，成都市出台《关于培育社会企业促进社区发展治理的意见》，明确提出，鼓励城乡社区（居委会、村委会）依照《公司法》投资创办社会企业。该文件的出台催生了一类特殊主体——城乡社区（居委会、村委会）以特别法人身份创办的社会企业。① 这类社区社会企业是由社区居委会作为基层群众自治组织的特别法人全资成立，开展经营管理，所得收益用于持续反哺社区、促进社会治理的特定经济组织。社区居委会创办社会企业，获得独立法人身份，有助于社区自组织向社会企业转变，社会企业与社区的合作将更加规范化、便捷化，将进一步带动各类社区社会企业的蓬勃发展。

　　随着我国基层治理重心向社区转移，社区越来越受到党和国家的重视，成都市鼓励发展社区社会企业，允许社会企业为社区居民提供公共服务与商品。2020 年 9 月，成都市第十七届人民代表大会常务委员会通过的《成都市社区发展治理促进条例》明确提出：支持社会企业发展，鼓励社会企业参与社区公共服务供给。并提议相关部门应建立对社会企业扶持发展制度，完善相应的支持措施。② 2021 年 12 月，四川省民政厅、省委组织部、省委政法委联合印发了《四川省"十四五"城乡社区发展治理规划》，文件中指出：要积极推进发展社区社会企业，推动符合条件的公益性质社区服务组织、物业类服务组织向市场化转型。为鼓励社区

---

① 《成都市人民政府〈关于培育社会企业促进社区发展治理的意见〉解读》，http://gk. chengdu. gov. cn/govInfoPub/detail. action？id = 1954249&tn = 2，最后访问日期：2022 年 9 月 12 日。

② 《成都市社区发展促进条例》，https://baike. baidu. com/item/成都市社区发展治理促进条例/59428489？fr = aladdin，最后访问日期：2022 年 9 月 12 日。

服务类社会企业的发展，应配套相关的政策文件，从社会企业的登记注册、评审认定、经营许可证明、享受的税收优惠、后续日常的监管以及退出机制等，都要依法进行引导与规范。[①]

　　社会企业开始成为社会治理创新的亮点。为"自治深不了、财政兜不了、市场管不了"的部分社区治理难点问题提供了突破口，在发展社区经济、参与社会治理、改善社会服务等方面将发挥积极作用。因此，促进社区社会企业健康发展、有序发展，对推进治理体系和治理能力现代化，打造共建共治共享的社会治理格局具有重要意义。社区居民自组织发展成为社会企业，也将是未来的重要趋势，作为社区社会工作者，需要充分认识到时代发展的潮流，突破社会工作专业的局限，勇于在充分开展社区营造、建立良好社区信任关系的基础上，进行社会创新。

---

① 《四川省民政厅 中共四川省委组织部 中共四川省委政法委 关于印发〈四川省"十四五"城乡社区发展治理规划〉（2022）的通知》，https://mzt.sc.gov.cn/scmzt/ghjh/2022/1/19/41fc326739b24326b7077068c60db014.shtml，最后访问日期：2022 年 9 月 12 日。

后　记

　　自 2016 年进入郑州大学社会工作系工作以来，我参与了比较多的社会工作项目实务、评估、督导和评审，也曾经在北京、上海、深圳、广州、成都等地开展了较丰富的实地调查，发现了社区工作一线实务的诸多问题与困境，其中最核心的是社会工作专业性的缺失。我同时也在高校开展社会工作教育，将实务和教育相对照，发现学校所教授的社会工作专业知识和技能在社区的场域下很难运用。我国的社会工作是西方的"舶来品"，注重学习西方的专业方法和价值理念。高校社会工作教育的教材也广泛参考欧美国家、我国港台地区的课程体系和教案，课程具备一定的理论性、系统性和专业性，但缺少与现实情境的结合，在落地执行环节产生"水土不服"。须知西方和我国港台地区的社会工作经过多年发展，已经被大众广泛接受，而在大陆许多地区的民众眼中"社工"却是新鲜事，社会工作短时间内较难融入当地的文化环境并产生大众共识。民众对社工的感觉是陌生的，缺少对社工的"身份信任"。社区居民将社工等同于社区居委会或物业人员，甚至会把对二者的不满转嫁到社工身上。

　　因此，刚毕业的社工专业的学生会发现在学校学到的知识和技能，包括个案、小组、社区模式，在社区真实的环境下很难应用起来。这种情况的主要原因是他们缺少与社区居民之间的信任。这使得他们很难找到"合适"的案主以施展个案的技能，也很难召集到一群人来参加一个可能大家并不理解的小组活动。另外，如果社工不帮助社区居委会做行政事务，可能在前期会陷入"孤立无援"的境地，而一旦帮了，就很容易在社区的冗杂事务中越陷越深。在政府项目制购买的模式下，基于管理主义的逻辑，社会工作被动接受量化、指标化的业绩考核方式，并疲于应对。同时，社工又易陷入大量的文书工作之中，基层政府宣传的需求使得社工必须学会并掌握传播的技能，例如自媒体编辑、新闻稿撰写、图片拍摄、修图等，而他们对深入的专业性服务则有心无力，甚至最后被迫转变初衷，成为编写评估材料的"专业写手"。

学校里学到的专业知识很难用得上、社区状况复杂又不知该如何打开局面，又要完成相关部门的预期和量化指标的考核……诸多压力之下，社工只能按照协议指标的要求，做一些容易开展的、面上的服务工作。例如，节假日的相关庆典活动，服务民生的义诊、免费理发活动，围绕某项生活技巧的学习所开展的兴趣小组等。他们会通过礼品发放吸引一些社区居民参与，快速地完成活动和小组的指标。这套模式之下非社工专业的毕业生也能快速上手。于是久而久之"劣币驱逐良币"，社区工作领域形成了这样一种速成的社区活动"流水线"的模式。刚入行的社工，还处于学习阶段，很容易被带到这种模式里而不自知，以为这就是社会工作，这就是社工做的事。所以，才有了本书前言中那位年轻社工关于跆拳道小组目标的回答。这是在特定背景下，社会工作专业性认知和认同的系统性缺失所导致的。

希望本书所提出的"社工－社区"关系三阶段模式，能回应上述问题。该模式通过划分关系的不同阶段，让社工明确自己与社区处于什么样的关系状态；在当前的关系阶段需要做哪些事，最关键的事情是什么；如何与社区中不同的"人"建立关系；如何快速地完成一定阶段的目标。也就是说，作为一线社工，自己心里要有一条主线，项目任务书的指标、基层政府和社区的事务要求等，都是依托这条主线完成的，这些都是"果"，只有自己所把握的社区关系的这条主线，才是"因"。"因"上发力，自然结"果"。

本书在写作时尽可能提供像"说明书"一样的导引，但社区的场域是复杂多变的，中国的每个社区都不一样，社工需要在共性方法的基础上，有弹性地开展实务工作。需要牢记一点，社区工作最重要的是与各类人群建立信任关系，通过事情链接到人，建立关系才是最重要的。

在本书筹划创作的初期，郑州轻工业大学的王继威老师欣然加入主创团队。作为郑州大学社会工作系 2003 级的优秀毕业生，他多年来对社区研究保持着非常浓厚的兴趣，承担了本书第一章、第二章和第五章部分内容的撰写工作，共计 8 万余字。同时感谢我调查、访谈过的所有社会工作机构和社会工作者，基于学术研究的隐私保护原则不能公开他们的信息，谨在此对他们表示感谢。

我的硕士研究生刘佳乐、王冰倩、马婧萱、李晓源、王振阳、彭牟星、张潇、韩然然、詹凤亭、程成，参与了访谈录音的转写、调查资料的整理和研究资料的搜集等相关工作，在此对他们的付出表示感谢。

最后，限于我们的时间精力和专业水平，本书还存在许多欠缺之处。希望一线社区社会工作者们能在书中有所收获、在实务工作的开展中能以本书为适度参考；希望本书能够为中国社区社会工作本土化发展抛砖引玉，带来一些新的思考和助益。请各位同仁批评指正，共同探讨。

杨　曦

2022 年 10 月 10 日

图书在版编目（CIP）数据

社区工作关系三阶段模式：专业反思与方法探索 / 杨曦，王继威著. —— 北京：社会科学文献出版社，2023.2（2023.7 重印）

ISBN 978 - 7 - 5228 - 1258 - 8

Ⅰ.①社… Ⅱ.①杨… ②王… Ⅲ.①社区 - 工作 - 研究 - 中国 Ⅳ.①D669.3

中国版本图书馆 CIP 数据核字（2022）第 245858 号

社区工作关系三阶段模式：专业反思与方法探索

著　　者 / 杨　曦　王继威

出 版 人 / 王利民
责任编辑 / 孙　瑜　佟英磊
责任印制 / 王京美

出　　版 / 社会科学文献出版社·群学出版分社（010）59367002
　　　　　地址：北京市北三环中路甲 29 号院华龙大厦　邮编：100029
　　　　　网址：www. ssap. com. cn
发　　行 / 社会科学文献出版社（010）59367028
印　　装 / 唐山玺诚印务有限公司

规　　格 / 开　本：787mm × 1092mm　1/16
　　　　　印　张：14.5　字　数：231 千字
版　　次 / 2023 年 2 月第 1 版　2023 年 7 月第 2 次印刷
书　　号 / ISBN 978 - 7 - 5228 - 1258 - 8
定　　价 / 98.00 元

读者服务电话：4008918866